커피가 묻고
역사가 답하다

커피가 묻고 역사가 답하다

초판 2쇄 발행 2023년 11월 27일
초판 1쇄 발행 2023년 9월 11일

지은이 이길상
펴낸이 정순구
책임편집 한윤정 조수정
기획편집 조원식 정윤경
마케팅 황주영

출력 블루엔
용지 한서지업사
인쇄 한영문화사
제본 한영제책사

펴낸곳 (주) 역사비평사
등록 제300-2007-139호 (2007.9.20)
주소 10497 : 경기도 고양시 덕양구 화중로 100(비젼타워21) 506호
전화 02-741-6123~5
팩스 02-741-6126
홈페이지 www.yukbi.com
이메일 yukbi88@naver.com

ISBN 978-89-7696-583-7   03900

이 도서는 한국출판문화산업진흥원의 '2023년 중소출판사 출판콘텐츠 창작 지원 사업'의 일환으로 국민체육진흥기금을 지원받아 제작되었습니다.

커피가 묻고
역사가 답하다

이길상 지음

역사비평사

커피가 묻고
역사가 답하다

2부 커피와 전쟁

커피잔에 담긴 커피꽃

활짝 핀 커피꽃
커피꽃은 하얀색이며 아라비카종이나 로부스타종 모두 꽃잎은 5개다.
꽃에서는 연한 재스민향이 난다.

커피열매

커피열매는 체리를 닮아서 커피체리라고 불린다. 이 열매 속에 있는 씨앗이 커피생두이며 커피의 재료가 된다. 껍질 안에는 적은 양의 과육이 있는데 씹으면 단맛이 난다. 커피씨앗은 커피빈, 즉 콩이라고 불리지만 콩은 아니다. 본문 26쪽.

중국식 찻잔을 닮은 에티오피아의 전통 커피잔

에티오피아에서는 요즘도 손잡이 없는 커피잔 시니(Cini)에 커피를 담아 마시는데 그 모양과 크기가
중국의 전통 찻잔을 닮았다. 그리고 제베나(Jebena)라고 부르는 목이 짧은 주전자에 커피를 끓이는데,
이 또한 중국의 전통 찻주전자를 닮았다. 본문 32~37쪽.

탄자니아 잔지바르 스톤타운의 노예박물관

잔지바르(Zanzibar)는 아프리카의 대표적 노예 수출항이었다. 잡혀온 노예들은 구덩이 안에서 신체검사를 받고, 신체검사를 통과한 노예들은 손과 발이 쇠사슬에 묶인 채 경매를 통해 팔려갔다. ☞ 본문 124~129쪽.

예멘의 커피농장

예멘은 산악지대에 테라스형 농지를 만들어 커피를 재배한다. 강수량이 많지 않기 때문에 15세기부터 오늘날까지 주로 햇빛에 커피체리를 자연적으로 말리는 건식법을 이용한다. ☞ 본문 129~131쪽.

커피농장에서 수확한 커피열매

에티오피아의 커피 산업은 20세기 들어 시작되었다. 세계 5위 커피생산국인 에티오피아에서 커피는 국가 전체 수출액의 1/3을 차지하고, 전체 인구의 1/4 이상이 커피 관련 일을 하고 있다. ☞ 본문 220~223쪽.

길거리에서 커피를 파는 소녀
에티오피아는 아프리카 최대의 커피 생산국이면서 동시에 아프리카에서 유일한 커피 소비 대국이다.
에티오피아인들에게 커피는 일상이고 문화의 한 부분이다. 본문 284~286쪽.

프롤로그

오래전 미국 유학 시절 지도교수 연구실에서 유명한 역사학자 하워드 진(Howard Zinn) 교수를 스치듯 만난 적이 있다. 보스턴대학을 정년퇴직한 진 교수가 여행길에 그의 친구인 나의 지도교수를 찾아왔던 차에 이루어진 잠깐의 만남이었다. 진 교수와 지도교수는 당시 유행하던 커피메이커로 내린 쓴 커피를 큰 머그잔에 따라 마셨고, 커피를 마시지 않던 나는 그 향을 맡으며 잠시 대화를 나누었다.

진 교수는 나에게 서양사에 으레 등장하는 영웅들의 계보를 따라 공부하지 말고 숨겨진 진짜 영웅을 찾아내는 공부를 하라고 권하였다. 교육의 역사를 공부하면서도 존 듀이의 저서만을 읽는 것에 그치지 말고, 듀이에 가려진 사람들 이야기를 찾아내는 방식으로 공부해보라고 덧붙였다. 지도교수는 기대 가득한 표정으로 나를 바라보며 연신 고개를 끄덕였다.

그러나 나는 교육학자로 살아오면서 그날 지도교수가 머그잔 너머로 보여주었던 그 기대에 부응하지 못했다. 수십 편의 논문을 쓰고, 적지 않은 저서를 출판하였지만 나는 여전히 저들이 만들어놓은 영웅들 이야기를 전하고, 그 영웅들을 조금 비판하는 것으로 나의 지적 허영심을 채웠을 뿐이다.

이런 아쉬움을 간직한 채 어쩌면 반쯤 포기한 채 시작한 것이 커피에 관한 역사 공부였다. 그런데 커피의 역사 속에도 서양인들이 만들어놓은 영웅들은 여전히 많았고, 이들을 빼고 커피의 역사를 이해하기는 쉽지 않았다. 새로운 인물이나 숨겨진 이야기를 찾는 것은 더욱 어려운 일이었다. 수백 년 동안 커피 역사가들이 쌓아온 '고의적인 누락'의 장벽을 부수기에는 강했고, 뛰어넘기에는 높았다. 이런 상황에서 커피 역사를 새롭게 이야기하는 것은 마치 결점두(품질이 떨어지는 커피콩)가 한 움큼 숨어 있는 원두로 맛있는 커피를 내리는 일과 같았다.

나의 첫 커피 인문학 저서 『커피세계사＋한국가배사』(2021)는 출간과 함께 독자들에게 과분한 사랑을 받았다. 몇 차례 인쇄를 거듭하고, 존경하던 커피 전문가들로부터 칭찬을 듣는 것은 무척이나 행복한 일이었지만, 한편으로는 부끄러운 일이기도 하였다. 내 지식의 부족함과 관점의 한계를 알고 있었기 때문이다. 내가 살아오면서 깨달은 것은 부끄러움만큼 좋은 약이 없다는 사실이다. 부끄러움은 극복하면 명약이 된다. 부끄러움을 극복하는 단 하나의 처방, 내가 찾은 방법은 즐겁게 공부하는 것이다.

내가 인생의 중반을 넘어서면서 좋아하게 된 공자님 말씀이 있다. "불여구지호학不如丘之好學", 세상에 나보다 훌륭한 사람이 여기저기 많을지 모르지만 '배우기를 좋아하는 것에서 나보다 나은 사람은 보지 못했다'는 그 말씀을 떠올리며 다시 공부를 시작했다. 다행인지 불행인지 모르지만 수많은 카페, 도서관, 서점, 교육청, 학교, 시민단체, 그리고 독서 모임 등에서 강연 요청이 들어왔고 나는 기꺼이 응했다. 강연을 위해 새로운 주제를 잡고 또 공부를 했다. 방송이나 유튜브 출연도 적지 않았다. 바빴지만 매우 즐거운 시간이었다. 커피 역사에는 여전히 커피원두 속 결점두 같은 오류나 왜곡이 넘쳐났고, 이런 것을 찾아 바로잡는 일은 늘 즐거웠다.

커피 인문학의 세계는 내게 블루오션이다. 그곳에는 하고 싶은 이야기, 해야 할 이야기가 너무나 많다. 게다가 커피의 역사를 웃음거리로 만드는 가짜 이야기, 커피의 가치를 떨어뜨리는 가짜뉴스를 골라내는 일은 즐겁기까지 하니 지치지도 않는다. 내가 관찰한 커피 인문학 세계는 한마디로 가짜뉴스의 천국이다. 커피 인문학을 전문적으로, 체계적으로, 그리고 지속적으로 연구하는 사람이 적은 탓에 가짜뉴스가 유포되어도 이를 지적하고 정정할 사람을 찾기 힘들기 때문이다. 이 같은 현실에서 커피로 역사를 맛보고, 역사로 커피를 배우는 나의 커피 인문학은 블루오션이 틀림없다.

이번 책은 세계 커피의 역사를 다루고 있다. 커피나무의 출현부터 '커피'라는 음료의 발견과 전파, 그리고 최근의 커피 문화까지 담고 있다. 한국인의 손으로 쓴 최초의 커피 세계사 완결판이라 할 수 있다. 그렇다고 커피 이야기만 하고 있지는 않다. 독자들이 커피 이야기에 묻어 있는 역사의 향기를 맛보고, 역사를 통해 커피를 더욱 잘 이해할 수 있도록 서술하였다. 커피가 들려주는 역사 이야기이자 역사가 안내하는 커피 이야기인 셈이다.

요즘 새삼 느낀다. 인생은 알 수 없는 길을 걷는 낯선 여행이어서 재미있다. 한 세대를 교육학자로 살아온 내가 2021년 여름 커피 인문학 책을 출판했을 때만 해도 나는 여전히 교육학자였고, 커피 글쓰기는 사이드 프로젝트 정도의 취미였다. 2년이 지난 지금 내 인생 여행의 방향이 180도는 아니어도 90도쯤 바뀌었다. 커피 인문학자 혹은 커피 작가로 불리는 것이 전혀 어색하지 않다.

많은 분의 도움과 격려가 이 책에 녹아 있다. 우선 커피 인문학 칼럼을 연재할 기회를 준 『오마이뉴스(OhmyNews)』와 『국민일보』에 감사드린다. 칼럼 쓰는 일 덕분에 매주 새로운 주제를 잡고, 관련 자료를 찾고, 던질 메시지를 궁리하여 글을 쓰는 즐거움을 맛볼 수 있었다. 바바 부단의 이야기를 정리해서 보내주신 인도의 판카즈 모한(Pankaj Mohan) 교수, 중국·튀르키예·베트남의 커피 역사에 관한 자료를 분석하는 데 도움을 준 제자 주영, 하티제, 오이큐, 푸엉, 그리고 커피 산지를 찾아다니며 찍은 귀한 사진을 제공해주신 커피 전문잡지 『drip』의 김태호 대표에게 감사를 전한다.

집필만큼 어려운 것이 출판사를 정하는 일이다. 흔쾌히 출판을 허락해준 역사비평사에 감사를 드린다. 나의 두 번째 커피 인문학 책이 이렇게 아름다운 모습으로 세상과 마주할 수 있었던 것은 정순구 대표와 편집진의 배려 덕분이다.

마지막으로 글을 쓰는 긴 시간 동안 늘 함께했던 커피 친구 이두헌, 김명섭, 김대기, 김재완, 김연용 님, 그리고 사랑하는 가족에게 고마움을 전한다. 커피를 사랑하는 사람들, 커피와 함께 살아가는 사람들이 오래도록 함께 즐기는 책이 되었으면 좋겠다.

2023년 8월
커피향 가득한 책가옥에서 이길상

일러두기

- 외국인 인명과 지명, 용어 등은 국립국어원 외래어표기법을 최대한 따랐으나 간혹 그렇지 않은 것도 있다. 예컨대 이탈리아의 커피 체인점인 'Lavazza' 규범 표기는 '라바차'이지만 현재 공인된 표기인 '라바짜'로 썼다. 'latte' 역시 '라테'가 규범 표기이지만 '라떼'로 썼다.

- 수록된 사진과 그림의 대부분은 Public Domain을 주로 이용하였다. 앞부분에 수록된 화보 사진은 커피 매거진 『drip』의 김태호 대표가 제공하였고, 그림과 지도는 필자의 딸 이다현이 그렸다.

- 커피 생산량이나 물가 등을 표기하는 단위는 인위적으로 통일하지 않고 당시 자료에 나타난 표기를 존중하였다. 국가마다, 시대마다 사용하는 단위가 다양했기 때문이다.

- 나라 이름은 서술 내용에 따라 해당 시대에 사용되던 명칭과 현재 사용하는 보편적 명칭을 혼용하였다. 베네치아와 이탈리아, 잉글랜드와 영국, 프로이센과 독일이 편의에 따라 함께 사용되었다. 아비시니아처럼 낯선 이름은 익숙한 에티오피아로 통일하였다.

1부

커피의 탄생과 전파

01

커피의 탄생, 그 진짜 이야기

공룡은 맛보지 못한 커피

커피나무는 지구상에 언제 나타났을까? 많은 사람이 궁금해하는 질문이지만 정확한 답을 하기는 어렵다. 지금까지 커피나무 화석이 발견된 적이 없기 때문이다. 그 결과 지금도 많은 사람이 이 질문에 대한 답을 찾고 있다.

식물학적으로 커피나무는 속씨식물 문, 쌍떡잎식물 강에 속한다. 떡잎이 두 장인 쌍떡잎식물이 지구상에 나타난 것은 중생대 마지막인 백악기 (1억 4,500만 년 전~6,600만 년 전) 후반이었다. 바로 이전 시기인 쥐라기에 번성하였던 공룡들이 마지막으로 활동하던 시기였다.

쌍떡잎식물 중에서도 꼭두서니과에 속하는 커피나무는 이보다 조금 늦은 신생대 에오세기(Eocene period)에 지구상에 나타났을 것으로 추정된다. 지금으로부터 5,600만~3,390만 년 전, 공룡이 멸종된 후다. 영화 〈쥬라기공원〉에 나오는 목이 길고 순한 초식공룡 브라키오사우루스는 커피나무 열매나 잎을 맛보지 못했을 것이다.

식물유전학적 연구 결과에 따르면 커피나무의 조상이 처음 나타난 곳은 아프리카다. 물론 지금 우리가 알고 있는 커피나무와는 외형이나 열매 성분이 같지 않은 야생식물이었다. 현재의 커피나무는 지구의 기후변화와 생육조건의 변화를 겪으며 서서히 진화했고, 인간에 의해 인공적으로 재배되면서 품종이 개량되었다.

아프리카가 원산지인 야생 커피나무는 두 종류가 있었다. 하나는 코페아 유게니오이데스(Coffea eugenioides)종이다. 아프리카 동부의 콩고민주공화국, 르완다, 우간다, 케냐, 그리고 서부 탄자니아의 고산지대가 원산지이며, 카페인 함량이 매우 낮다. 다른 하나는 코페아 카네포라(Coffea canephora)종으로, 아프리카의 사하라사막 아래 서부 아프리카와 중부 아프리카가 원산지다. 유게니오이데스종보다 카페인 함량이 더 높은데, 지금도 널리 재배되고 있는 로부스타종 커피의 직계 조상이다.

아프리카 대륙 중부 지역 여기저기에서 야생으로 자라던 유게니오이데스종과 카네포라종 커피나무가 자생 지역을 넓혀가던 중 어느 순간 만나게 되었다. 특성이 다른 이 둘 사이의 자연 교배종으로 탄생한 것이 코페아 아라비카(Coffea arabica)종으로, 지금 우리가 마시는 커피음료의 70% 정도를 차지하는 품종이다.

이와 같은 사실은 1999년 프랑스의 분자유전학자 필리프 라세르메(Philippe Lashermes) 등의 연구를 통해 최초로 밝혀졌다. 자연 교배로 탄생한 아라비카종 커피나무의 원산지를 명확하게 지정할 수는 없다. 신생대 제4기(170만 년 전~현재까지)에 동아프리카 지역에 광범위한 지각변동이 있었기 때문이다. 현재 발견되는 야생 커피나무의 분포도를 통해 에티오피아 남서부의 카파, 케냐 북부 일대의 삼림을 원산지로 짐작할 뿐이다.

야생식물인 커피나무에는 작은 열매가 열렸다. 현재 우리가 '체리'라고 부르는 커피 열매는 앵두 모양이며, 과육이 적고 씨가 크기 때문에 비록 단맛이 있지만 과일로서 그리 유용하지는 않았다. 그래서 생존이 중요했던 인류 역사 초기에는 과육이 풍부한 다른 과일에 비해 커피나무 열매는 인기가 없었다. 그런데 다른 과일에 비해 커피나무 열매가 지닌 두드러진 효능이 있었다. 바로 각성효과였다. 커피나무 열매의 과육에는 소량이지만 카페인이 함유되어 있

커피나무
식물학적으로 속씨식물 문, 쌍떡잎식물 강에 속한다. 커피나무가 지구상에 나타난 것은 신생대 에오세기다. (그림: 이다현)

었기 때문에 먹으면 졸음이 달아나고 집중력이 높아졌다.

커피가 주는 힘을 알아차린 사람들은 열매를 그대로 먹거나 다른 음식을 만들 때 넣어서 먹기 시작하였다. 커피의 힘을 느낀 것은 사람만은 아니었다. 커피열매의 단맛이나 각성효과를 눈치챈 동물들이 먹는 것은 당연하였다. 사람보다 먼저였을 수도 있다.

커피열매를 먹기 시작한 사람들과 동물들에 의해 커피나무는 주변 지역으로 점차 퍼져나가기 시작하였다. 그러나 기온이나 토양, 강수량 등 커피나무의 생장조건이 다른 식물보다 까다로워서 전파는 매우 더뎠다. 커피나무는 탄생 이후 꽤 오랫동안 아프리카의 일부 지역에서만 자생하

는 야생식물에 머물러 있었다.

이후 1세기부터 10세기까지 아프리카 대륙 동쪽인 아비시니아(지금의 에티오피아)와 아라비아반도 남쪽의 예멘을 지배했던 기독교 국가인 악숨 왕조 시대에 커피씨앗이 아프리카에서 홍해를 건너 예멘 지역으로 자연스럽게 전파되었을 것으로 짐작된다.

그로부터 수백 년 혹은 천 년 이상 커피나무가 아프리카와 아라비아반도 남쪽에서 자라기는 하였지만 여전히 야생식물에 머물렀다. 즉, 사람과 동물들에 의해 자연스럽게 옮겨지기는 했으나 의도적으로 심고 관리하는 단계에 이르지는 못하였다. 커피나무가 재배식물의 반열에 이를 정도로 인간에게 유용하지는 않았기 때문이다. 그 많은 식물 중 인간이 재배 대상으로 선택한 것은 생존에 일차적으로 필요한 품종이 먼저였다. 즉, 곡식류처럼 배고픔을 해결하는 데 직접 기여하는 식물을 인간이 재배 대상으로 먼저 선택하는 것은 자연스러운 일이었다.

커피나무는 15세기 중엽까지 아프리카 동부와 아라비아반도 남쪽 예멘 지역에서 자라는 야생식물에 머물러 있었다. 사람들이 이 나무의 열매를 먹기는 하였지만, 이 열매의 씨앗 속에 깃들어 있는 신비한 성분의 엄청난 가치를 알지는 못하였기 때문이다.

아라비아 펠릭스, 커피의 요람

'커피'라는 음료의 탄생과 관련해서는 많은 전설과 주장이 있다. 대부분 커피에 대한 사랑이 넘치는 사람들이 만들어내고 부풀린 이야기다.

그중 15세기 이전에 커피음료가 등장했다는 주장들이 적지 않다. 5천 년 역사를 지닌 '차'나 4천 년 역사를 지닌 '코코아'라는 경쟁음료만큼 커피도 오랜 역사를 가지고 있다는 이야기를 하고 싶은 욕망이 만들어낸 이야기들이다. 아쉽게도 차나 코코아의 기원은 문헌이나 인류학적 자료로 뒷받침되고 있지만 커피와 관련된 주장 대부분은 근거가 없다.

커피나무, 특히 아라비카종 커피나무의 기원지가 에티오피아이니 커피음료도 당연히 에티오피아에서 시작되었다는 주장이 많다. 그러나 재료의 원산지가 해당 재료로 만드는 식음료의 발상지일 것이라는 주장은 상식과 일치하지 않는다. 그런 경우도 있지만 식물의 원산지와 해당 식물을 이용해 만드는 식음료의 발상지가 같지 않은 경우가 대부분이다.

감자의 원산지는 안데스산맥이지만 감자탕과 감자전의 발상지는 안데스가 아니라 한국임을 생각해보면 쉽게 알 수 있는 이치다. 감자칩은 뉴욕이, 언감자송편은 북한의 함경도가 기원인 음식이다. 벼의 원산지에 관해서는 중국, 동남아시아, 인도 등 다양한 주장이 있지만, 벼의 열매인 쌀로 만든 막걸리의 발상지는 이들 지역이 아니라 한국이다.

남겨진 기록과 고고학적 증거에 따르면 커피음료는 15세기 중반 예멘을 포함한 아랍 전역에 전파되었던 이슬람 분파인 수피(Sufi)교도들이 처음으로 마시기 시작했다는 것이 정설이고 역사적 사실에 가깝다. 21세기 커피 연구자인 안토니 와일드의 *Coffee: A Dark History*(2005), 마크 펜더그라스트의 *Uncommon Grounds*(2010), 제임스 호프만의 *The World Atlas of Coffee*(2014) 등의 교과서적 저술에서는 15세기 수피교도들의 커피 발견설을 받아들이고 있다.

그렇다면 수피교도들은 어떻게 볶은 커피열매의 씨앗과 뜨거운 물을 결합하면 신비한 음료 '커피'를 만들 수 있다는 사실을 알게 되었을까? 아쉽게도 이에 관해서는 그 어떤 기록도 남아 있지 않다. 명확한 기록이 전해지지 않기에 여러 주장이 제기되고 있지만 설득력이 있거나 역사적 사실과 일치하는 주장은 없다. 또한 특정 나라, 특정 인물, 혹은 특정 동물과 관련한 이야기가 만들어지고 전해져왔지만 설득력 있는 이야기는 없다. '커피음료의 기원'은 인류학적 흔적, 역사적 배경, 그리고 기록을 통해 해석해야 할 열려 있는 질문일 뿐이다.

15세기는 세계 역사가 요동치던 시기였다. 유럽에서는 신 중심의 질서가 무너지고 인간 중심의 새로운 문화를 꿈꾸는 르네상스 운동이 전개되었는데, 그 중심은 이탈리아 북부 피렌체와 베네치아였다. 특히 베네치아 상인들은 동방과의 향신료 무역으로 엄청난 부를 축적하고 있었다. 그런데 갑자기 오스만제국이 등장하였다. 1453년 오스만제국이 동로마제국의 수도 콘스탄티노플(이스탄불)을 함락하자 유럽 기독교 세계는 엄청난 충격에 빠졌다.

이후 지중해 동쪽은 오스만제국과 기독교 세력 간의 전쟁터가 되면서 유럽인들이 육로로 동방무역을 지속하는 것이 어려워졌다. 그 결과 유럽인들의 일상에서 빼놓을 수 없는 소비재이자 무역상들에게는 엄청난 이익을 안겨주던 향신료의 수입이 힘들어졌다. 그들에게 남겨진 유일한 길은 새로운 바닷길의 개척이었다.

지중해 서쪽의 스페인과 포르투갈이 가장 먼저 인도로 가는 새로운 바닷길을 개척하기 시작하였는데, 그 계기가 된 것은 1492년에 이룬 '레콩키스타(reconquista, 재정복)'의 완성이었다. 가톨릭 세력이 그라나다 알함브라를 함락하면서 700년 이상 지속된 이베리아반도에서의 이슬람 지배가 막을 내린 사건이었다. 이베리아반도 내에서 갈등이 사라지자 가톨릭 세력들이 힘을 모아 바다로 나갈 여력이 생긴 것이다.

이탈리아 출신의 크리스토퍼 콜럼버스가 스페인 여왕 이사벨 1세의 후원 아래 인도로 가는 뱃길을 개척하기 위해 떠난 때가 바로 1492년이었다. 콜럼버스는 바람과 해류를 잘못 계산한 결과 우연히 아메리카 대륙에 도착하였다. 포르투갈의 탐험가 바스코 다 가마는 1498년 아프리카 남단 희망봉을 지나 인도 남서부의 캘리컷에 이르는 해로를 개척하였다.

이후 콜럼버스의 후예들은 금을 찾아 아메리카로 향하였고, 다 가마의 후예들은 정향과 육두구 등 향신료가 넘쳐나는 땅, 동인도로 달려갔다. 뒤늦게 신대륙 탐험에 나선 영국인들은 북아메리카 원주민을 학살하며 자신들의 정착 지역을 넓혀갔고, 스페인과 포르투갈은 남아메리카의 아즈텍과 잉카 문명을 파괴하고 자원을 약탈하기 시작하였다. 그리고 자원을 빼앗은 자리에는 전염병과 기독교를 옮겼다. 그야말로 유럽인들에 의한 물적·정신적 지배가 시작된 것이다. 스페인, 포르투갈, 네덜란드, 영국, 프랑스 등이 주인공이었다.

'커피'라는 새로운 음료가 등장한 것은 바로 이런 격동의 시기 15세기 중반, 아라비아반도 남쪽 끝 예멘이었다. 예멘은 당시 유럽인들이 아라비아 펠릭스(Arabia Felix), 즉 '행복한 아라비아'라고 부르던 땅이다. 아라비아반도에서 유일하게 농업이 가능했던 녹색 지대였으며, 일찍이 동양과 서양을 잇는 무역의 중심지로 아라비아에서 가장 번영한 지역이었기 때문이다. 인도와 동아시아, 홍해 건너 아프리카, 이집트와 지중해로부터 오는 물품들이 만나는 곳이 예멘이었고, 그 중심지가 바로 모카항이었다. 모카항은 15세기부터 17세기까지 유럽으로의 커피 무역을 독점하면

커피에 관한 세계 최초의 기록

1587년 아랍인 압달 카디르 이븐 모하메드가 손으로 쓴 「커피의 합법성 논쟁과 관련해 무결함을
주장함」이라는 문서다. 커피라는 음료가 처음으로 등장한 곳은 예멘이고 그 시기가 1467년쯤이
라고 기록하였다.

서 유명해졌다.

　커피의 고향이 예멘이라는 사실을 뒷받침해주는 기록으로는 「커피의
합법성 논쟁과 관련해 무결함을 주장함」이 가장 신뢰할 만하다. 1587년
에 압달 카디르 이븐 모하메드가 아랍어로 쓴 필사본으로, 현재 프랑스
국립도서관이 소장하고 있다. 이 문서에는 라틴어로 제목, 기록자, 그리
고 기록 시기를 적은 표지가 붙어 있다. 오스만제국에서 프랑스로 옮기
고 보관하는 과정에서 문서에 대한 이해를 돕기 위해 누군가 적어 넣은

것이다. 이에 따르면 커피가 대중화된 곳은 아라비아 펠릭스(예멘)이고, 그 시기는 1467년쯤이다. 압달 카디르가 이 글을 쓰기 위해 참고했던 문헌은 아쉽게도 남아 있지 않다.

그렇다면 예멘 사람들은 어떻게 커피열매의 씨앗을 볶고, 물에 끓여서 마시는 방법을 알아냈을까? 즉, 커피라는 음료를 어떻게 발견했을까? 안타깝게도 압달 카디르의 문서에는 이에 관한 어떤 설명도 없다.

아프리카, 이슬람, 동양 문명의 합작품 커피

커피의 발견과 관련하여 명확한 기록이 존재하지 않기 때문에 많은 사람이 다양한 주장을 제시해왔는데, 그 주장들은 세 가지 공통점을 갖고 있다. 첫째, 커피의 기원을 가능한 한 올려잡으려는 의도가 지나친 나머지 남아 있는 기록, 인류학적 근거, 그리고 역사적 맥락과는 동떨어진 이야기를 한다는 점이다. 둘째, 커피나무의 원산지와 커피음료의 원산지가 같을 것이라는 매우 단순한 해석에 기초하고 있다는 점이다. 마지막으로는 특정 나라, 특정 민족, 혹은 특정 사람이 커피를 발견했을 것이라는 역사 단순화의 오류를 범하고 있다는 점이다. 역사에 명료한 답이 있을 것이라는, 아니 있었으면 좋겠다는 오래된 믿음의 결과물로 보인다.

그동안 많은 사람이 주장해온 것과는 달리 '커피'라는 음료는 여러 문명이 만나는 과정에서 자연스럽게 탄생하였다. 아프리카에서 홍해를 건너와 아라비아반도 남쪽에 자생하던 커피나무의 열매, 신에게 다가가기 위해 밤새워 기도한 수피교도들의 종교적 열망, 여기에 중국에서 전해진

차茶 만드는 문화가 결합하여 '커피'라는 음료가 극적으로 탄생한 것이다. '커피'라는 음료는 특정 국가, 특정 사람, 혹은 어떤 특정 문명의 독자적 발명품이 아닌, 문명 간 교류의 산물이다.

자신이 의도하지는 않았지만 커피가 탄생하는 데 기여한 사람이 있는데 바로 명나라 환관 정화鄭和(1371~1433)이다. 정화가 이끈 대함대의 해양 원정, 특히 예멘과 모카 방문은 대항해시대 직전에 있었던 역사적 사건이다.

정화는 중국 남부의 윈난성雲南省 쿤밍昆明에서 태어났으며, 본명은 마삼보馬三寶이다. 그의 선조는 부하라(지금의 우즈베키스탄)의 무함마드왕의 후예였다. 즉, 정화는 중국 한족이 아니라 중앙아시아계 이슬람교도의 자손이다. 우리식으로 표현하면 무함마드 마씨다. 그가 열한 살이 되던 1382년 윈난성이 명나라에 정복되었고 마삼보는 포로로 잡혀와 환관이 되었다. 명왕조 초기에 벌어졌던 정변으로 연왕이 영락제로 등극하는데 큰 공을 세운 마삼보는 환관 중 최고위직인 태감에 올랐고 정鄭씨 성을 하사받았다. 정화로 다시 태어난 것이다.

1405년 정화는 영락제의 명령으로 대원정에 나서게 된다. 몽골 세력과 오스만제국으로 인해 동양과 서역을 잇는 육상무역의 위험성이 높아지자 해상무역을 시도하게 된 것이다. 유럽의 포르투갈이나 스페인이 향신료를 찾아 해양 탐험에 나서게 된 것과 명나라가 해상무역을 추구한 배경은 같았다. 목적 또한 같았다. 무역을 통해 이익을 남기는 것이었다.

1405년의 첫 항해 이후 정화는 28년간 총 일곱 차례에 걸쳐 인도양 방면으로 대원정에 나섰다. 한 차례 항해에 보통 2년이 소요되는 긴 항해였다. 동남아시아, 인도, 아랍, 그리고 아프리카 동해안에까지 이르는 길고 먼 여정이었다. 당시 선단船團은 50척 또는 200여 척 규모였고, 승선 인원은 2만~3만 명에 달했다. 1413년 네 번째 원정에서는 아라비아반도의 아덴과 제다, 그리고 메카에까지 진출하였고, 1417년 다섯 번째 항해 때는 드디어 동아프리카 해안에 도달하였다. 지금의 소말리아 지역이다.

방문하는 곳마다 정화 함대는 차, 도자기, 비단 등 중국 물품들과 함께 상인들을 내려놓고 방문 지역의 특산물들을 가져왔다. 그뿐 아니라 지역 통치자의 가족이나 고위 관료를 명나라로 데려왔는데, 이들의 공식 명칭은 사절단이지만 실제로는 현지에 남아 장사를 하는 중국 상인들을 보호하기 위한 일종의 볼모였다. 1421년의 여섯 번째 항해에는 이렇게 데려 왔던 볼모들을 다시 고향으로 돌려보내는 임무도 수행했다. 1431년 출발한 마지막 항해를 마치고 돌아오는 길에 정화는 인도양에서 사망하였다. 1433년이었다. 정화 일행은 마지막 항해에서도 아라비아반도와 동아프리카를 방문하였다.

무역이 목적이었던 정화 일행은 방문지에 많은 중국 물품을 소개했고, 방문지의 신기한 물건들을 중국에 들여왔다. 당시 유럽인이나 동양인이나 무역에서 가장 큰 관심을 보인 품목은 향신료, 식물, 약재 등이었다. 현지에서 발견한 낯선 식물과 약재가 중국에 소개되기는 했으나 그 어느 기록에도 커피에 관한 이야기는 없다. 정화가 북아프리카와 예멘 지역을 방문했던 15세기 초에도 커피라는 식물이 약재로든 식재료로든 전혀 알려져 있지 않았다는 것을 알 수 있다.

정화는 원정 때마다 벽돌 모양으로 굳힌 차(전차磚茶)를 가져갔고 현지에서 차를 내려 마시는 방법을 보여주었다. 기독교 음료인 와인이 금지된 아랍 세계에서 새로운 음료 차는 크게 주목을 받았다.

정화의 방문 이후 차와 비슷한 성분을 지닌 식물의 잎이나 열매를 따서 말리고, 볶고, 뜨거운 물에 넣어 우려내려는 다양한 시도가 이루어졌다. 이 과정에서 커피나무의 잎과 열매도 선택되었는데, 당시 홍해 주변인 에티오피아, 예멘, 그리고 일부 아랍 지역에는 커피나무의 열매를 다양한 식재료와 섞어서 간단한 음식을 만들어 먹는 풍습이 널리 퍼져 있었다.

가장 큰 관심을 보인 집단은 수피교도들(이슬람교의 신비주의자)이었다. 잠들지 않고 계속 기도를 올려 신에게 다가가고자 했던 수피교도들 중 차를 마시는 중국인을 만났거나, 중국인의 차 마시는 풍습을 전해들은 사람들이 호기심을 보이기 시작하였다. 이들 또한 다양한 식물로 차 만들기를 시도하였고 최종적으로 선택한 식물이 커피열매였다.

정화의 원정 때 명나라로 잡혀와 수년간 머물다 귀국한 볼모들 역시 차 문화에 빠져들었다. 길게는 15년 정도 머문 이들도 있었다고 하는데 중국에서 사는 동안 차를 마시며 그 문화를 체득했을 것이다. 귀국할 때 가져간 차를 소진한 후에는 중국에서 배운 차 만드는 방법을 현지 식물에 적용하려는 시도를 했을 것이다.

이슬람 지역에서 커피를 마신 최초의 실존 인물이라고 주장하는 수피교 수도사 샤들리(Shadhili)와 다바니(Dhabhani, 일명 게말딘)가 정화와 동시대 인물이라는 것도 주목할 일이다. 정화 일행이 아덴항에 도착하였던 1417년에 어린 다바니는 아덴에 있었다. 호기심 많은 다바니는 성장하여 종교와 과학 분야에서 존경받는 인물이 되었다. 1432년 메카 주변 항구인 지다(Jiddah)에 정화 선단이 도착했을 때 다바니는 마침 그곳에 있었고, 호기심 많은 그가 중국 차 문화를 현지 식물에 적용하였을 가능성이

중국식 찻잔을 닮은 에티오피아의 전통 커피잔
에티오피아에서는 요즘도 손잡이 없는 커피잔 시니(Cini)에 커피를 담아 마시는데 그 모양과 크기
가 중국의 전통 찻잔을 닮았다. 그리고 제베나(Jebena)라고 부르는 목이 짧은 주전자에 커피를 끓
이는데, 이 또한 중국의 전통 찻주전자를 닮았다. (사진: 김태호)

있다.

이렇게 커피는 이슬람의 음료로 탄생하였고 '아랍의 포도주'로 알려지기 시작하였다. 예멘 지역에서 발굴되는 유물들을 통해 1450년 무렵 이 지역 수피교도들이 종교 행사에서 커피를 마셨다는 사실을 확인할 수 있다. 15세기 초 이슬람계 중국인 정화의 예멘 방문, 밤샘 기도를 강조하던 예멘의 수피교 문화, 그리고 각성효과가 있는 현지 식물 커피나무 열매의 만남을 통해 '커피'라는 음료가 자연스럽게 탄생한 것이다. 예멘 지역에서 출토되는 초기 커피잔의 모양과 크기가 중국의 찻잔을 닮았고, 커피 전파 초기에 튀르키에 지역에서도 중국식 찻잔에 커피를 담아 마셨다는 사실이 이런 해석에 설득력을 더해준다.

안토니 와일드(Antony Wild)도 자신의 책 *Coffee: A Dark History*(2005)에서 커피의 기원에 관한 답을 찾기 위해서는 차, 차의 발상지인 중국, 그리고 중국과 중동 사이의 무역 역사에 주목할 것을 제안한 바 있다.

『역사대논쟁: 서구의 흥기(Historians Debate: The Rise of the West)』의 저자 조너선 데일리(Jonathan Daily)의 주장대로 인류 역사에서 모든 문명은 서로 영향을 주고받으며 성장하였고, 고립된 문명은 결국 사라졌다. 커피의 탄생 과정을 통해 문명 간 교류와 협력이 인류 문명 발전의 법칙임을 확인할 수 있다.

이슬람이 커피를 탄압했다고?

15세기 중반 예멘의 수출항 모카를 중심으로 유행하기 시작한 커피는 이슬람교도들에 의해 점차 북쪽의 메카, 메디나, 카이로, 그리고 동쪽의 페르시아 등 가까운 이슬람 세계 전체로 퍼져나갔다. 이슬람을 믿는 사람들은 하나둘 커피에 빠져들었다. 커피를 마시면 40명의 남자를 말에서 떨어뜨리고, 40명의 여자들과 동침할 수도 있을 것이라는 전설적인 이야기가 예언자 마호메트의 말씀이라는 황당한 주장도 등장하였다.

커피가 유행하면서 이슬람교의 성지인 메카에 1500년경 세계 최초의 커피하우스 '카흐베 하네'가 등장했고, 이곳에 많은 사람이 모여들었다. 서양 문명과 동양 문명이 교차하는 레반트 지역(지금의 시리아, 레바논, 요르단, 팔레스타인, 이스라엘)을 통해 커피와 커피하우스 문화는 빠르게 오스만 제국 지역으로 전해졌다. 16세기 중반에 이르자 이슬람 지역 전체에 커피가 유행하였다.

갑자기 등장한 낯선 음료 커피가 유행하면서 커피를 둘러싼 찬반 논쟁이 벌어졌다. 전하는 바에 따르면 인류 역사에서 최초의 커피 금지령이 내려진 것은 1511년 메카에서였다. 그 내용을 요약하면 아래와 같다.

이슬람교도들에게 지구상에서 인간에게 최상의 위안을 줄 수 있는 것은 그들이 믿는 종교여야 마땅했다. 그런데 커피를 마시며 정신적 위안을 얻는 사람이 점차 늘고 있다는 것에 종교 지도자들은 위협을 느꼈다. 결국 그들은 와인을 금지하는 마호메트의 규율이 커피에도 적용된다는 해석을 내놓았다. 이 당시 메카는 이집트 술탄이 지배하는 땅이었고, 술탄의 위임을 받은 카이르 베이가 통치하고 있었다.

1511년 갑자기 카이르 베이는 모든 커피하우스에 폐쇄 명령을 내렸다. 커피를 마시거나 판매하는 것 모두 금지되었고, 이를 어기는 경우에는 엄한 벌을 내렸다. 카이르 베이가 소집한 자문가 회의에서는 커피를 금지하는 이유를 다음과 같이 제시하였다. 첫째, 커피가 사람의 건강에 해롭다는 것, 둘째, 커피하우스에서 이슬람 율법에 어긋나는 게임을 즐기거나 풍기문란 행위가 일어나고 있다는 것, 셋째, 커피를 정신적 스트레스나 육체적 통증을 치료하는 합법적 약물로 인식하는 사람들이 생겼다는 것, 마지막으로 커피하우스가 정치에 대한 불만을 토로하는 사람들이 모이는 장소로 변하였다는 것 등이었다.

이러한 조치로 인해 메카에서는 커피하우스 단속이 이루어졌고, 적지 않은 혼란이 일어났다. 그런데 카이로에 있던 술탄이 이 조치를 무효화하면서 이 사건은 정리되었다. 술탄은 커피 애호가였고, 결국 카이르 베이와 그 형제, 자문가 회의에 참석했던 사람들 모두 사형에 처해졌다.

이와 같은 커피 금지령에 관한 일화는 서양에서 간행된 거의 모든 커피 역사책 속에 등장하는 내용이지만 정확한 근거 자료는 찾을 수 없다. 게다가 이 이야기는 역사적 사실과도 일치하지 않는다. 1511년은 오스만제국이 이집트나 아라비아반도를 점령하기 이전이었다. 당시 이집트와 아라비아반도 서쪽 지역을 지배하고 있었던 것은 오스만제국과 다투던 맘루크 왕조였다. 맘루크 왕조는 노예 출신의 군인들이 1250년에 카이로를 수도로 삼아 세운 왕조로서 1517년까지 이집트, 메카를 비롯한 아라비아반도 서쪽 지역, 그리고 시리아 일대를 지배하였다. 오스만제국과 함께 이슬람 세계에서 큰 권세를 자랑하는 왕조의 하나였다.

커피 금지령의 주인공으로 등장하는 카이르 베이는 맘루크 출신의 메카 통치자였으나, 1517년에 이집트를 점령한 오스만제국의 술탄 셀림 1세는 카이르 베이를 다시 이 지역의 통치자로 임명하면서 자기 사람으로 만들었다. 이후 1520년 셀림 1세가 흑사병으로 사망한 후에도 이 지역의 통치자로 남은 카이르 베이는 1522년 본인이 사망할 때까지 메카와 그 주변 지역을 통치하였다. 이와 같이 1511년에 공포했다는 커피 금지령 때문에 그가 술탄에 의해 사형을 당했다거나 고문을 당해 사망하였다는 이야기는 역사적 사실과 전혀 일치하지 않는다.

이외에도 이슬람 지역에서 커피를 탄압했다는 이야기는 많다. 메카에서는 1524년과 1526년에 다시 커피 판매가 금지되었고, 1531년에는 카이로에서도 공공장소에서 커피 마시는 행위가 금지되었으며, 1535년에는 커피하우스들이 강제로 폐쇄되었고, 1539년에는 커피하우스를 이용하다 발각되면 투옥되기도 했다는 이야기가 전해지는데, 이 또한 근거로 내세울 만한 기록은 없다. 이런 이야기들 대부분은 현지인들의 당시 기록이 아니라 서구인들의 후대 기록에 등장할 뿐이다.

게다가 이슬람 세계에서 커피를 탄압한 이유라며 서구인들이 전한 이야기들은 대부분 상식적이지 않다. 『코란』에서 숯을 불결한 식재료로 여긴다는 이유로 숯과 색깔이 비슷한 볶은 커피를 추방하자는 주장이 제기되었다거나, 마호메트가 커피를 마시기는커녕 알지도 못했기 때문에 커피는 반이슬람적이라는 주장이 받아들여졌다거나 하는 이야기들이다. 이런 비상식적인 주장들을 바탕으로 커피 판매나 음용을 금지하려는 시도들이 이어졌다는 것이다.

그렇다면 이런 이야기들은 왜 만들어졌을까? 만일 17세기에 서구의 기독교 세계가 커피를 받아들이지 않았으면, 무식하고 잔인한 이슬람 지도자들에 의해 커피라는 음료가 없어졌을 수도 있었음을 강조하고 싶었던 것이다. 이는 서구 지식인들의 우월감이 만들어낸 가짜뉴스 수준의 역사 왜곡으로 볼 수 있다. 흥미진진한 가짜뉴스가 정직하다 못해 따분한 실제 역사보다 매력적이라는 것을 잘 보여주는 하나의 예다.

아라비아반도와 북아프리카에서 꽃피기 시작한 이슬람의 커피 문화는 레반트 지역을 거쳐 1543년 오스만제국의 중심인 콘스탄티노플에 전해졌다. 콘스탄티노플에 커피하우스가 처음 문을 연 것은 1554년경이었는데, 이후 불과 2~3년 사이에 콘스탄티노플에는 600개 이상의 커피하우스가 생겨났다. 커피하우스는 신분과 직업, 남녀 구분 없이 출입이 허용되었다는 장점에 힘입어 융성하였고, 기록에 따르면 "사람들이 놀고 쉬기에 이만한 곳이 없었다"고 한다.

서구인들이 쓴 커피 역사에는 커피 박해를 상징하는 또 다른 실존 인물이 등장한다. 오스만제국의 재상 메흐메드 쿠프릴리(Mehmed Kuprili, 1586~1661)이다. 알바니아계 사람인 쿠프릴리는 궁중 요리사를 시작으로, 말 관리인, 회계 담당, 지역 통치자를 거쳐 70세였던 1656년에 이르러서야 수상이 되었는데 당시 술탄은 메흐메드 4세(재위 1648~1687)였다. 그의 아들을 포함하여 손자와 조카 등 그의 후손들은 18세기 초까지 수상의 자리를 이어받으며 유럽 기독교 국가들과의 전쟁을 이끌었다.

튀르키예 역사책에서는 메흐메드 쿠프릴리를, 어린 나이에 즉위한 술탄을 도와 나라를 안정시킨 인물로 평가하고 있다. 반면 유럽인들은 그를 전쟁광에, 커피를 탄압한 무자비한 인물로 묘사하였다. 서구인들이 전하는 메흐메드 쿠프릴리의 커피 관련 이야기는 다음과 같다.

술탄 아무라드 4세(1612~1640) 시대의 재상이었던 쿠프릴리가 칸디아 (크레타)와의 전쟁 중에 반정부 선동이 일어날 것을 두려워하여 도시의 커피하우스들을 폐쇄시켰고, 이를 어기는 경우에는 매질로 다스렸으며, 반복해서 커피를 마시다 걸리면 가죽포대에 넣어 보스포루스 바다에 던져버렸다.

이 이야기 역시 역사적 사실과 일치하지 않는다. 칸디아 전쟁은 크레타섬을 둘러싸고 벌어진 오스만과 베네치아의 전쟁으로 1645년에서 1646년 사이에 가장 격렬하였다. 메흐메드 쿠프릴리가 권력을 잡기 10년 전이었다. 쿠프릴리는 17세기 후반 지중해 주변에서 커피가 이미 일상음료가 된 시대의 인물이다. 커피가 탄압의 대상은커녕 오스만제국 군대의 주요 보급품이었던 시대였다. 1683년 오스만 군대가 빈 침공에 실패하고 물러나면서 남겨두고 온 커피원두가 오스트리아에 커피를 유행시켰다는 이야기는 유명하다.

메흐메드 쿠프릴리가 통치하던 시대에 오스만제국에는 '카드자데'라고 하는 새로운 이슬람 교파가 등장하여 교세를 넓히고 있었다. 이 교파는 코란을 엄격하게 해석해서 춤, 노래, 담배는 물론 커피와 같은 기호품도 신의 뜻에 맞지 않는 물품이라며 금지할 것을 주장하였다. 쿠프릴리는 이런 특이한 주장으로 민중을 선동하고 있던 카드자데 교파의 지도자 위스튀바니 등을 유배형에 처했다. 커피를 탄압한 것이 아니라 커피를 비난하던 사람들을 엄히 다스린 사람이 메흐메드 쿠프릴리였다. 유럽인들의 역사 서술과는 상반되는 사실이다.

메흐메드 쿠프릴리는 오스만제국 역사상 수상 자리를 아들에게 물려

준 최초의 인물이며 그의 아들은 알코올 남용으로 죽었는데, 이 같은 사실도 유럽인들이 그를 비난하는 이유 중 하나다. 그러나 유럽 역사가들이 쿠프릴리를 부정적인 인물로 묘사한 가장 큰 이유는 그와 그 후손들이 지중해 해상권을 회복하기 위해 베네치아를 비롯한 기독교 국가들과 전쟁을 일삼았다는 점이다.

메흐메드 쿠프릴리는 무자비하다고 할 정도의 매우 강력한 통치로 잠시 약해졌던 오스만제국을 부흥시킨 인물이다. 그리고 그의 아들 파질 쿠프릴리 시대에는 오스만제국이 역사상 가장 넓은 영토를 소유하였고, 파질의 뒤를 이어 수상 자리에 오른 카파 무스타파 파샤(파질의 처남)는 1683년 오스트리아의 빈을 공격하여 신성로마제국을 공포로 몰아넣었다. 이처럼 쿠프릴리와 그 자손은 유럽인들에게 공포와 치욕을 안겨준, 결코 긍정적으로 묘사할 수 없는 인물이었다. 이런 이유로 튀르키예 역사책에서는 6세에 등극한 술탄 메흐메드 4세를 도와 나라를 안정시킨 영웅으로 서술하고 있는 그를 유럽인들은 커피 억압의 상징적인 인물로 만들어버렸다.

커피는 이미 17세기 중반 이전에 유럽인들의 사랑을 받는 음료가 되었다. 교황 클레멘스 8세에 의해 커피가 기독교 세계에 공인된 것이 17세기 초반이고, 베네치아, 런던, 파리를 비롯하여 많은 유럽 도시에서 커피가 유행하기 시작한 것이 17세기 중반이었다. 이런 역사적 사실을 고려한다면 수백 개 이상의 커피하우스가 있던 콘스탄티노플에서 17세기 후반에 메흐메드 쿠프릴리가 커피 음용을 금지하고, 커피하우스를 폐쇄했다는 주장은 믿기 어렵다.

커피 역사에 등장하는 이슬람 지도자들의 커피 탄압 이야기는 커피에 대한 동양인들의 비상식적이고 무자비한 태도와 서구인들의 이성적인 태도를 대조적으로 보여주고 싶었던 서양 역사가들의 비뚤어진 욕망이 그려낸 가짜뉴스의 전형이다. 튀르키예 역사책에는 나오지 않는 튀르키예 역사라고 할 수 있다.

17세기 후반 이후 서양인들이 주도하여 구성한 커피 역사 속에서 서구인들 대부분은 로맨틱하거나 용기 있는 모습으로, 비서구인들은 비합리적이거나 무식한 모습으로 그려졌다. 17~18세기 유럽에서 발달한 계몽주의 사상에 큰 영향을 미쳤던 프랜시스 베이컨이 보여준 강한 '유럽 중심주의'의 전형적 모습이다. 베이컨은 이슬람 문명이 흥기하였던 시기를 "학문이 빈약하고 수확이 거의 없는 흉작과 불모의 시대"로 묘사하였다. 베이컨의 후예들이 서술하기 시작한 커피 역사 속에서 이슬람 문명권의 영웅들은 하나둘 악당으로 변하였다.

17세기 이슬람 세계에서 커피는 성별, 계절, 장소, 사회적 신분의 제한 없이 누구나, 어느 때나, 차별이나 부담을 느끼지 않고 즐길 수 있는 친숙한 음료라는 이미지를 얻었다. 커피하우스 덕분에, 집에서 손님을 맞을 만한 여건이 안 되는 사람들도 손님을 접대할 수 있었고, 여성들은 커피를 핑계로 외출이 허용되었으며, 밤에도 외출하는 문화가 생겼다. 함께 모여 대화를 나누고 정보를 교환하는 커피하우스를 당시 사람들은 '메크텝 이 이르판(Mekteb-i-irfan)', 즉 '교양인들의 학교'라고 불렀다. 커피를 반대하는 이유는 손에 꼽을 수 있는 몇 가지였지만 커피를 마시는 이유는 헤아릴 수 없이 많았기에 이슬람 음료 커피는 점점 더 인기를 얻었다.

17세기 후반까지 세계 커피의 중심은 유럽이 아니라 오스만제국이 지배하는 이슬람권이었다. 당시 개발된 튀르키예식 커피, 즉 체즈베라고 불리는 손잡이 달린 작은 용기에 물, 커피가루, 설탕을 넣고 끓인 후 천천히 따라서 마시는 방식은 이후 19세기 중반까지 300년 이상 세계인들이 공유한 커피 음용법이고 문화였다.

영국 BBC 다큐멘터리 〈무하마드의 콩: 이슬람과 커피의 비밀스런 역사(The Muhammadan Bean: The Secret History of Islam and Coffee)〉(2016)를 만든 저널리스트 압둘 레만 말리크(Abdul-Rehman Malik)의 표현대로 "예멘이 커피의 정신을 발견한 곳이라면, 오스만제국은 커피를 하나의 예술로 승화시킨 나라"다. 오스만제국을 커피 탄압의 상징 국가로 묘사하는 것은 역사 왜곡을 넘어 야만이다.

커피, 드디어 경작 식물로 등극하다

커피음료의 유행 초기에 커피 원료인 커피체리는 홍해 주변의 에티오피아와 예멘의 산악지대에서 야생으로 자라는 나무에서 채취하였다. 이것이 예멘의 모카항에 모아지고 배와 낙타에 실려 이슬람 세계로 퍼져나갔다.

16세기 중반 이전까지 커피 수요는 이슬람 세계 일부에 국한되었으며, 에티오피아와 예멘에서 채취되는 야생 커피체리만으로도 그 수요를 충족하였다. 그러나 16세기 중반에 이르자 아라비아반도 서남쪽에서 시작된 커피 수요는 아라비아반도를 넘어 카이로, 다마스쿠스, 바그다드, 그리고 페르시아(지금의 이란)와 지중해 동쪽 콘스탄티노플로 확대되었다.

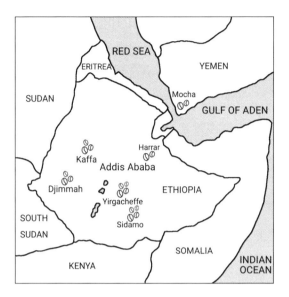

에티오피아와 예멘의 커피 생산지

커피나무, 특히 아라비카종 커피나무의 기원지는 에티오피아다. 커피 경작을 최초로 시도한 곳은 홍해 건너 예멘이다. (지도: 이다현)

    커피 수요가 증가하면서 더는 야생에서 채취한 커피체리에만 의존할 수 없다고 판단한 사람들이 하나둘 커피를 경작하기 시작하였다. 커피 경작을 시작한 지역은 예멘이었는데, 이 지역을 통치하고 있던 오스만제국은 커피의 상품가치를 인식하고 커피 재배를 권장하였다. 농사를 짓기 어려운 산악지대에 테라스식 경작지를 만들고, 관개시설을 갖추어 커피나무를 심었다. 예멘의 산악지대는 대부분 화산암으로 이루어져 있어 토양에 미네랄이 풍부하고 겨울에도 서리가 내리지 않을 정도로 따뜻하여 커피 재배에 적합하였다.

    1544년에는 예멘 지역을 다스리던 종교 지도자 이맘이 자발 사비르

(Jabal Sabir) 지역에서 오랫동안 재배해온 카트(qat) 재배를 금지하고 수익성이 높은 커피나무를 재배하도록 지시하기에 이르렀다. 이후 1635년 오스만 세력이 물러날 때까지 이 지역의 커피 재배는 확대되었고, 모카항은 커피 수출을 독점하였다. 커피는 오스만제국의 재정을 풍족하게 만들어주는 주요 생산품이자 수출품이었다. 에티오피아에서 건너온 커피와 예멘 산악지대에서 재배된 커피가 모여서 다른 이슬람 지역과 유럽으로 팔려나가는 출발지가 바로 예멘의 모카항이었다. 예멘이 행복한 아라비아라는 뜻인 '아라비아 펠릭스(Arabia Felix)'로 불리고, 모카가 커피와 동의어로 여겨지게 된 배경이다.

경작을 시작한 지 50년쯤 지나면서 예멘의 커피 생산량이 에티오피아의 커피 생산량을 앞지르기 시작하였다. 바니 마타르, 히라즈, 이스마일리 등이 이 무렵 커피를 재배하기 시작한 대표적 지역들이다. 17세기 초반 이 지역을 방문한 서양인들이 관찰한 바에 따르면 이 지역에서의 커피 재배와 가공은 에티오피아보다 훨씬 섬세하고 철저하게 이루어지고 있었고, 전반적인 평가가 에티오피아 커피를 넘어섰다. 그 결과, 이 지역에서 생산되는 커피의 가격이 에티오피아 커피보다 더 비싸졌다.

그렇다면 예멘 지역에서 경작되고 수출되기 시작한 커피는 어느 지역에서 온, 어떤 종류였을까? 과거에는 에티오피아의 서쪽 고산지대에 위치한 카파(Kaffa) 지역의 야생 잡목숲에서 발견된 야생 커피로 알려져 있었다. 그런데 커피의 전파와 관련한 최근의 유전학 연구에 따르면 예멘 커피의 종은 카파 지역에서 발견되는 커피 종과는 다른 것으로 밝혀졌다.

프랑스의 유명한 분자유전학자 필리프 라세르메에 따르면 예멘의 커피나무는 에티오피아의 동쪽 산악지대, 즉 하라 지역의 커피나무와 같은 종이다. 에티오피아 서쪽 고산지대인 카파 지역에 있던 야생 커피나무가 하라와 예멘 지역으로 옮겨져 경작되면서 지역의 토양 및 기후에 맞게 변형되어, 카파 지역의 커피나무와는 다른 종의 나무로 재탄생했다는 것이다. 지금도 하라 지역의 커피나무 품종과 재배 및 가공법은 에티오피아의 여타 지역과는 다르다. 반면 하라와 예멘 지역의 커피는 같은 종이고, 두 지역에서는 똑같은 방식, 즉 건식법으로 커피체리를 가공한다는 사실도 두 지역 커피의 연관성을 보여준다. 게다가 당시에 하라 지역은 아랍계 사람들이 거주하던 이슬람 지역이었다. 이 같은 사실들은 하라와 예멘 지역이 최초의 커피 경작지였을 것이라는 주장에 설득력을 더해준다.

일부 학자들은 하라 지역의 커피는 카파에서 온 것이 아니라 아라비아반도로부터 온 것이라는 새로운 주장을 하고 있다. 제프 콜러(Jeff Koehler)는 하라 지역 농민들의 증언을 토대로 하라 지역 커피는 카파가 아니라 홍해 건너 예멘에서 온 것이라고 주장한다. 프랑스의 커피 전문가 피에르 실뱅(Pierre Sylvain)도 이 지역을 방문한 후 하라에 커피가 들어온 것은 아랍을 통해서였다고 주장한 바 있다. 두 지역의 커피 재배 방식이 유사하며 이 재배법이 에티오피아의 다른 지역에서는 발견되지 않는다는 사실을 근거로 제시하였다. 실제로 그늘을 만들어주는 나무 없이, 계단식 농지에서 커피나무를 재배하는 곳은 에티오피아에서 하라 지역밖에 없다.

이슬람교도라면 일생에 한번은 꼭 성지 메카를 순례해야만 하는데, 이를 하즈(Hajj)라고 한다. 하라 지역의 이슬람교도들 역시 이슬람의 5대 의무 중 하나인 하즈를 행했으며, 예멘을 거쳐 메카를 방문하고 다시 예멘을 거쳐 하라 지역으로 돌아오는 순례길의 전통을 지켜왔다. 이러한 사실도 두 지역 사이의 커피 교역과 커피씨앗 전래를 뒷받침해주는 근거가 된다. 하라와 예멘 사이에는 커피에 관한 정보, 재배 기술, 씨앗 등이 양 방향으로 움직였다고 보는 전문가들이 적지 않다. 하라 커피가 오랫동안 모카커피라고 불렸던 것도 두 지역의 긴밀한 교류와 커피 문화 사이의 유사성을 말해주고 있다.

커피가 인류의 경작 식물로 등장한 것은 이슬람 지역에서 커피 수요가 증가하기 시작한 16세기 중반 즈음이었다. 최초의 커피 경작은 예멘의 산악지대 혹은 에티오피아 동쪽의 하라 중 한 곳에서, 혹은 두 지역에서 동시다발적으로 이루어졌다.

02

커피, 지중해를 건너 유럽으로

유럽에 전해진 무서운 커피 이야기

동양에서 탄생한 음료 '커피'를 유럽인들이 알기까지는 긴 시간이 필요했다. 유럽인들은 입이나 코가 아니라 귀를 통해 처음 커피를 만났다. 이슬람 세계에서 커피라는 신비한 음료가 유행한다는 이야기를 전해들으면서 커피의 존재를 알게 된 것이다. 커피음료가 등장한 지 한 세기 이상 지난 16세기 후반의 일이었다. 당시 유럽은 종교개혁, 르네상스, 신대륙 발견을 이루어내며 새로운 시대로 향하던 문명의 대전환기였다.

1453년 오스만제국은 콘스탄티노플을 점령하여 로마제국을 무너뜨렸다. 1529년에는 신성로마제국의 중심이며 서유럽으로 가는 길목인 빈을 점령하기 위해 공격했으나 실패하였다. 그러나 1538년에는 기독교연합 함대를 물리치고 지중해 지배권을 확보하였다. 이런 역사로 인해 유럽인은 오스만제국을 경계의 대상으로 보았으며, 그들의 문화나 그들이 마시는 음료에도 큰 관심이 없었다.

그런데 1565년 몰타섬 전투, 1571년 레판토 해전에서 잇달아 오스만제국이 기독교연합 군대에 패하면서 오스만제국에 대한 유럽인들의 태도에 변화가 생긴다. 경계심이 느슨해지고 오스만 문화에 호기심을 갖기 시작한 것이다. 이런 태도 변화에는 신대륙 발견이 가져온 낯선 땅, 낯선 문화에 대한 관심도 영향을 미쳤다. 그 결과 커피가 드디어 유럽인들의 눈길을 끌기 시작한다.

커피 이야기를 유럽에 글로 소개한 최초의 인물은 의사이자 식물학자인 독일인 레온하르트 라우볼프(Leonhard Rauwolf, 1535~1598)이다. 그는 1573년부터 1575년 사이 레반트와 메소포타미아 지역을 여행했는데, 지금의 레바논, 시리아, 팔레스타인, 이스라엘, 이라크, 쿠웨이트 지역이다. 장사가 될 만한 새로운 식물과 약재를 구하기 위해서였다. 여행을 마친 그는 여행을 통해 얻은 새로운 지식을 정리하여 1582년에 『동방 국가들로의 여행』이라는 책을 출판하였는데 이 책에서 커피를 다음과 같이 소개하고 있다.

> 이 지역 사람들은 분누라는 식물을 이용해 만든 차우베라는 이름의 음료를 마신다.
> 이 음료는 잉크처럼 검고, 질병 치료에 효과가 있다.
> 이 음료는 특히 위장에 좋다.

라우볼프 다음으로 커피를 기록으로 전한 유럽인은 베네치아 출신의 의사이며 식물학자인 프로스퍼 알피누스(Prosper Alpinus/Prospero Alpini, 1553~1617)이다. 알피누스는 1580년부터 3년간 이집트 주재 베네치아 영사의 주치의로 카이로에 머물렀다. 그는 귀국 후 1592년에 간행한 『이집트의 식물에 관하여』라는 책에서 '카오바'로 불리는 검은 음료 커피를 소개하며 소화 기능 개선에 효과가 있는 음료라고 설명하였다.

또 다른 베네치아 출신의 의사이자 식물학자 오노리오 벨리(Onorio Belli, 1550~1603) 또한 이집트 여행을 하던 중 프랑스인 친구에게 보낸 편지에서 이집트 사람들이 '카브(Cave)'라는 음료를 마신다고 전하였다. 바로 커피였다.

로마 출신의 여행가 피에트로 델라 발레(Pietro Della Valle, 1586~1652)는 이들보다 조금 늦은 1614년 6월부터 콘스탄티노플에서 1년 이상 거주하였다. 델라 발레는 알렉산드리아, 카이로, 예루살렘, 다마스쿠스, 알레포, 바그다드, 그리고 페르시아 등 커피가 유행하던 지역을 여행하였다. 그는 친구에게 보낸 편지에서 튀르키예 사람들이 메카 근처에서 재배되는 나무의 열매로 만드는 검은 음료 카흐베(Cahve)를 마신다고 전하였다. 그리고 이 음료가 소화불량에 효과가 있지만 수면을 방해한다고 적었다. 이 카흐베는 커피임이 분명하다.

라우볼프, 알피누스, 벨리, 델라 발레 등 유럽인들이 책이나 편지를 통해 소개한 커피 이야기에는 몇 가지 공통점이 있다. 첫째, 유럽 기독교인들에게 커피라는 음료 이야기를 전한 시기가 16세기 후반에서 17세기 초반이라는 점이다. 이들이 커피를 낯설고 신기한 음료로 묘사한 것을 보면 17세기 초반까지는 커피가 유럽에 전해지지 않았음을 알 수 있다. 따라서 교황 클레멘스 8세가 커피를 마셔보고 종교적으로 공인했다는 구전의 역사는 사실이 아닐 가능성이 높다. 클레멘스 8세는 1592년에 교황으로 선출되었고, 1605년에 타계했다. 클레멘스 8세가 교황으로 활동한 시기는 델라 발레가 커피 소식을 전하기 이전이다.

둘째, 커피를 소개한 사람들이 대부분 의사이며 식물 전문가였다는 점이다. 흑사병 등 전염병의 공포를 겪었던 당시 유럽인들의 최대 관심사 중 하나는 치료 효능이 있는 새로운 식물을 발견하는 것이었다. 당시는 식물 전문가와 의사의 구분이 모호한 시대였다. 이들 중 호기심과 용기를 가진 사람들이 유럽 땅에는 없는 새로운 식물을 발견하기 위해 이슬람 지역으로 향하였다.

셋째, 커피가 지닌 소화 개선 효과가 자주 언급되었다는 점이다. 커피는 이처럼 초기에는 기호품이 아닌 의약품으로 유럽에 소개되었다. 맛 때문이 아니라 여러 질병에 치료 효과가 있는 작물로 알려지며 유행하기 시작했음을 알 수 있다. 커피의 대중화 속도가 느리고 값이 비쌌던 이유이기도 하다.

넷째, 이슬람 세계의 커피 이야기를 유럽에 전한 초기 인물은 대부분 베네치아나 로마 출신이라는 점이다. 이들 지역은 지리적으로 오스만제국의 문화적 중심지 콘스탄티노플에서 가까운 곳이었다. 아마도 기록과 무관하게 커피를 처음 마신 유럽인도 이들 지역에 살던 누군가였을 가능성이 높다.

이처럼 16세기 후반에서 17세기 초반 사이에 동방 지역을 방문한 유럽인들에 의해 커피에 관한 소식이 유럽 세계에 전해졌다. 그런데 커피에 관한 이야기를 접한 당시 유럽인들이 곧바로 커피를 마시지는 않았는데, 여기에는 몇 가지 이유가 있었다.

우선, 커피가 이슬람 음료라는 점에서 종교적 거부감이 굉장히 컸다. 11세기 말부터 200년 이상 지속된 기독교인들과 이슬람 세력 간의 이른바 십자군 전쟁, 오스만제국의 동로마제국 침공 등을 겪은 유럽 기독교인들은 이슬람에 대한 증오심이 커져만 갔다. 그 결과 유럽인들은 증오의 대상인 이슬람인들이 즐기는 음료를 가까이하는 것이 달갑지 않았다.

또 다른 이유는 커피가 당시 유럽인들의 입맛을 끌어당기지 못했다. 유럽인들은 기독교 음료인 와인을 즐겼고, 커피는 와인처럼 달콤하지 않았다. 맛으로는 자연스럽게 친해지기 어려운 음료였다.

이런 이유에 더해 유럽인들이 커피에 더욱더 거부감을 갖게 된 배경이 있다. 유럽인들은 초기에 커피를 싫어하는 것을 넘어 무서워했다. 1571년 레판토 해전에서 오스만제국이 패배한 것은 이슬람에 대한 유럽인들의 경계심을 낮추는 계기가 되었다. 드디어 유럽인들이 오스만제국 등 이슬람 지역을 여행하거나, 이 지역을 여행한 후 커피에 관한 기록을 남기기 시작했다. 1570년대부터 1620년대까지의 일이다. 그런데 이상하게도 커피를 소개하는 기록을 남긴 유럽 기독교인 그 누구도 직접 커피를 마셨다, 마셔보니 맛은 어떠했고 효능이 어떠했다는 얘기를 기록으로 전하지 않았다. 커피를 접한 초기 유럽 기독교인들은 커피를 마시지 않았거나, 마셨지만 기록을 남기지 않은 것이다.

왜일까? 마녀사냥 때문이었다. 마녀사냥은 마녀로 지목된 사람이 재판에서 마녀로 판정 나면 무참하게 화형에 처하는 일로 악습 중의 악습이었다. 16세기 후반에서 17세기 초반 유럽에서 마녀사냥이 절정을 이루었는데 다음과 같은 이유 때문이다.

가장 중요한 요인은 물론 종교 갈등이었다. 종교개혁 이후 기독교가 신교와 구교로 분화하면서 중세 1천 년 이상 유럽을 지배하던 가톨릭은 위기를 맞는다. 게다가 오스만제국의 팽창으로 이슬람의 영향권이 확대되면서 기독교 성직자들의 권위는 땅에 떨어지고 있었다. 동양으로부터 새로운 약재와 약물이 들어오면서 의사들의 권위 또한 도전을 받았다. 이 같은 위기 상황에서 벗어나 기독교의 권위와 성직자의 명예 그리고 의사의 지위를 지키기 위해서는 제물이 필요하였고, 마녀는 바로 이런 종교적 위기를 극복하는 데 이용하기 쉬운 희생양이었다.

출산과 관련한 풍부한 지식을 가진 산파, 민간요법에 통달한 약용식물 전문가들이 마녀사냥의 표적이 되기 일쑤였다. 이들로 인해 수입이 줄어든 의사와 신도를 잃은 성직자들이 주로 신고를 했다. 주술을 부린다는 이유였다.

중세 후반에 등장하여 반복적으로 인류를 위협했던 흑사병, 17세기의 이상기후, 이른바 소빙하기의 출현과 같은 재난을 책임질 대상 역시 필요했다. 마녀가 만들어져야 할 이유는 차고 넘쳤다. 마녀재판은 돈벌이 수단으로 악용되기도 하였다. 재판이 끝나고 마녀가 처형되면 마녀의 재산은 몰수되어 재판에 참여한 사람들이나 지역 교회에 배분되었다. 재산이 많은 과부들이 마녀로 많이 지목되어 희생된 끔찍한 이유다.

유럽에서 마녀사냥이 극심했던 시기는 1570년에서 1630년까지였다. 역사학자들의 추정에 의하면 5만 명 이상이 희생되었으며, 희생자는 여성이 많았지만 남성도 적지 않았다. 독일에서는 여성이 마녀로 몰리는 경우가 많았지만 아이슬란드에서는 남성이 당한 경우가 많았다. 커피라는 이슬람 세계의 식물, 이것으로 만든 이슬람 음료인 커피에 관한 소식이 유럽에 전해진 시기와 마녀사냥 광풍이 몰아친 시기는 정확하게 일치한다. 마녀사냥이 가장 극심했던 지역이 바로 남독일과 북이탈리아 지방이고, 커피 이야기를 글로 전한 사람들도 모두 이 지역 사람들이었으며 그들 대부분이 마녀사냥의 타깃이었던 식물 전문가들이었다.

커피에 관한 소식을 전한 유럽 여행자들은 이슬람 세계에 체류할 때 당시 유행하던 커피를 직접 보고 아마도 맛보았을 것이다. 그런데 마셨다는 이야기를 말이나 글로 전하거나, 마셔보라고 권유를 할 수는 없었다. 이슬람 사람들이 이 음료를 이런 이유로 마신다더라는 식의 간접화법으로 표현했을 뿐이다. 만일 이교도 음료인 커피를 이교도들과 함께 마셨다, 마셔보니 이런저런 효능이 있다고 전했다면, 당장 마녀로 지목받고 고발당할 것이 두려워서였다.

결국 이들 초기 유럽인 여행자들은 커피를 마셨지만 마셨다는 기록을 남길 수 없었고, 커피가 질병 치료 효과가 있는 유용한 음료임을 알았지만 마시라고 권할 수도 없었다. 이 음료의 재료인 커피생두나 원두를 유럽으로 가져오는 행위 역시 위험했기에 쉽게 실행하지 못했다.

이 같은 공포스러운 상황은 17세기 중엽에 이르러 전환된다. 서인도 제도와 동인도제도로부터 많은 양의 향신료가 들어오기 시작하면서 향신료의 가치가 급격히 하락하게 된다. 그간 향신료 무역을 통해 막대한 이익을 챙기던 유럽 상인들은 향신료를 대체할 새로운 무역 상품을 찾던 중 커피 이야기를 듣는다. 가까운 동방에서 나는 식물의 열매로 만드는 음료, 소화 기능 개선 등 다양한 질병 치료 효과가 있는 음료가 바로 커피라는 것이다. 이런 음료를 만드는 식물이라면 무역 품목으로 충분한 가치가 있다고 판단한 상인들이 나서기 시작하였다. 돈이 종교적 신념을 넘어선 셈인데, 이는 르네상스와 종교개혁이 가져온 효과였다. 유럽의 무역항에 드디어 이슬람 물품인 커피가 등장했다. 콘스탄티노플에서 유럽으로 들어가는 관문인 베네치아, 북아프리카 알렉산드리아에서 유럽으로 들어가는 관문인 마르세유가 대표적인 항구였다. 예멘에서 커피가 음료로 등장한 지 200년쯤 지난 시점이었다. 동양의 음료 커피가 서양인의 미각을 사로잡고, 유럽의 거리마다 커피하우스 혹은 카페가 등장하기 시작하였다.

유럽에 커피를 전한 세 가지 루트

오스만제국에서 대중화된 커피는 오스만제국의 세력 확장과 함께 유럽 대륙으로 퍼져나갔다. 오스만제국은 세 가지 방식으로 세력을 확장하였고, 이 방식을 따라 커피도 유럽으로 흘러들어가서 유럽인들의 코와 입을 사로잡기 시작하였다.

첫째는 영토 확장을 통해서다. 오스만제국은 북아프리카와 아라비아반도, 지중해 남동쪽 지역인 레반트를 점령한 데 이어 16세기 초부터는 지중해 동쪽의 여러 섬들과 유럽으로 가는 길목인 발칸반도를 공략하였다. 제9대 술탄 셀림 1세가 이집트와 이라크 지역을 점령하였고, 10대 술탄인 술레이만 1세(재위 1520~1566)는 발칸반도와 헝가리에 이어 동쪽으로는 바그다드, 남쪽으로는 예멘의 아덴을 영토로 편입시켰다. 일부 역사학자들은 1526년 오스만의 헝가리 점령, 1529년 오스만의 빈 침공 등을 통해 커피가 그 지역에 전해졌을 것으로 해석한다.

1538년에는 스페인이 중심이 된 기독교연합 함대를 물리치고 오스만제국이 지중해 해상권을 확보했다. 지중해를 빼앗긴 스페인, 포르투갈, 영국, 네덜란드 등 서유럽 국가들이 대서양 방면의 새로운 무역 항로를 개척한 것은 불가피한 선택이었다. 이런 과정을 통해 유럽 무역의 중심지가 지중해에서 대서양으로 옮겨지는 역사적 대전환이 시작되었고, 이것이 결국 오스만제국의 쇠퇴를 초래하였다. 지중해 서쪽으로 나아가고자 했던 술레이만 1세는 1565년에 몰타섬을 공격하였고, 그를 이은 셀림 2세는 1570년에 키프로스섬을 점령했다. 이런 전투 과정에서 커피는 지중해의 여러 섬으로 전파되었다.

요컨대 16세기 초부터 오스만제국의 영토 확장을 따라 커피는 유럽의 동남쪽인 발칸반도와 지중해의 여러 섬으로 흘러들어갔다. 그런데 커피를 마신 이들은 기독교를 믿는 유럽인들이 아니라 이슬람교를 신봉하는 오스만제국의 군인들이었다. 따라서 오스만제국이 지배하고 있던 발칸반도에서 지리적으로 가까운 베네치아에 가장 먼저 커피가 흘러들어갔을 가능성이 크다. 8세기경 이탈리아반도 북쪽에서 도시국가로 성장한 베네치아는 15세기 후반에 시작된 대항해시대 이전까지 지중해를 중심으로 한 동방 교역의 중심지였다. 『올 어바웃 커피(All about Coffee)』의 저자 윌리엄 우커스(William H. Ukers, 1873~1945)가 16세기 마지막 어느 시점, 유럽의 도시 중에서 베네치아에 가장 먼저 커피가 전래되었을 것이라고 추정하는 이유이기도 하다.

둘째는 공식적인 무역을 통해서다. 오스만제국과 기독교 세력 간의 전쟁이 극심했던 16세기 말에서 17세기 초까지는 커피가 아직 유럽인들의 선택을 받지 못하였다. 다시 말해 그 무렵만 해도 유럽인들이 공개적으로 커피를 소비하지는 않았다.

유럽인들이 커피를 수입하여 소비하기 시작한 것은 17세기 초반이다. 1600년에 설립된 영국의 동인도회사, 1602년에 설립된 네덜란드의 동인도회사, 1604년에 설립된 프랑스의 동인도회사 등이 아랍 세계로 눈을 돌리기 시작한 것이 출발이었다. 영국 동인도회사의 무역선이 예멘의 모카항에 처음 닻을 내린 것이 1609년이었다. 향신료 무역이 목적이었으므로 동인도로부터 들어오는 육두구, 후추, 정향, 차 등에 관심을 보였다. 이때까지 커피는 이슬람권과 인도 정도에서만 소비되는 비인기 물품이었다. 영국의 동인도회사가 모카에서 구입한 커피를 인도와 페르시아에 팔기 시작한 것은 1618년이었다. 당시 커피는 명칭조차 일정하지 않은 물품으로, 상인들은 커피를 코파, 코와, 카후, 코웨, 모카 등 다양한 이름으로 불렀다.

유럽인들이 모카항에서 선적한 커피를 마르세유나 베네치아 등에 본격적으로 실어 나르기 시작한 것은 1650년 전후다. 런던, 파리, 빈, 베네치아, 마르세유 등 유럽의 여러 도시에 커피하우스가 등장하고 커피 소비가 폭발적으로 증가하기 시작한 것도 이즈음이었다. 커피 무역이 본격화되면서 커피가 유행하게 됐는지, 커피하우스가 번창하면서 커피 무역이 확대되었는지는 명확하지 않다. 두 가지 현상이 거의 동시에 발생하였다는 해석이 가장 설득력이 있다.

프랑스에서 커피가 첫선을 보인 곳은 남부 지중해 연안의 무역도시 마르세유(Marseille)다. 의사 피에르 드 라 로크(Pierre de la Roque)가 콘스탄티노플 여행을 마치고 돌아올 때 커피를 처음 들여왔다. 이는 여행가 겸 언론인이었던 그의 아들 장 드 라 로크(Jean de la Roque, 1661~1745)가 『행복한 아라비아 여행(Voyage dans l'Arabie Heureuse)』(1716)과 『시리아와 레바논 산 여행(Voyage de Syrie et du Mont-Liban)』(1722)에서 밝힌 내용이다. 피에르 드 라 로크는 원두와 함께 커피 끓이는 도구들을 가져왔다고 한다. 많은 커피 역사학자들은 1644년의 일로 기록하고 있으나, 하인리히 야콥은 1646년으로 기록하고 있다.

마르세유에 커피원두를 실은 무역선이 등장하고 커피원두를 약국에서 판매하기 시작한 것은 1660년경이었다. 마르세유에 커피숍이 등장한 것도 이즈음이다.

커피가 마르세유에 등장했을 때 거센 비판이 일었다. 가장 먼저 포도 재배업자들의 반발이 거셌는데, 마르세유가 포도주의 재료인 포도의 대표적 생산지였기 때문이다. 의사들의 저항도 거셌다. 대중이 커피를 처방 없이도 살 수 있는 일종의 치료제로 여길까 불안해서다. 의사들은 커피가 치료제가 아니라 일종의 독이라고 주장하였다. 커피가 남자들의 정기를 앗아간다는 확인되지 않은 주장도 여성들 사이에 순식간에 퍼졌다. 이런 비방과 비난의 결과, 프랑스에서 커피 대중화의 출발지는 커피가 처음 상륙한 마르세유가 아닌 경쟁 도시 파리가 되었다. 장 드 라 로크에 의하면 1669년경에도 파리에서 커피는 일상화된 음료는 아니었다. 루이 14세가 처음으로 커피를 마신 것이 1664년이라는 설도 있다.

17세기 중반 런던을 비롯하여 유럽의 여러 도시로 커피를 실어 나른 주인공은 네덜란드 동인도회사였다. 무역품으로서 커피가 지닌 가치를 가장 먼저 알아본 이 회사는 세계 최초의 주식회사로, 주주로 참여한 사람들은 대부분 16세기에 벌어진 스페인의 종교 박해를 피해 네덜란드로 이주한 유대인들이었다.

셋째는 외교 관계를 통해서다. 오스만제국의 술탄 메흐메드 4세가 프랑스에 특사로 파견한 술레이만 아가(Suleiman Aga)가 커피 전파의 주인공이다. 많은 기록에 의하면 아가는 1669년 7월 파리에 도착하였다. "짐이 곧 국가다(L'Etat, c'est moi)"라는 말로 유명한 태양왕 루이 14세가 통치하던 시기다. 루이 14세는 프랑스의 절대왕정을 확립한 군주, 유럽의 군주로서는 최장 기간인 72년 동안 왕의 자리를 지킨 인물로 그가 지은 베르사유 궁전만큼 화려한 삶을 살았다.

아가는 튀르키예식 평상복을 입고 베르사유 궁전에서 루이 14세를 알현하였다. 예의를 갖추지 않은 아가의 태도에 분노한 루이 14세는 오스만제국 술탄에게 존칭을 사용하지 않았다. 아가 역시 이러한 루이 14세의 무례에 실망하면서 둘의 만남은 어색하게 끝났다. 루이 14세는 아가를 베르사유 궁전에 머물게 하지 않고 파리로 되돌려보냈다. 아가는 파리에 체류하는 동안 파리의 인사들을 저택에 많이 초대하였는데, 그들은 이곳에서 낯설지만 신비한 튀르키예식 의상과 실내장식, 접대 예절 등 화려한 동양 문화에 관심을 보였다. 아가가 소개한 이슬람 음료 커피가 곧 프랑스 상류층에 급속하게 전파되기 시작하였다. 술레이만 아가의 1년이 채 되지 않은 짧은 파리 체류는 프랑스인들에게 커피라는 이슬람 음료를 알리는 계기가 되었다.

전쟁, 무역, 그리고 외교 루트를 통해 17세기 중반 즈음 커피는 유럽전 지역에 전파되었다. 그러나 당시에 커피는 누구나 마실 수 있는 기호 음료는 아니었다. 이교도들이 즐겨 마시는 신비한 음료, 여러 가지 질병에 치료 효과가 있는 신기한 음료로 소개되어 유럽 사람들의 관심을 끌었지만 가격이 매우 비싼 수입품이었다. 아직 커피는 일부 상류층만 마실 수 있는 특별한 음료였다.

유럽 최초로 커피를 마신 마녀사냥 재판관

예멘, 이집트, 오스만제국를 비롯한 아랍 세계에 커피라는 신비한 음료가 최초로 등장한 이후 100년간 유럽 사람들은 커피의 존재 자체를 몰랐고, 또 그 이후 100년 가까이는 커피의 존재는 알았지만 이교도 음료에 대한 경계심과 마녀사냥 광풍으로 인해 커피를 대놓고 마시지는 못했다.

17세기 초반에서야 유럽인들은 조심스럽게 커피를 마시기 시작했다. 오스만제국에서 지리적으로 가까운 그리스를 포함한 발칸반도 사람들이 아마도 처음 커피를 마시기 시작한 유럽인들일 것이다. 지금은 그리스, 불가리아, 마케도니아, 크로아티아, 세르비아, 슬로베니아 등의 국가가 위치하고 있지만 당시는 오스만제국의 영향권 안에 있었던 지역이다. 만약 이 지역이 아니라면 중세 후반 지중해 해상무역의 중심지이자 오스만제국과 지리적으로 멀지 않은 베네치아의 사람들일 것으로 짐작된다. 그러나 이들 지역 사람들 중 커피를 마신 기록을 남긴 사람은 없다.

오스만제국의 영향권 밖에 있는 유럽 지역 가운데 커피를 대놓고 마셨던 곳은 흥미롭게도 오스만제국에서 가장 먼 섬나라 잉글랜드였다. 왜 잉글랜드였을까?

첫째, 잉글랜드가 지리적으로 오스만제국으로부터 멀리 떨어져 있었기 때문에 오스만에 대한 경계심이나 공포감이 상대적으로 크지 않았다. 게다가 종교개혁의 영향으로 일찍이 1534년에 개신교를 국교로 받아들인 곳이기도 하다. 이런 까닭에 이슬람이나 이슬람 음료 커피에 대한 종교적 거부감이 타지역에 비해 상대적으로 덜했다.

둘째, 17세기 영국인에게 만연했던 과음 문화에 대한 거부감이 가져온 반사이익 덕분이다. 헨리 8세는 첫 왕비와 이혼하기 위해 가톨릭을 버리고 1534년 수장령으로 영국 성공회를 설립하였다. 그는 절대왕권을 기반으로 폭정을 휘둘러 국정 운영을 어지럽혔고, 시민들은 국교가 바뀌자 혼란에 빠졌다. 그의 뒤를 이은 아들 에드워드 6세, 딸 메리 1세는 나약하여 혼란을 잠재우지 못했다. 메리 1세에 이어 1558년에 즉위한 엘리자베스 1세 치하에서 안정은 찾았지만 헨리 8세 시대부터 시작된 종교적 갈등은 여전했다. 영국 성공회, 가톨릭, 청교도 세력 간의 갈등이 수그러들지 않았다. 혼란한 세월 탓에 엘리자베스 1세에 대한 악소문도 많았다. 극작가 윌리엄 셰익스피어, 철학자 프랜시스 베이컨이 그녀의 숨겨 놓은 아들이라는 소문이 난무했다. 1603년 엘리자베스 1세가 후계자 없이 사망하자 혼란은 더욱 심해졌다.

이런 어수선한 세월 속에서 시민들은 술로 달래며 하루하루를 버티는 수밖에 없었다. 당시에 집필된 셰익스피어의 작품에 술주정꾼 이야기가 유난히 많이 나오는 이유다. 이런 음주 문화를 주도한 이들은 물론 남성이었다. 여성들, 특히 가정주부들이 이런 음주 문화에 불만을 터뜨리기 시작했고, 술을 대체할 음료로 커피가 관심을 끌기 시작했다.

셋째, 청교도의 등장이다. 이들은 기독교적 순수성을 주장하며 검소, 근면을 생활신조로 삼았다. 특히 와인과 맥주에 대해 사회를 부도덕하게 만드는 원인이라며 공격하였다. 술집 경영자들과 와인 판매업자들은 당연히 이에 반발하였고, 커피 애호가들은 환영했다. 이런 분위기 속에 과도한 음주 습관을 치료하는 데 커피가 효과가 있다는 커피 옹호론자들의 주장이 설득력을 얻기 시작하였다.

이 같은 사회 분위기에 힘입어 커피가 새로운 음료로 환영받았고 공개적으로 커피를 마시는 커피하우스가 등장하였다. 특히 과학자와 의사들이 커피를 옹호하면서 커피와 커피하우스의 유행이 잉글랜드를 중심으로 급속도로 퍼졌다.

15세기에 이슬람 세계에서 커피가 잠을 깨는 데 도움이 되는 음료로 등장했다면, 17세기 영국에서는 커피가 술을 깨는 데 도움이 되는 음료로 등장한 것이다. 잉글랜드에서 커피는 술과 대조되면서 '이성을 깨우는 음료'라는 긍정적 이미지를 얻었다.

그렇다면 커피를 마셨다는 기록을 남긴 최초의 유럽인은 누구일까? 이와 관련해서 베네치아, 크로아티아, 헝가리 등 여러 지역에서 자신들이 최초로 커피를 마셨다는 주장을 하고 있지만 이를 뒷받침할 기록은 없다. 남아 있는 기록에 의하면 베네치아 공화국의 파두아대학에 유학하였던 영국인 윌리엄 하비(William Harvey, 1578~1657)를 그 최초의 인물로 볼 수 있다.

하비는 1602년 24세에 파두아대학에서 의학박사 학위를 받고 귀국한 후 제임스 1세의 주치의가 되었다. 제임스 1세는 왕권은 신에게서 받은 만큼 누구도 의문을 제기하거나 저항할 수 없다는, 이른바 '왕권신수설'을 주장한 국왕으로 유명하다. 하비는 제임스 1세에 이어 즉위한 찰스 1세의 주치의도 맡았다. 부친의 왕권신수설을 계승하였던 찰스 1세는 의회파가 왕당파 등 구세력을 제거하고 승리한 청교도혁명의 결과로 처형되었다.

하비는 1628년에 혈액순환설을 발표하며 유명해졌다. 기록에 의하면 하비는 혈액순환설을 발표하기 한 해 전인 1627년에 런던에서 커피를 마셨다. 하비에게는 동방무역에 참여하고 있던 형제가 여럿 있었기에,

커피를 처음 마신 유럽인 윌리엄 하비
커피를 마신 기록을 최초로 남긴 유럽인은
혈액순환론으로 유명한 영국인 의사 윌리엄
하비(William Harvey)다. 마녀재판의 재판관
이기도 했던 그가 커피를 처음으로 마신 것
은 1627년이었다.

이들로부터 커피원두를 제공받을 수 있었다. 이렇게 구한 커피를 실험에
사용하는 약품용 용기에 넣은 후 'Coff. Arab.'이라고 표기해놓고, 제자
들과 함께 실험하듯이 아끼며 커피를 끓여 마셨다. 하비와 동시대를 산
작가 존 오브리(John Aubrey, 1626~1697)가 기록한 내용이다.

하비의 제자 에드워드 포코케(Edward Pococke, 1604~1691)는 한 걸음
더 나아가 이른 아침에 마시는 커피는 폐병, 안구건조증, 수종, 통풍, 괴
혈병의 치료, 그리고 천연두 예방에 효과가 있다고 기록하였다. 이를 보
면 당시 커피는 의사들에게 만병통치약 수준의 약재로 여겨졌음을 알 수
있다. 하비는 1657년에 사망하였는데, 재산은 가족들에게 남겼지만 남아

있던 56파운드의 커피와 커피 끓이는 도구는 자신의 동료 의사들에게 남겼다. 커피를 마시며 자신을 기억해달라는 뜻이었다.

하비와 같은 시대를 산 존 에블린(John Evelyn, 1620~1706)은 1637년에 옥스퍼드에서 누군가 커피 마시는 모습을 처음 목격했다는 기록을 남겼다. 에블린이 본 사람은 잉글랜드인이 아니라 나다니엘 코노피오스라는 그리스인이었다. 발칸반도 끝에 위치한 그리스는 당시 오스만제국의 영향권하에 있었다.

윌리엄 하비가 커피를 공개적으로 마셨던 결정적인 이유는 그가 지닌 배경 덕분이었다. 하비는 당시 영국 국왕 제임스 1세와 찰스 1세의 측근이었고, 이 지역에서 몇 번 열린 마녀재판의 재판관이었다. 마녀재판 광풍이 약했던 잉글랜드, 이 지역에서 권력자의 측근이며 마녀재판의 재판관이었던 하비는 커피를 공개적으로 마셔도 위험하지 않은 특별한 인물이었다.

03

커피하우스, 술에 취한 유럽을 깨우다

유럽 최초의 커피하우스, 옥스퍼드일까 런던일까

유럽 최초의 커피하우스가 어디에 등장했는지에 대해서는 여러 주장들이 제기되어왔다. 우리나라의 각종 원조 논쟁만큼 심하지는 않지만 그래도 이런저런 주장이 다투고 있는 것은 사실이다. 1522년에 세르비아의 벨그라드에 생긴 '카파나(Kafana)'가 기원이다, 1526년에 헝가리에 최초의 커피하우스가 등장했다, 1632년 이탈리아의 '리보르노(Livorno)'가 최초다, 1640년 혹은 1647년 베네치아에 처음 문을 열었다 등등 여러 주장이 제시되고 있다.

기록이 없는 것도 문제지만 이들이 말하는 최초의 커피하우스가 무엇을 의미하는지도 명확하지 않다. 커피음료를 파는 곳을 말하는지 커피원료인 원두를 파는 곳을 말하는지조차 분명하지 않다. 이들이 주장하는 커피하우스가 건물 형태의 업소일 수도 있고, 이동식 마차 형태의 업소일 수도 있다. 커피만을 파는 새로운 장소였을 수도 있고, 음식이나 차를 파는 곳이지만 신상품 커피를 메뉴에 추가한 곳일 수도 있다.

사실 지금은 국경 개념이 명확하지만 17세기에는 그것이 명확하지 않았기 때문에 최초로 커피하우스를 연 곳이 어디인지를 두고 국가 간 논쟁을 벌이는 것은 큰 의미가 없다. 어차피 인류 최초의 커피하우스는 유럽인들의 주장보다 훨씬 이전인 15세기 후반에 이슬람권인 메카에, 그리고 16세기 중반에는 콘스탄티노플에 생겼기 때문이다. 그리고 커피가 이동한 통로였던 레반트 지역에도 콘스탄티노플보다 먼저 커피하우스가 생겼을 것은 명확하다.

비교적 믿을 만한 기록에 따르면, 유럽 최초의 커피하우스, 즉, 음료 형태의 커피를 파는 커피하우스가 등장한 곳은 영국이다. 런던 북서쪽 옥스퍼드였다는 주장과 런던이었다는 주장이 있다. 1650년 혹은 1651년경 옥스퍼드의 앤젤(Angel) 거리에 있던 '코칭 인(Coaching Inn)', 즉 일종의 여관에 커피하우스가 처음 생겼고, 그 주인은 유대인 사업가 제이컵(Jacob)이었다는 주장이 있다. 골동품 연구가 앤서니 우드(Anthony Wood)가 1671년에 남긴 일기에서 "제이컵이라는 유대인이 코칭 인에 커피하우스를 열었다"고 썼지만 연도를 기록하지는 않았다. 그런데 이 일기책의 편집자 앤드루 클라크(Andrew Clark)가 "1650년 혹은 1651년 3월이 아닐까?"라고 추가로 적어넣었고, 이것이 지금까지 전승되어왔다. 그러나 앤서니 우드의 일기 원본에는 "1650년에 옥스퍼드에서 커피는 사적으로 소비되고 있었는데, 옥스퍼드의 동쪽 문 앤젤 거리에서 이방인, 아마도 유대인으로 짐작되는 사람에 의해 공개적으로 팔렸다. 1654년과 1655년 사이일 것이다"라고 기록되어 있다.

이렇게 보면 옥스퍼드에 세워진 커피하우스가 영국 최초라는 것은 사

최초의 런던 커피하우스

런던에 커피하우스가 처음 세워진 것은 1652년이고, 주인공
은 파스쿠아 로제이다. 현재 자메이카 와인하우스가 들어선
이곳에는 최초의 커피하우스가 자리했었다는 사실을 알리는
명판이 가게 입구에 붙어 있다.

실이 아니다. 왜냐하면 런던에 커피하우스가 세워진 것이 1652년이라는 기록은 명확하기 때문이다. 런던에 커피하우스를 처음 세운 사람은 파스쿠아 로제(Pasqua Rosée)로, 오스만제국의 지배하에 있던 라구사(Ragusa) 공화국, 지금의 크로아티아 사람이었다. 그의 국적은 명확하지 않은데, 학자에 따라 그를 그리스인, 튀르키예인, 아르메니아인 등으로 본다.

그는 오스만제국의 스미르나라는 지역에 있던 영국 회사 레반트 컴퍼니(Levant Company)에서 영국인 대니얼 에드워즈(Daniel Edwards)의 하인으로 일했다. 로제가 맡은 일에는 에드워즈의 커피를 준비하는 것도 포함되어 있었다. 기록에 의하면 에드워즈는 하루에 두세 번 커피를 마셨다고 한다. 에드워즈는 런던으로 이주하여 무역사업을 하면서 지인들에게 커피 접대를 했는데 여기에 허비하는 시간이 많아졌다. 이 시간이 아깝고 번거롭다고 여긴 에드워즈는 아예 커피하우스를 세울 생각을 하였고, 1652년에 로제를 데려다가 커피하우스 설립과 운영을 맡겼다.

문제는 당시 런던의 법에 따르면, 자유시민이 아닌 외국 국적의 하인 신분을 가진 사람은 무역을 할 수 없었다. 주변의 지적에 따라 에드워즈는 자신의 장인의 도제였던 크리스토퍼 키트 보먼(Christopher Kitt Bowman)을 로제의 파트너이자 명의상 주인으로 합류시키는 방식으로 커피하우스 운영을 이어갔다. 로제는 1652년에 커피의 효능을 알리는 전단지를 만들어 배포했는데, 커피가 각종 염증, 유산, 수종, 통풍, 괴혈병뿐 아니라 화병이나 우울증 치료에도 효능이 있다고 적었다. 한 세대 전에 커피를 즐겼던 윌리엄 하비나 그의 제자 포코케가 커피의 효능에 대해 주장했던 내용 그대로이다. 로제가 만들어 뿌린 전단지는 최초의 커피 광고인 셈이다. 이 광고는 효과를 발휘했고 커피 판매는 성공하였다.

그런데 1658년 즈음 로제가 갑자기 런던을 떠났고 이후에는 보면 혼자 커피하우스를 운영하였다. 로제가 런던을 떠난 이유나 행선지는 알려진 바가 없다. 로제의 커피하우스 이후 런던에는 우후죽순 격으로 커피하우스가 생겨나서, 기록에 따라서는 500~600개쯤 있었다, 2천 개 이상 있었다, 혹은 3천 개 정도 있었다고 쓰고 있다.

역사는 기록이고 해석이다. 기록을 남긴 사람이 주인공이 되는 경우가 허다하다. 유럽인 최초의 커피 음용 기록도, 유럽 최초의 커피하우스 설립 기록도, 흥미로운 커피하우스의 운영 기록도 영국인들이 남겼다.

자유로운 공간 커피하우스, 산업혁명의 인큐베이터

런던이나 옥스퍼드 등 영국에 생긴 초기의 커피하우스들은 '페니대학(penny universities)'으로 불렸다. 1페니의 입장료를 내면 누구나 입장할 수 있고, 커피를 마시면서 커피하우스 안에 비치된 정보지를 볼 수 있으며, 그 안에서 오가는 지적 대화에 자유롭게 참여할 수 있었기 때문이다.

대학에서 배우는 것과는 다른, 현실 생활에 필요한 다양한 지식을 제공하는 장소가 페니대학, 즉 커피하우스였다. 대학교수들도 신분이나 전공을 넘어 자유롭게 모여서 토론을 즐길 수 있는 곳이었다. 초기 영국의 커피하우스들은 교수 이외에도 '거장'이라고 불리는 유명인의 출입이 많은 공간이었다. 건축가 크리스토퍼 렌(Christopher Wren), 선박 제작자 피터 페트(Peter Pett), 의사 토머스 밀링턴(Thomas Millington) 등이 대표적이다. 이들은 존 에블린 등 동시대인들이 남긴 회고록에 자주 등장하는 커피하우스 단골 고객이다.

그리고 '러너스(runners)'라 불리던 뉴스외판원들이 최신 뉴스가 실린 인쇄물을 들고 이곳저곳의 커피하우스들을 돌아다녔다고 한다. 신문이 발달하지 않았던 당시에 이들 뉴스외판원들이 제공하는 첨단 정보는 매우 신선하고 유용하였다. 새로운 직업을 꿈꾸거나 일자리를 원하는 사람들에게 필요한 정보를 제공하는 곳이 커피하우스였다.

영국처럼 신분 구별이 뚜렷하고 위계질서도 엄격한 나라에서 다양한 계층의 사람들이 모일 수 있는 유일한 장소였다는 것도 커피하우스가 인기를 누렸던 요인 중 하나다. 학교에서보다 커피하우스에서 보내는 시간이 더 많은 대학생들도 적지 않았다고 한다.

커피하우스는 당시 유행하던 술집들과는 많이 달랐다. 취하여 마구 떠드는 곳이 아니라 맨정신으로 공통의 관심사에 대해 지적 대화를 나누는 곳이었다. 1660년 왕정복고 이후 사회적 혼란이 가라앉자 커피하우스는 점점 늘어났고, 커피하우스마다 특정한 분야에 관심이 있는 사람들이 끼리끼리 모이기 시작하였다. 17세기 영국 사회의 다양성이 그대로 커피하우스에 반영된 것이다. 천문학, 수학, 시, 펜싱, 댄스, 프랑스어, 라틴어 등 온갖 분야에 호기심을 가진 지식인들이 끼리끼리 커피하우스에 모여들었다.

그렇다고 이렇게 공부하는 사람들이 지적인 대화를 나누는 커피하우스들만 있었던 것은 아니다. 궁정 관리부터 장사꾼이나 매춘업 종사자, 나아가 하층민이나 술주정꾼이 모여드는 커피하우스도 적지 않았다. 매춘업 종사자들이 많이 드나들던 몰 킹(Moll King's) 커피하우스가 대표적인 사례다. 칠드 커피하우스(Child's Coffee House)의 경우는 성직자와 의

사들이 주로 출입하는 곳으로 유명했다.

당시 커피하우스에서 지켜야 할 규칙들이 매우 흥미롭다. 1674년에 인쇄된 커피하우스 광고물에 적혀 있는 '커피하우스의 규칙과 질서'를 보면, 커피하우스 안에서는 모든 사람이 평등하였다. 이 광고물에는 "지위에 상관없이 더 나은 사람에게 자리를 양보할 필요는 없다"는 규칙이 들어 있다. 커피하우스 안에서 사회적 지위는 무시되었다는 얘기다. 누구나 지위에 상관없이 대화에 참여할 수 있었다. 커피하우스에서 욕을 하면 12펜스의 벌금을 내는 규칙, 싸움이 벌어지면 먼저 싸움을 건 사람이 상대방에게 커피 한 잔 값을 지불하는 규칙도 있었다. 이런 규칙들이 아름답게 지켜졌는지는 알 수 없다.

커피하우스에서 금지한 대화 주제나 행동도 있었다. 지나치게 '성스러운 일'을 주제로 삼는 것은 허용되지 않았다. 이런 재미없는 주제를 가지고 얘기가 길어지면 그 집에는 손님이 끊기기 때문이었다. 카드나 주사위 등을 이용한 도박도 금지되었다.

세계 경제사 책에 보면 이 시기에 영국에서 많은 근대적인 산업이 탄생했다는 사실을 알 수 있다. 대표적인 것이 근대적 금융산업의 출현이다. 지금도 세계 금융시장에 영향력을 미치는 영국의 금융산업은 어디에서 탄생했을까? 바로 커피하우스였다. 장사꾼들과 뱃사람들이 출입하던 로이드 커피하우스에서는 해운 관련 거래가 빈번하게 이루어졌고, 위험한 해운사업에 안전장치가 필요하다는 데 의견이 모아졌다. 이런 대화가 발전하여 1688년에 세계 최초의 보험회사 로이드가 탄생했다. 지금도 유명한 그 '로이드(Lloyd's)'다.

증권 중개인들의 출입이 잦았던 조나단 커피하우스에서 증권회사가 탄생한 것도 매우 자연스러운 일이었다. 1698년이었다. 세계적으로 유명한 경매회사 소더비(Sotheby's)와 크리스티(Christie's)도 당시 커피하우스에 딸린 조그만 방에서 시작되었다. 17세기 후반에 나타난 커피하우스의 성장은 이처럼 보험사업, 주식시장, 그리고 경매제도 등을 탄생시켰고, 이런 신산업들은 영국의 초기 산업 발전, 나아가 산업혁명을 촉발하는 원동력으로 작용하였다.

커피하우스들이 뉴스의 중심지 역할을 하면서 인쇄물을 통한 광고도 이즈음 최초로 제작되었다. 커피하우스에서는 팸플릿과 신문을 제공하였고, 커피하우스 고객들은 추가 비용 없이 이런 인쇄물에 실린 정보를 마음껏 얻어갈 수 있었다. 커피하우스에서는 온갖 형태, 온갖 분야의 정보들을 만날 수 있었다. 1657년 5월 26일 자『퍼블릭 어드바이저(Public Advisor)』에 커피 광고가 게재되었는데, 커피가 소화 촉진, 심장 활성화, 기타 다양한 질병 치료에 효과가 있다는 내용을 담았다. 잡지에 실린 최초의 커피 광고였던 셈이다.

1709년에 출범한『태틀러(Tatler)』, 1711년에 출범한『스펙테이터(The Spectator)』는 커피하우스를 배경으로 당시에 등장한 대표적인 저널 형식의 뉴스물이었다. 커피하우스는 이와 같은 광고매체를 탄생시킨 인큐베이터였다.

다양한 관심을 가진 사람들이 모여들고, 지적인 대화가 이어지고, 정보가 오가는 곳이 영국의 커피하우스였다. 이런 특징을 가진 영국의 커피하우스들은 18세기 계몽사상의 형성과 산업혁명의 등장 과정에서 의사소통의 장소로 크게 기여하였다.

평등한 공간 커피하우스, 여성 출입도 가능했을까

영국의 커피하우스와 관련한 가장 큰 논쟁거리는 여성도 커피하우스 출입이 가능했느냐, 가능하지 않았느냐의 문제다. 그간 영국의 초기 커피하우스에는 여성의 출입이 금지되어 있었다는 주장이 널리 받아들여졌다. 이 주장을 하는 측이 내세우는 대표적인 근거는 바로 '커피에 반대하는 여성들의 청원(The Women's Petition Against Coffee)'이라는 문서다.

청원서는 1674년에 제출되었는데, 1652년부터 영국과 네덜란드 사이에 벌어졌던 이른바 영란전쟁의 세 번째 전쟁(1672~1674) 중이었다. 이청원에서 여성들은 "커피가 남성들을 무기력하고 성적으로 무능하게 만들어서 장차 나라의 출산율을 떨어뜨리게 될 것"이라는 흥미로운 주장을 하였다. 커피가 남성들을 커피체리가 생산되는 지역, 즉 아프리카나 아라비아반도의 모래사막같이 건조하게 만들어버렸다는 내용도 들어 있다. 나라가 위기에 빠진 시기 남편들이 집안일에 참여하지 않고 커피하우스에서 빈둥거리는 것도 여성들의 불만 중 하나였다. 재미있는 주장이었기에 당시에도 빠른 속도로 퍼져나갔고, 이후에도 오래도록 전해져왔다. 여성들의 커피하우스 출입이 금지되었다는 그 어떤 증거도 없다.

남성들이 이런 주장을 듣고만 있지는 않았다. 바로 반박하는 글을 발표했다. 커피가 자신들을 성적으로 무능하게 만들기보다는 오히려 활력을 주어 잠자리가 활기차진다는 주장으로 반박하였다. 17세기 후반 커피하우스 전성기에 커피를 놓고 영국의 여성들과 남성들은 한 차례 청원서 전쟁을 치렀다.

그렇다면 여성에게 커피하우스 출입을 금지했다는 것은 사실일까? 아

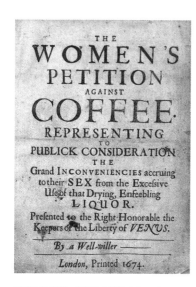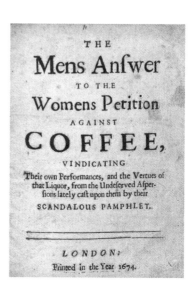

커피를 반대하는 여성들의 청원서와 그에 대한 남성들의 반박문

17세기 후반 영국 여성들은 커피가 남성성을 저하시킨다는 이유로 남성의 카페 출입을 반대하는 청원서(왼쪽)를 발표하였다. 남성들도 이에 맞서 반박문(오른쪽)을 발표하였다.

니다. 커피하우스는 모든 계층, 모든 사람에게 개방되어 있었다. 토론 주제가 대체로 남성들의 관심사인 정치나 사업이었기 때문에 여성들이 즐겨 찾지 않았을 뿐이다. 여성들의 출입이 빈번하지 않았을 뿐 출입 자체가 금지되어 있지는 않았다. 커피하우스에 뉴스를 전하는 뉴스외판원 중에 여성이 다수 있었고, 커피하우스를 경영하는 여성들, 즉, '커피여성(coffee-women)'으로 불리던 사람들도 적지 않았다. '부르느스 헤드'를 운영한 앤 블룬트(Anne Blunt)를 비롯해 앤 로쉬포드(Anne Rochford), 몰 킹(Moll King)과 같은 여성 운영자들의 이름이 기록에 남아 있다. 17세기 영국 여성들이 커피하우스에서 전개된 토론에 적극적으로 참여했다는 흔적도 별로 없지만 출입이 금지되었다는 기록도 전혀 없다.

16세기 중반부터 18세기 초까지 영국을 통치한 왕 10명 가운데 4명이 여왕이다. 메리 1세(1553~1558), 엘리자베스 1세(1558~1603), 메리 2세(1689~1694), 앤(1702~1714)이 그들이다. 여왕이 통치하던 시대에 여성의 커피하우스 출입이 금지되었다는 것은 상식적으로 납득이 되지 않는다.

그런데도 왜 커피하우스 등장 초기에 여성의 출입이 금지되었다는 이야기가 전해져올까? 그 이유는 간단하다. 서구인들이 성취한 근대화의 장점을 돋보이게 하려는 욕망 때문이다. 근대화 이전의 사회를 차별 사회로 규정하면 산업화 이후의 근대사회는 차별이 사라진, 역사적으로 진보한 사회로 해석하게 된다. 또한 산업화 이전 사회에서의 여성 차별을 강조하면 산업화가 탄생시킨 새로운 계급인 젠틀맨의 역사적 기여를 돋보이게 할 수 있다. 젠틀맨 계층이 지녔던 폐쇄적이고 차별적인 태도를 감추는 데 도움이 되었던 것이다. 그러나 실상은 그렇지 않았다. 산업혁명으로 중간계급은 부유하고 자유로워졌지만, 노동자, 여성, 아동의 삶은 오히려 악화된 측면이 많았다.

커피하우스에 대한 이런저런 우려를 접한 찰스 2세는 1675년 12월 29일 '커피하우스 금지령(Proclamation for the suppression of coffee-houses)'을 내린다. 당시에 문을 연 많은 커피하우스들이 "매우 사악하고 위험한(very evil and dangerous)" 문제를 야기하고 있다는 것이 이유였다. 구체적으로는 사회 안정에 해로운 정보를 만들고 유통시킴으로써 왕실의 명예를 실추시키고 통치 질서를 해친다는 것이었다. 사실 이 포고령에서 금지했던 것은 커피만은 아니었다. 커피와 함께 초콜릿, 셔벗, 그리고 차도 포함되어 있었다. 이듬해 1월 10일 이후 커피하우스를 열거나, 금지된 음료를 파는 사람은 라이선스가 있든 없든 매우 엄히 처벌할 것이라고 선언하였다. 그러나 이렇게 근엄하게 발표는 했지만 실행되지는 못하였다. 수많은 커피 애호가들의 저항이 컸기 때문이다.

17세기 후반 동방무역의 강자 네덜란드의 등장 이후 영국의 위세는 추락하고 있었다. 전쟁으로 반전을 시도했으나 성공하지 못하였다. 영국왕실의 권위는 점점 떨어졌고, 반면에 커피의 인기는 점점 높아졌으며 커피하우스 숫자도 폭증하였다. 조금 과장해서 말하면 왕실보다 커피의 인기가 더 높았다. 커피하우스에서 모든 사람은 평등하였다.

도시마다 등장한 카페, 맥주와 싸우다

커피를 마시는 공개적인 장소인 커피하우스가 영국에 등장한 1650년대 이후 유럽의 여러 도시에 유사한 형태의 업소가 등장하기 시작하였다. 라틴어권인 프랑스, 베네치아 등에서는 '카페'라는 이름의 업소가 나타났다. 프랑스어로 Café는 마시는 커피를 의미하기도 하고 커피를 마시는 장소를 의미하기도 하는 이중의 의미를 지닌다.

프랑스 파리에서 커피가 처음으로 판매되기 시작한 것은 1672년의 일이고, 주인공은 파스쿠아 로제(Pasqua Rosée)다. 런던에 커피하우스를 세웠던 그 사람인지, 동명이인인지는 명확하지 않다. 런던을 떠난 로제가 프랑스 파리에 카페를 열었다는 주장도 있고, 파리에서 카페를 하던 로제가 런던으로 이주하여 그곳에서 커피하우스를 열었다는 반대 주장도 있다.

로제의 카페보다 설립 시기가 명확하고 사람들에게 널리 알려진 것은 플로렌스 출신의 프란체스코 프로코피오 데이 콜텔리가 세운 '카페 르 프로코프(Café Le Procope)'이다. 로제에게 커피 일을 배운 프로코피오가 1686년에 문을 연 이 카페는 아랍식이었다. 1702년에 자신의 이름을 프랑스식 이름인 프랑수아 프로코프로 바꾸면서 카페 명칭도 '카페 르 프로코프'가 되었다. 지금까지도 계속 영업하는, 프랑스를 상징하는 최고의 카페 중 하나다. 이 시기를 전후하여 프랑스의 파리뿐 아니라 마르세유, 리옹 등에 카페들이 속속 등장하였다.

많은 역사학자들이 베네치아, 파두아 등 이탈리아반도 북쪽에 커피가 처음 소개된 때가 늦어도 17세기 초반이었을 것으로 추정하지만 명확한 기록은 없다. 기록에 따르면 베네치아 최초의 카페는 1683년 베네치아의 신청사 아래에 등장하였다. 이후로 18세기 중반까지 베네치아, 피렌체, 트리에스테를 비롯한 지금의 이탈리아 북쪽 지역에 카페가 우후죽순으로 생겨났다. 기록에서 찾을 수 있는 잘 알려진 카페만 해도 폰트 델 안젤로(Ponte dell' Angelo), 스파데리아(Spaderia), 메네가초(Menegazzo) 등이 있다. 베네치아의 중심 산 마르코 광장 주변에는 한 집 건너 카페가 있었다고 한다. 1720년에 플로리아노 프란체스코니(Floriano Francesconi)가 문을 연 카페 플로리안(Caffè Florian)은 지금도 산 마르코 광장을 찾는 사람들에게 향기로운 커피를 제공하고 있다.

이탈리아에 커피가 전달되는 통로였던 베네치아 공화국을 멸망시킨 사람은 바로 커피를 좋아한 프랑스 군인 나폴레옹이다. 1797년 나폴레옹은 알프스를 넘어 베네치아를 점령하였다. 이후 베네치아는 오스트리아와 프랑스의 지배를 반복해 받았고, 1866년 독립한 이탈리아에 편입되었다.

프랑스 최초의 카페 르 프로코프

1686년에 파리에 세워진 카페 르 프로코프는 많은 문화
예술인과 정치인들이 출입했던 곳으로 유명하다. 위는
르 프로코프의 외관, 왼쪽은 카페에 전시된 나폴레옹의
모자 앞에 선 저자.

오스트리아에 커피가 처음 소개된 때는 1655년이다. 오스만제국과 오스트리아의 관계가 원만하던 시절이었다. 오스만제국의 술탄 메흐메드 4세는 오스트리아와의 관계 개선을 위해 카라 메흐메드를 빈에 파견하였다. 그가 빈의 유지들에게 커피를 대접하면서 오스트리아에도 커피향이 전해졌다.

이런 역사적 사실보다 잘 알려진 이야기는 오스만제국의 빈 침략과 관련한 커피 전설이다. 1683년 7월, 30만 오스만제국 군대의 총공격으로 빈은 점령당할 위기에 처하였다. 외부 지원군에게 메시지를 전달할 수 있는 사람을 찾던 중 튀르키예어를 구사할 줄 아는 폴란드 출신 프란츠 게오르그 콜시츠키(Franz George Kolschitzky)가 나타났다. 콜시츠키는 튀르키예에서 생활하면서 배운 현지어와 생활습관을 이용해 여러 차례 포위망을 뚫고 빈 방어군과 외부 지원군 사이에 메시지를 전달하였다. 콜시츠키의 활약 덕분에 2개월에 걸친 전쟁에서 오스트리아군은 위기를 극복하고 승리할 수 있었다.

오스만제국 부대가 빈을 떠나며 남긴 군수품, 즉 오스트리아군의 전리품 중에 검은색의 낯선 곡물이 있었다. 이 곡물의 용도를 몰라 버리려던 차에 콜시츠키가 나타났다. 그는 전쟁에 기여한 공로로 이 물건을 달라고 청했으며 그의 요구는 받아들여졌다. 이렇게 커피원두를 획득한 콜시츠키가 커피 판매 사업을 시작하였는데 그 업체 명칭이 '블루보틀(Blue Bottle)'이었다. 요즘 커피 시장에서 제3의 물결을 이끌고 있는 미국의 스페셜티 커피 전문점 '블루보틀'이 사라졌던 이 명칭을 되살렸다. 이 이야기가 오스트리아 빈에 커피가 처음으로 전파된 과정을 알려주는 유명한 전설이다.

커피의 역사를 다룬 수많은 글에서 콜시츠키 이야기는 다양한 형태로 전승되어왔다. 대부분의 글에서는 커피를 오스트리아에 전한 영웅으로, 어떤 글에서는 전쟁 승리에 기여한 공로를 이용해 탐욕을 부린 어리석은 인물로 묘사하고 있다. 일본의 커피학자 탄베 유키히로丗部幸博는 이 이야기를 후세에 만들어진 창작물로 규정하였다. 그는 카라 메흐메드 이야기가 사실에 가깝다고 보았다. 빈에 문을 연 최초의 커피하우스 또한 콜시츠키가 세운 블루보틀이 아니라 아르메니아인 요하네스 디오다트(Johannes Theodat)가 세운 커피하우스라고 주장한다. 실존 인물인 콜시츠키는 자신의 이야기를 기록으로 남기지 않은 채 1694년에 결핵으로 사망하였다.

빈의 영어식 표현인 '비엔나(Vienna)' 하면 먼저 떠오르는 단어 중 하나가 '비엔나커피'다. 비엔나커피의 원래 명칭은 '카페 아인슈페너(Einspänner)'다. 하나라는 뜻의 'ein'과 말고삐라는 뜻의 'spänner'가 합쳐져서 만들어진 단어로, 한 마리의 말이 끄는 마차를 뜻한다. 과거에 빈 지역에서 마차를 끄는 마부들이 추운 겨울에 손님을 기다리며 마차 위에 앉아서 마시던 음료로, 뜨거운 커피에 설탕을 넣고 생크림을 듬뿍 올려서 만든다. 크림을 얹어서 커피가 넘치지 않게 하려는 실용적 이유, 충분한 당을 섭취하여 피로를 회복하려는 건강상의 목적, 바쁜 마부가 마차 위에서 간편하게 마실 수 있는 편리성 등이 더해져 비엔나커피가 만들어졌다. 빈(비엔나)에서 유래하고 유행한 커피이기 때문에 1970년대에 우리나라에 소개되었을 때 '비엔나커피'라는 별칭을 얻었다.

독일은 서유럽 국가 중에서 커피 문화가 가장 늦게 발달한 곳이다. 커피라는 음료에 관한 기록을 유럽에 처음 전했던 인물이 독일 사람인 라우볼프(Rauwolf)였음에도 불구하고 커피를 음료로 받아들이는 데는 가장 늦었던 나라가 독일이다. 독일에서는 반복되는 전쟁으로 인해 음주 문화가 지속되었고 이를 이끈 것은 국민음료 맥주였다. 국민음료 맥주의 위력을 새로운 음료인 커피가 오랫동안 넘어서지 못했다.

중세 후반에 가톨릭의 부패가 극에 달하였다. 이에 영국의 위클리프, 보헤미아의 후스, 네덜란드의 에라스무스 등이 가톨릭교회의 개혁을 요구하기에 이르렀다. 결국 1517년 독일에서 마틴 루터가 「95조 반박문」을 발표한 것을 계기로 가톨릭을 지지하는 황제 세력과 루터를 지지하는 제후 세력 간의 긴 갈등이 시작되었다. 종교전쟁이었다.

1555년에 루터교가 처음으로 공인을 받았으며 프로테스탄트라고 일컬어졌다. 루터에 이어 칼뱅이 등장하였다. 인간에 대한 구원은 이미 정해져 있다는 예정설로 무장한 그는 직업에 충실하여 부를 축적하는 것이 하나님의 뜻에 합당하다고 강조하였다. 그의 주장은 상공업이 융성했던 서유럽 지역에서 큰 지지를 받았다. 영국의 청교도도 그중 하나였다.

신교의 빠른 성장에 가톨릭은 이른바 마녀사냥으로 맞서기도 하였지만, 결론은 전쟁이었다. 1618년 프로테스탄트를 지지하는 유럽 내 다수의 제후국들이 가톨릭을 이끌고 있던 에스파냐 합스부르크 왕가와 대결하는 '30년 전쟁'이 시작되었다.

종교 갈등에서 시작된 긴 전쟁은 과도한 음주 문화를 불러왔다. 특히 맥주를 많이 마셨다. 맥주는 메소포타미아 지역의 수메르인들에 의해 기원전 4000년경 처음으로 만들어지기 시작했다. 맥주가 독일의 국민음료로 자리매김한 것은 루터가 종교개혁을 선언하기 1년 전인 1516년 독일 황제 빌헬름 4세가 발표한 「맥주 순수령(Reinheitsgebo)」이 계기가 되었다. 이 법령에 따르면 물과 함께 맥아(malt), 홉(hop), 효모(yeast)만 넣어 만든 것만 맥주로 인정한다. 이를 따른 독일인들은 자신들이 만든 순수한 맥주를 마시는 행위에 긍지를 가졌고 이를 애국으로 여겼다. 밀과 같은 싸구려 부재료를 이용하여 만든 북유럽 국가들의 맥주와 자신들이 만든 순수한 맥주를 구분짓기 위한 목적도 있었지만, 당시 홉을 본격적으로 재배하고 있던 독일과 체코 지역의 농업을 보호하고자 하는 의도도 컸다.

독일에서 맥주가 국민음료가 된 것과 더불어 16세기 중반 이후 17세기에 이르기까지 독일을 포함한 북부 유럽은, 하인리히 야콥의 표현대로 "심각한 만취 상태의 굴레"에 흠뻑 빠져 있었다. 특히 독일의 북서 지역과 북동 지역은 거대한 맥주 창고로 변해 있었다. 독일에서 기독교 음료인 포도주도, 이슬람 음료인 커피도 맥주를 이기기는 어려웠다. 일부 귀족들이 네덜란드 상인들이 제공하는 커피를 마시는 일은 있었겠지만, 독일인들이 거리에서나 일상생활 속에서 커피를 마시는 풍습은 적어도 18세기가 시작되는 시점까지는 나타나지 않았다. 17세기 후반 영국에서 커피가 술을 대체하는 음료로 각광받았던 것과는 매우 대조적이다. 한동안 독일에서 커피는 맥주를 이기지 못했다.

30년간 보헤미아(Bohemia, 지금의 독일 남부와 오스트리아), 덴마크, 스웨덴, 프랑스의 신교 지지 세력과 합스부르크 왕가를 지지하는 구교 사이에 계속된 전쟁은 많은 피해를 남긴 채 1648년 베스트팔렌조약 체결로 종결되었다. 이를 계기로 스페인과 신성로마제국의 영향력이 급격히 쇠퇴하였고 프랑스의 영향력은 커졌다. 독일은 여러 제후들이 나누어 통치하는 분권의 길에 접어들었고 오스트리아에 대한 지배권을 내려놓았다.

스페인은 네덜란드의 독립을 인정해야 했으며, 영국, 네덜란드, 프랑스, 스웨덴 등이 유럽의 신흥 강자로 떠올랐다.

음료가 아니라 무역품, 네덜란드인들의 독특한 커피 인식

유럽에 커피가 알려지고, 유럽인들이 커피하우스를 드나들기 시작한 17세기를 상징하는 용어는 다양하다. 스페인의 몰락, 위대한 프랑스, 과학혁명, 시민혁명, 천재들의 세기 등이다. 여기에 한 가지가 더 있는데, 바로 '네덜란드의 황금기(The Dutch Golden Age)'다. 스페인의 지배하에 있던 네덜란드는 오랜 투쟁 끝에 1581년 독립을 선언하였다. 이후에도 베스트팔렌조약으로 공식적인 독립을 획득한 1648년까지 스페인과의 전쟁은 계속되었다.

독립전쟁이 한창이던 1602년 네덜란드인들은 세계 최초의 주식회사인 네덜란드 동인도회사(Vereenigde Oostindische Compagnie, VOC)를 설립하였다. 이 회사를 설계한 사람도 주식을 매입한 사람도 대부분 유대인들이었다. 1492년 스페인에서 시작된 종교 박해를 피해 네덜란드로 이주한 대표적 민족 집단이 유대인이었다. 네덜란드는 종교에 관용적이었고 무역 활동에 선교를 포함시키지 않았던 유일한 유럽 국가였다. 이는 네덜란드가 17세기 중반 에도시대에 포르투갈을 제치고 일본과의 무역을 독점하게 된 배경이 되기도 하였다.

네덜란드 동인도회사의 번영을 바탕으로 1609년 세계 최초의 증권거래소가 암스테르담에 설립되었다. 그리고 네덜란드의 선박제조기술을 배우기 위해 유럽의 선박기술자들이 네덜란드로 모여들었다. 자본과 선박기술로 무장한 네덜란드는 아메리카, 아프리카, 인도, 중국, 일본 등과의 무역을 지배함으로써 17세기를 네덜란드의 황금기로 만들었다. 당시 서유럽 국가들이 보유한 선박 2만 척 중 1만 6,000척을 보유했던 네덜란드는 유럽 대륙에서 동서남북으로 향하는 해상무역의 대부분을 독점하여 '바다의 마부'라고 불렸다.

이 시대 인물 가운데 우리 역사에 등장하는 익숙한 이름으로 벨테브레와 하멜이 있다. 1595년에 태어나 1626년에 네덜란드 동인도회사 소속 홀란디아호의 승무원으로 취업한 얀 얀스 벨테브레(Jan Jansz Beltevree, 박연)는 네덜란드 동인도회사 본부가 있던 바타비아(지금의 자카르타)에서 일본으로 향하던 도중 풍랑을 만나 표류하다가 제주에서 동료 2명과 함께 붙잡혔다. 이후 조선에 귀화하여 박연이라는 이름을 얻고 훈련도감에서 총포 제작을 도왔으며, 병자호란에 참전하기도 하였다. 동료 2명은 병자호란에서 전사하였으나, 박연은 조선 여인과 결혼하고 1648년에 치러진 과거(무과) 시험에서 장원급제를 하였다. 박연은 1653년에 또 다른 네덜란드인 하멜 일행이 제주에 표류하였을 때 이들에 대한 통역과 감독, 조선 풍속의 교육까지 맡았다.

암스테르담 남쪽 호린험 출신인 헨드릭 하멜은 1651년에 동인도회사 선원으로 입사하였다. 1653년 스페르버르호를 타고 일본 나가사키로 가던 중 폭풍우를 만나 제주 해안에서 좌초되었다. 하멜은 조선에서 13년 억류생활 끝에 1666년 탈출하여 일본 나가사키의 데지마에 도착하였다. 이곳에서 다시 1년 동안 체류하면서 자신의 14년간 억류생활 기록을 보고서 형식으로 쓴 글이 『하멜표류기』이며, 1668년 귀국하여 이 보고서를 발표하고 출판하였다. 유럽에 은둔의 왕국 조선의 존재를 처음으로 알린 글이었는데, 프랑스어, 영어, 독일어 등 주변 국가의 언어로도 번역될 정도로 선풍적인 인기를 끌었다. 정보가 권력임을 이미 깨달은 당시 유럽인들은 낯선 땅 조선에 관한 정보를 가득 담은 이 책의 가치를 능히 알아보았다.

『하멜표류기』를 통해 조선을 알게 된 네덜란드 동인도회사는 조선과의 무역을 위해 무역선 코레아호를 출항시킬 계획을 세우는 등 적극적 움직임을 보였으나 유럽과의 무역을 독점하려는 일본의 반대로 성사되지 못했다. 이 시기 동아시아를 방문했던 하멜을 비롯한 네덜란드 상인들의 기록에서 커피 이야기가 나오지 않는 것으로 보아 17세기 중엽까지 네덜란드에는 아직 커피 마시는 문화가 전파되지 않은 것으로 보인다.

지금의 뉴욕이 네덜란드령 뉴암스테르담이던 시기인 1624~1664년에 뉴암스테르담 지역에서도 커피를 마셨다는 기록이 없는 것을 보면, 네덜란드인들이 무역 상품으로서의 커피에는 관심이 있었지만 음료로서의 커피에는 큰 관심이 없었다는 것을 알 수 있다. 기록에 의하면 네덜란드 동인도회사가 커피를 예멘의 모카항에서 암스테르담으로 최초로 실어 나른 것은 1640년이고, 모카커피가 암스테르담항으로 정기적으로 수출되기 시작한 것은 1663년이다. 이 당시 네덜란드 동인도회사에서 커피를 수입한 목적은 자국 소비보다는 커피하우스 열풍이 불던 영국이나 프랑스로의 수출에 더 무게가 실렸다. 17세기에 네덜란드는 아시아로부터 250만 톤의 무역품을 유럽으로 실어 나른 것으로 추정되는데 그중 커피도 적지 않은 비중을 차지하였다. 유럽에서 커피와 카페의 유행을 가능하게 한 것이 네덜란드였다.

1700년경에 인구 20만 명 정도였던 암스테르담에 카페는 32개뿐이었다. 네덜란드인의 커피 소비는 다른 서유럽 국가보다 늦은 18세기 중반 이후에 시작되었다. 음료가 아니라 무역 상품으로서 커피를 바라보는 네덜란드 사람들의 독특한 관점이었다.

04

유럽 지식인들, 전설을 만들고 왜곡하고

지적 호기심이 창조한 낙타 목동 전설

17세기 후반에 이르자 유럽 기독교 세계에 이슬람 음료 커피가 널리 전파되고, 이들 지역 도시마다 커피하우스 혹은 카페가 우후죽순으로 등장하였다. 사람들은 자신들이 마시는 신기한 음료 커피는 과연 언제, 누가, 어떻게 발견했을까를 궁금해하기 시작하였다. 내가 좋아하는 음료의 기원에 대한 지적 호기심이 자연스럽게 생긴 것이다.

이런 지적 호기심에 처음으로 답을 제시한 사람은 파우스트 나이로니 (Fausti Naironi Banesii)다. 나이로니는 1628년 로마에서 태어났으며, 부모는 시리아에서 로마로 이주한 마론교도였다. 마론교는 시리아에서 시작된 동방 가톨릭교회의 한 분파다. 나이로니는 스물한 살이 되던 1649년에 레바논으로 유학을 떠났고, 유학기간을 이용해 아랍 지역을 두루 여행한 후 다시 로마로 돌아왔다. 1664년부터는 로마에 있는 사피엔자대학에서 시리아어를 포함한 동양 언어를 가르쳤다.

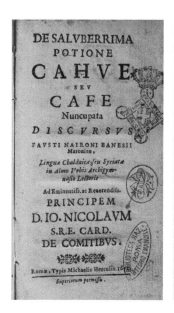
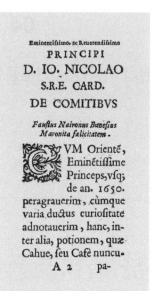

커피 기원 전설을 처음으로 전한 나이로니의 책 표지와 본문
커피의 기원 전설을 최초로 기록으로 남긴 사람은 파우스트 나이로니다. 그는 1671년 로마에서
라틴어로 쓴 「카후에 혹은 카페라고 불리는 가장 건강한 음료에 대한 담론」을 발표하였다.

나이로니가 동방 여행에서 직접 보고 느낀 것을 토대로 쓴 논문 「카후
에 혹은 카페라고 불리는 가장 건강한 음료에 대한 담론(De Saluberrima
Potione Cahue seu Cafe Nuncupata Discursus)」을 1671년 로마에서 발표
하였다. 라틴어로 쓰인 이 논문은 1710년에 런던에서 영어로도 발표되
었다. 이 논문에서 가장 흥미를 끄는 내용은 커피의 기원 전설로, 커피의
기원에 관한 인류 최초의 기록이었다.

나이로니는 이 논문을 통해 커피의 발견이 인간의 능력보다는 신의 섭
리에 의한 것이었음을 전하고자 하였다. 인간이 아무리 노력한다고 해도

자연의 섭리를 모두 알아내는 것은 불가능하다는 것을 강조하는 것으로 논문은 시작된다. 오직 인간에 대한 신의 사랑 덕분에, 어떤 것은 우연한 사건을 통해, 어떤 것은 하찮은 피조물들을 통해 신이 인간에게 알려주는 것이라고 주장하였다.

논문에는 다음과 같은 이야기가 실려 있다. 부상을 입은 사슴이 디타니(Dittany)라는 허브류의 식물을 찾아 먹는 것을 보고 인간의 몸에 박힌 화살을 빼는 데 이 식물을 이용하면 좋다는 것을 발견하게 된 것, 제비들이 눈먼 새끼들에게 애기똥풀을 먹여 치료하는 모습을 보고 애기똥풀이 눈병 치료에 효능이 있음을 알게 된 것, 멧돼지가 담쟁이잎으로 상처를 치료하는 것을 통해 담쟁이잎이 상처 치료에 효능이 있음을 알게 된 것, 과식한 하마가 뭍에 나와 갈대로 피부에 피를 낸 후 진흙을 바르는 모습을 보고 사혈(letting blood)이라는 소화불량 치료법을 알아냈다는 것이다. 또한 이집트에 사는 따오기 종류인 이비스(Ibis)라는 새를 통해 관장법을 알게 되었다고 전한다. 이 외에도 나이로니는 갈렌(Galen)이라는 사람의 글을 인용하여 뱀술이 나병 치료에 효과가 있다는 것을 우연히 알게 되어 뱀의 독을 이용해 나병 치료제를 발견하게 된 이야기를 상세하게 기술하였다. 결국 여러 피조물을 통해 인간에게 각종 질병의 치료법을 알리는 것, 이 모든 것이 기독교에서 믿는 신의 섭리라는 논리였다.

커피의 발견 이야기를 서술하기에 앞서 인간의 노력과 무관하게 신이 자연을 이용해 인간에게 가르쳐준 지혜를 소개함으로써 커피의 발견도 특정한 문명권의 특정한 사람들이 아니라, 신의 섭리 속에서 우연한 사건에 의해 발견되었다는 것을 보여주기 위한 필자 나이로니의 의도가 잘 드러나는 글의 구성이다. 인간보다는 신이나 자연의 섭리가 우선이었던 중세 후반의 시대 의식이 잘 드러난 글이라 할 수 있다.

나이로니에 의하면 카후에(Cahué) 혹은 카페(Café)라는 음료는 앞에서 설명한 사례들처럼 그 효능이 우연한 경험(fortuitous experience)을 통해 발견되었다. 나이로니는 다음과 같이 서술하였다.

> 낙타들(염소라고 주장하는 사람도 있음)을 돌보는 어떤 사람이 아야만왕국 (Kingdom of Ayaman), 즉 아라비아 펠릭스(Arabia Felix)에 있는 어떤 수 도원의 종교 지도자에게 불평을 늘어놓았다. 불평을 하는 것은 동양인 들의 공통된 전통이다. 자기의 가축들이 일주일에 두세 번 밤새 잠을 자지 않을 뿐 아니라 뿔을 부딪치고 춤을 추는 등 이상한 행동을 한다 는 것이었다. 수도원장은 틀림없이 이 동물들이 먹는 음식 때문에 벌어 진 일이라고 믿었다. 수도원장은 그날 밤 수도사 한 명을 데리고 그 가 축들이 방목되어 뛰어놀던 곳을 찾아가보았고, 그곳에서 열매가 달려 있는 관목 숲을 발견하였다. 그는 이 열매들의 효능을 직접 알아보기로 결심하였다. 그래서 그것들을 물에 끓여서 마셔본 결과 밤새 잠이 오지 않는다는 것을 경험하였다. 그는 자기의 수도원에 그것을 매일 음용하 라고 지시하였다. 그들에게는 의무였던 밤샘 기도에 참여하는 것을 수 월하게 했기 때문이다. 이 음료의 효능을 경험한 이 나라에서 이 음료 에 대한 수요가 많아졌고, 시간이 지날수록 동양의 다른 나라와 지역들 이 이 음료에 빠져들었다. 우연에 의해, 그리고 전능하신 신의 섭리에 의해, 그 효능 소식이 점점 더 서쪽 지역으로, 결국 유럽 지역으로 펴져 나갔다.
>
> — Naironus, 1710.

지금은 '염소 목동 칼디 전설'로 더 유명한 커피 발견 전설의 원형인 이 글을 통해 우리는 몇 가지 흥미로운 사실들을 알 수 있다.

첫째, 커피 전설의 원래 주인공이 염소 목동이 아니라 낙타 목동이라는 점, 그리고 목동의 이름은 기록되지 않았다는 점이다. 커피 기원 전설의 원형은 지금 우리가 알고 있는 염소 목동 칼디 전설과는 매우 다르다. 이는 커피 기원 전설의 원형이 역사적 변화를 겪는 과정 속에서 '염소 목동 칼디 전설'로 재탄생하였다는 것을 시사한다.

둘째, 커피 발견 전설의 배경 지역이 아프리카의 에티오피아가 아니라 아라비아반도의 예멘이라는 점이다. 이것 또한 지금 널리 퍼져 있는 염소 목동 칼디 전설과는 다르다. 어떤 과정을 거치면서 예멘이 에티오피아로 바뀌었을까? 궁금하다.

셋째, 커피 발견 시기에 대한 언급이나 힌트가 전혀 없다는 점이다. 많은 커피 역사 서적이나 논문에서 나이로니가 커피의 탄생 시기를 언급한 것처럼 서술하고 있는 것은 분명한 왜곡이다. 나이로니는 커피 탄생 시기를 직접 언급하기는커녕 간접적으로라도 시사하는 어떤 표현도 하지 않았다.

넷째, 커피를 발견한 주체는 사람이 아니라 동물이고, 이는 신의 섭리라는 것이다. 17세기 후반 서구인들이 즐기기 시작한 신비한 음료인 커피를 탄생시킨 것이 서구 문명이 아니라 동양 문명임을 인정하고 싶지 않았던 서구인들의 문명관을 잘 드러내는 대목이다. 동양에 대한 정형화된 부정적 인식, 즉 오리엔탈리즘의 등장이었다.

다섯째, 수도원(Monastery), 수도원장(Prior), 수도사(Monks)를 언급하였지만, 이것이 기독교 수도원이었는지, 이슬람 수도원이었는지를 직접적으로 언급하지는 않았다. 그러나 이 전설에 등장하는 지역 예멘이 이슬람 문명권이었다는 것을 고려한다면 이슬람 수도원으로 해석하는 것이 상식에 부합한다. 만일 기독교 수도원이었다면 기독교도인 나이로니가 그 사실을 언급하지 않을 리가 없으며, 기독교인들이 커피 발견의 주인공이었다면 굳이 커피 발견을 낙타나 염소에 의한 우연한 발견으로 설명하지는 않았을 것이다.

나이로니에 의하면, 당시 커피가 크게 유행하고 있던 튀르키예 지역의 사람들은 이 전설에 나오는 수도사들이 커피음료의 첫 발명자들이고 그들이 낙타 혹은 염소에게서 힌트를 얻었다는 사실을 인정하였고, 그 수도사들이 바로 자신들이 성인으로 받드는 샤들리(Sciadli)와 아이드루스(Aidrus)라고 주장하였다고 한다. 이 논문이 집필되던 당시 세계 커피 문화의 중심지인 튀르키예 사람들도 이 전설을 인정하고 있었으며, 실존 인물로 믿고 있었던 두 명의 이슬람 성인들이 커피를 처음 마신 전설 속의 수도사들이라고 주장하였다는 점을 기술한 것이다. 역사적 사실을 들어 전설의 가치를 증명하려 한 것이다.

나이로니는 커피의 기원 전설을 소개하는 것 외에도 커피체리의 특징과 가공법을 다루었다. 볶은 커피원두를 갈아 물에 넣고 끓인 후 조심스럽게 따라 마시는 방식이었다. 지금 우리가 알고 있는 튀르키예식 커피 끓이는 법과 매우 흡사하다. 나이로니에 따르면 커피가 이집트에서 유행하기 시작한 것은 자신이 논문을 집필하던 때보다 100년 선, 그러니까 1570년 즈음이다.

나이로니가 가장 관심 있게 다룬 주제는 사실 커피의 효능이다. 그는 자신과 동시대인으로서 커피의 효능을 언급한 식물학자, 음악가, 의사 등이 남긴 몇 가지 글들을 인용하여 당시 일부 사람들이 주장한 커피유해론을 반박하였다. 그의 글에 인용한 인물은 베네치아 출신 식물학자 프로스페로 알피누스, 이탈리아 출신 작곡가이며 작가였던 피터 드 라 발레, 몰타 출신 의사 도미니크 마르구스 등이다. 지금 우리가 커피 역사책이나 논문에서 자주 만나는 이름들이다.

나이로니는 당시 유럽 도시 중에서 커피의 효능이 가장 널리 알려진 도시로 런던을 들었다. 이는 유럽에서 커피를 마신 기록을 최초로 남긴 사람이 런던 의과대학의 윌리엄 하비라는 사실, 커피하우스가 최초로 생긴 곳이 런던이라는 사실 등과 일치하는 내용이다.

나이로니의 논문 이후 프랑스의 커피 상인이며 작가인 실베스트르 뒤프르(Sylvestre Dufour, 1622~1687), 마르세유에 커피를 전파한 인물 피에르 라 로크의 아들 장 드 라 로크(Jean de la Roque, 1661~1745), 그리고 『아라비안나이트』의 작가 앙투안 갈랑(Antoine Galland, 1647~1715) 등도 커피에 관한 글을 발표하였다. 커피의 유행과 함께 커피에 대한 지적 호기심이 풍부해지자, 이에 부응한 것으로 보인다.

이슬람 국가 예멘이 기독교 국가 에티오피아로 둔갑

나이로니의 논문은 발표된 지 39년 후인 1710년에 런던에서 영어로 번역되어 *A Discourse on Coffee: Its Description and Vertues*라는 제목으로 출간되었다. 내용에 매우 충실한 번역이었다. 라틴어 원본에는 없는 런던 의과대학교 교수 윌리엄 콜(William Cole, 1635~1716)에게 바치는 출판사 측의 헌사가 추가되었다. 헌사 내용을 보면 콜 박사는 50년 이상 커피를 즐긴 커피 마니아였는데, 그런 이유로 이 논문의 번역 원고를 성실하게 읽고 조언을 해주었던 것이다. 콜 박사는 옥스퍼드에서 수학하던 시절인 1660년 이전부터 커피를 마신 것으로 보이는데 이는 옥스퍼드와 런던에 카페가 처음 문을 연 시기와 거의 일치한다.

나이로니에 이어 유럽 지성 세계에 커피의 기원과 역사를 소개하는 글을 발표하여 유명해진 인물은 앙투안 갈랑이다. 1646년 프랑스 북쪽에 있는 롤롯이라는 작은 마을에서 태어난 갈랑은 파리로 와서 그리스어, 라틴어, 아랍어를 배웠다. 아랍어를 배운 덕분에 1670년부터 콘스탄티노플에 있는 프랑스대사관에서 근무할 기회를 얻었고, 이 기회를 이용하여 갈랑은 시리아와 레반트 지역, 즉 요르단과 레바논 등 아랍 지역을 두루 여행하였다. 1673년, 1677년, 1679년 등 세 번에 걸쳐 아랍 세계를 여행하며 수집한 지역 설화들을 모아 『천일야화(Les mille et une nuits, contes arabes)』라는 제목의 프랑스어 번역서를 냈는데, 1704~1717년 사이에 연이어 출판하며 명성을 얻는다.

그리고 이보다 앞서 그는 1699년에 「커피의 기원과 발전(De l'origine et du progrés du café)」이라는 제목을 단 번역 논문을 발표하였다. 압달 카디르 알 자지리(Abd al-Qadir al-jaziri)가 직접 아랍어로 쓴 커피의 역사, 음용법, 커피에 관한 논쟁으로, 1587년에 완성된 원고였다. 이 아랍어 원고의 원제목을 의역하지 않고 그대로 풀이하면 '엘리트가 사용하는 커피 비법'이다. 아랍어 원문에서 알 자지리는 예멘 아덴 지역의 수피교 성인인 알 다바니(Sheikh Jamal-al-Din al-Dhabhani, 1470 혹은 1471년 사망)가 커피를 처음 만들어서 마신 주인공이라고 밝혔다. 알 자지리는 커피

커피 역사를 왜곡한 앙투안 갈랑
커피의 기원 전설을 왜곡한 첫 번째 인물은 『천일야화(아라비안나이트)』를 쓴 프랑스 작가 앙투안 갈랑이다. 1699년에 발표한 논문에서 커피의 발견에 기독교가 연관되어 있다는 주장을 하였다.

라는 음료가 등장한 것은 자신이 글을 쓰기 120년 전, 즉 1467년 쯤이라고 밝혔다.

갈랑이 아랍어에 능했고, 커피 문화의 발상지인 콘스탄티노플을 포함한 아랍 지역을 두루 여행하였다는 점에서 그의 책은 출간과 동시에 유럽 지성 사회에서 커피의 역사에 관한 가장 권위 있는 지식서로 인정받았다. 문제는 그의 글이 원문에 충실하지 않았을 뿐 아니라 몇 가지 사실을 의도적으로 왜곡하였다는 점이다.

갈랑은 알 자지리의 원문에는 없는 나이로니의 낙타 혹은 염소 목동 전설을 소개하며, 이는 나이로니가 만들어낸 이야기라고 비판하였다. 갈랑은 커피가 아라비아 펠릭스, 즉 예멘에서 전해졌지만 에티오피아에서 아주 먼 옛날부터 음용했다고 주장하였다. 이는 알 자지리와 나이로니의 원문에는 없는 내용으로, 번역자 갈랑이 작위적으로 삽입한 내용이다.

갈랑은 또한 알 자지리가 커피의 발견에 관해 "예멘의 수도사들과 함께 기독교도들이 관여하여 이룬 업적"으로 기록했다는 주장을 하였다. 이 또한 의도적 왜곡이다. 알 자지리의 필사본에 커피의 기원과 관련한 기독교와의 연관성은 전혀 언급된 바 없다. 갈랑은 더 나아가 나이로니가 커피 기원에 기독교도들이 관여한 사실을 의도적으로 기술하지 않았다고 비판하였다. 커피의 기독교 기원설을 주장하고 싶었던 갈랑은 알 자지리의 원문을 왜곡하는 동시에 나이로니를 근거 없이 비판한 것이다. 이는 나이로니가 기독교인이라는 사실조차 인지하지 못한 갈랑의 역사 지식 부족을 드러낸 것이든지, 아니면 알면서도 저지른 의도적 역사 왜곡이다. 알 자지리는 커피의 기원을 설명하면서 이슬람 수피교도들(Sufis)이 그 주인공이라고 분명히 적었다.

미국 터프츠대학(Tufts University)의 역사학자인 매케이브(Ina Baghdiantz McCabe)는 이 같은 갈랑의 학문적 태도를 신랄하게 비판하였다. 매케이브도 언급하였듯이 당시 갈랑을 포함한 유럽 지식인들이 지녔던 동양의 학문이나 문화에 대한 폄하 의식에서 비롯된 역사 왜곡이었다. 매케이브는 갈랑의 주장은 일종의 정치적 담론이라고 비판하였다. 근대 초기 서양 세계에서 유행한, 모든 문명의 발달을 기독교에 연계시키려는 의도가 빚어낸 역사 왜곡이라는 것이다. 커피의 역사를 오리엔탈리즘으로 오염시킨 사례는 갈랑의 글보다 더한 것이 없을지도 모른다.

17세기 말과 18세기 초에는 백인 기독교도인 갈랑이 역사 해석에서 잠시 우위를 차지하였지만, 결국은 아랍계 기독교도인 나이로니의 주장이 더 설득력을 얻게 되었다. 1716년에 프랑스의 유명 여행작가인 장 드 라 로크는『행복한 아리비아 여행(Voyage dans l'Arabie heureuse)』을 출판하였는데 그 책에서 커피의 기원에 대해 이야기하면서 나이로니의 목동설을 인용하였다. 1726년에 라 로크의 책이 영어판으로 런던에서 출간되면서 나이로니 주장은 널리 전파되었다.

　커피는 기독교가 아니라 이슬람에 기원을 두고 있으며 커피음료가 처음으로 발견된 지역은 에티오피아가 아니라 예멘이라는 것이 학술적으로 선언된 것은 1753년이다. 스웨덴의 식물학자 칼 폰 린네(Carl von Linné, 1707~1778)는 자신의 저서『식물의 종(Species Plantarum)』에서 커피나무의 학명을 'Coffea arabica Linnaeus'로 표기하였다. 이로써 커피 문명의 발생지가 아라비아반도라는 주장이 설득력을 얻게 되었다. 예멘이 있는 아라비아반도에서 커피가 시작되었다는 나이로니와 알 자지리의 주장이 갈랑의 주장을 이기고 과학적 권위를 획득한 순간이었다.

낙타는 사라지고 염소 목동의 이름이 붙여지고

　나이로니와 갈랑 이후에도 많은 커피 관련 연구가 진행되었는데 프랑스인들이 가장 열심이었다. 대표적인 인물이 프랑스 식물학자 에델레스탕 자르댕(Edelestan Jardin, 1822~1896)이다. 자르댕은 1895년에『커피나무와 커피(Le Caféier et Le Café)』라는 제목의 단행본을 출판하였는데,

413쪽에 이르는 이 책의 첫 장에서 커피의 역사를 다루었다. 커피 발견 전설의 대표적 사례로 나이로니의 낙타 목동 전설을 전하며 상부 이집트(La haute Egypte)에서 이 지역의 수도사들이 커피를 발견하였다고 서술하였다. 커피 발견 지역이 예멘에서 이집트로 바뀐 것이다.

두 명의 프랑스인 갈랑과 자르댕에 의해 의도적으로(갈랑의 사례) 혹은 비의도적으로(자르댕의 사례) 나이로니의 글에 약간의 변형이 가해지기는 하였지만, 19세기 말까지 300년 이상 나이로니가 1671년에 처음 기록한 커피 발견 전설의 원형은 유지되어왔다.

커피음료 발견 전설의 주인공이 낙타 목동이 아니라 염소 목동으로 바뀌고, 목동에게 칼디라는 이름이 붙여지고, 커피 발견 지역이 예멘에서 에티오피아로 바뀐 것은 1922년의 일이다. 당시 미국을 대표하는 커피 전문가이며 영향력 있는 잡지 『커피와 차 무역 저널(Coffee and Tea Trade Journal)』의 편집장인 윌리엄 우커스가 펴낸 『올 어바웃 커피(All about Coffee)』라는 책을 통해서였다.

커피에 관한 백과사전이라는 이 책에서는 여러 나라의 커피 기원 전설을 전하면서 프랑스에서 전승되어왔다고 하는 목동 칼디(Kaldi) 이야기를 소개하였다. 전설은 "이집트 북부 혹은 아비시니아의 한 염소치기 목동"으로 시작한다. 나이로니가 소개한 전설의 골격을 간단하게 언급한 후 이를 보여주는 삽화를 실었고, 삽화 하단에 "칼디와 춤추는 염소(Kaldi and his dancing goats)"라는 설명을 붙였다. 삽화를 그린 작가 이름은 없고 "한 프랑스 작가"라고만 표기하였다.

커피 기원 전설에 처음으로 낙타 대신 염소가 주인공으로 등장하고, 목동은 칼디라는 이름을 갖게 된 것이다. 우커스의 명성과 권위, 그리고

전설로 재창조된 '칼디와 춤추는 염소'
윌리엄 우커스의 『올 어바웃 커피(All about Coffee)』에 실린 "칼디와 춤추는 염소(Kaldi and his dancing goats)" 삽화이다. 이 책은 염소 목동 칼디가 커피 기원 전설로 전승·전파되는 계기가 되었다.

우세해져가는 미국과 영어의 영향력을 기반으로 '염소 목동 칼디' 이야기는 이후 커피의 기원과 관련하여 가장 설득력 있는 이야기로 전승되고 전파되었다. 이슬람 국가 예멘 대신 기독교 국가 에티오피아를 배경으로 삼고 낯선 동물인 낙타보다는 친숙한 동물인 염소를 등장시킨 것, 목동에게 '칼디'라는 구체적인 이름을 붙인 것 등이 우커스 이야기에 신뢰성을 불어넣었다. 전설의 완벽한 재창조였다.

마지막으로 가장 흥미로운 것은 나이로니가 기록한 최초의 커피 탄생 전설 어디에도 커피가 발견된 시대에 대한 어떤 언급이나 힌트조차 없고, 이는 우커스도 마찬가지라는 사실이다. 그런데 이후에는 전설의 배경 시기가 10세기, 9세기, 8세기, 7세기, 6세기를 거쳐 심지어는 기원전 8~9세기까지 거슬러 올라간다. 인류 역사상 커피로 해석될 수도 있는 물질을 최초로 언급하였다는 9세기의 라제스나 10세기의 아비센나 이야기가 전해지고, 에티오피아 남동부에 있던 악숨왕국이 4세기경 기독교로 개종한 후 6세기 전성기에 이르러서는 홍해 건너 아라비아반도 남서부의 예멘 지역까지 통치하였다는 역사 등이 결합하면서 커피의 기원 연대도 점차 소급해 올라간 것이다.

많은 역사학자들이 동의하듯이 15세기 이전에 커피를 음용했다는 신뢰할 만한 고고학적·인류학적 유물이 발견된 적이 없음에도 불구하고 커피의 역사를 길게 늘려보려는 '학문이라는 이름의 역사 창작' 활동이 반복되어왔다. 자신이 좋아하는 커피라는 음료의 역사를 최대한 오래된 것으로 만들고, 커피의 역사를 신비화하려는 커피 애호가들의 욕심이 만들어낸, 근거가 매우 희박한 과장된 역사인 것이다. 이런 우스꽝스러운 역사 서술이 가장 활발한 곳은 부끄럽게도 원조 논쟁의 천국이라는 한국이다. 에덴동산에서 이브가 따 먹었던 과일이 커피체리라는 주장, 그리스·로마 신화에도 커피로 짐작되는 물질이 등장한다는 이야기 등이 넘쳐난다.

커피의 기원에 대한 오랜 논쟁과 왜곡, 그 출발점은 17세기 유럽인들이 드러내기 시작한 동양 문명에 대한 멸시 의식, 오리엔탈리즘이었음은 분명하다.

05

생산은 검은 노예들이, 소비는 하얀 서구인들이

자바에 커피를 옮겨 심은 한국학자 비첸

17세기 유럽에서는 전쟁과 혁명이 끊이지 않았다. 종교개혁 이후 갈등을 빚던 신교와 구교 간의 대립이 유럽 전역을 전쟁터로 만들었다. 1618년에 독일에서 시작된 전쟁은 30년 동안 지속되었고, 결과적으로 유럽의 정치 지형을 바꾸어놓은 후 1648년에 종결되었다. 30년전쟁이다. 독일과 스페인은 힘을 잃었고 영국, 프랑스, 네덜란드가 유럽의 강자로 등장하였다. 영국은 북아메리카로, 프랑스는 인도양으로 진출하여 식민지를 건설했고, 스페인으로부터 독립하여 새로운 해상세력이 된 네덜란드는 동아시아로 진출하였다.

유럽 문화의 중심이 이탈리아에서 프랑스로 옮겨졌고, 영국은 청교도혁명, 명예혁명을 거치며 의회주의에 기반한 입헌군주제 국가로 나아갔다. 아이작 뉴턴(1643~1727)의 등장으로 과학혁명이 시작된 것도 17세기 말이다. 서구인들이 세계의 정치와 경제, 그리고 문화를 지배하는 시대로 서서히 접어들고 있었다.

이슬람 음료 커피는 17세기를 지나며 서서히 유럽의 음료로 변신하였다. 커피가 가는 곳마다 이교도의 음료, 남성성을 약화시키는 음료, 건강에 해로운 음료 등 커피에 대한 비난이 일었지만, 커피가 지닌 매력을 이기지는 못하였다. 17세기 후반에 이르자 커피는 유럽 전역에서 인기 음료로 자리잡았다. 의약품으로 등장하여 기호품으로 변신하였는데, 문제는 가격이었다. 인기가 높아지는 것에 비례해서 가격이 하루하루 높아졌다. 17세기 중반 1페니로 즐길 수 있었던 커피가 17세기 말에 이르자 그 몇 배로 올랐다.

오랫동안 커피는 홍해 연안인 에티오피아 동쪽의 하라와 예멘 산악 지역에서만 재배되고, 이 지역의 무역항인 예멘 모카항에서만 수출이 이루어졌다. 당시 커피 생산과 공급을 독점한 것은 오스만제국이었고, 소비 지역에 커피를 독점 공급한 것은 유대인들이 세운 네덜란드 동인도회사였다.

커피 공급을 독점하고 있던 예멘은 커피 재배가 타지역으로 확장되는 것을 막기 위해 수출되는 모든 커피는 볶거나 끓이도록 하였다는 이야기도 전해지지만, 실제 그랬을 가능성이 크지는 않다. '황당무계한' 이야기라고 보는 게 맞다. 당시 권력자들이 커피 유통을 독점하기 위해 끊임없이 노력하였다는 것은 사실이다. 예컨대 무역업자들이 파종 가능한 커피 씨앗이나 이식 가능한 커피나무를 밀반출하다가 적발되는 경우에 벌금을 부과하였다. 밀반출을 막기 위해서 모든 수출용 커피는 발아 불가능한 상태로 가공된다는 소문을 퍼뜨렸을 수는 있다. 커피 이식이 어려웠던 또 다른 이유는 당시 인류 문명이 발달한 곳 중에서 커피를 재배하기에 적합한 기후와 토양을 지닌 곳은 거의 없었다는 점이다.

비록 커피라는 새로운 음료에 관한 소식이 유럽에 전해지기는 하였지만 17세기 중반까지는 소비가 일부 지역과 일부 계층에 제한되어 있었다. 따라서 이 음료의 재료 공급을 독점하고 있던 예멘 모카항의 권위나 위상에 도전하고자 하는 노력이 두드러지지 않았다. 이 지역과의 무역을 위해 만들어진 영국과 네덜란드의 동인도회사가 관심을 가졌던 1차 품목은 아직은 향신료들이었다.

유럽으로의 커피 무역을 시작한 것은 영국이지만 17세기 중반에 이르러 유럽 지역으로의 커피 무역을 독점하였던 것은 신흥 해상왕국 네덜란드의 동인도회사였다. 특히 유럽 지역에 커피하우스들이 문을 열 무렵인 1650년대부터 일정 기간 동안 영국과 프랑스 지역에 커피원두를 공급한 것은 네덜란드 동인도회사였다.

유럽인들이 커피 무역을 시작한 17세기 초부터 커피나무를 옮겨 심으려는 다양한 시도들이 끊임없이 있었다. 네덜란드 동인도회사는 이미 1616년경부터 커피나무에 관심을 보였다. 당시 예멘에서 무역업에 종사하고 있던 네덜란드인 피터 반 데어 브뤼케(Peter Van Der Brücke)는 커피나무를 몰래 숨겨서 암스테르담 국립식물원에 가져오는 데 성공하였다. 이 나무 후손이 1640년 네덜란드 동인도회사의 영토로 편입된 실론(스리랑카의 옛 이름)과 자바에 옮겨 심어졌다. 네덜란드 동인도회사가 식민지였던 실론에 커피농장을 최초로 세운 것은 1640년이고, 이곳에서 첫 수확을 한 것은 1658년이지만 품질이 좋지 않아 상업화에는 이르지 못하였다.

바바 부단이라는 용기 있는 인도 무슬림 승려의 전설도 전해진다. 부단은 메카에 성지순례차 갔다가 돌아오는 길에 예멘에서 커피생두 일곱 알을 숨겨서 인도로 가져왔다. 가져온 생두를 그의 고향 마이소르 (Mysore), 현재 인도 커피의 주 생산지역인 카르나타카 지역에 뿌렸고, 이것이 발아하여 인도 커피 '올드 칙'이 시작되었다는 전설이 전해진다. 고려시대에 중국에서 목화씨를 가져온 문익점을 떠올리게 하는 이야기다. 물론 당시에 심었던 인도 커피가 생산되어 팔렸거나 소비되었다는 기록은 없다.

바바 부단의 커피 이식과 관련해서는 역사적 기록이 존재하지 않는다. 따라서 그가 실존 인물인지 아니면 가공의 인물인지조차 명확하지 않다. 지금도 카르나타카 지역에 그의 이름을 딴 산이 있고, 그를 숭배하기 위해 만들어진 사원이 있는 것을 보면 실존 인물이었을 가능성이 높다. 수피교도인 바바 부단이 생존했던 시기는 마운틴부단 지역에서 커피 재배가 시작되었던 18세기 후반이니 이 시기에 그의 커피 이식 이야기가 만들어졌을 것으로 보인다[필자의 부탁으로 인도 나란다대학의 판카즈 모한 (Pankaj Mohan) 교수가 조사하여 알려온 내용이다]. 영국인들도 자신들이 지배하던 인도에 1695년경 처음으로 커피나무를 옮겨 심었으나 성공하지 못하였다.

유럽에서 커피 소비가 확대되면서 커피 가격이 상승하자 커피나무를 에티오피아와 예멘을 넘어 다른 지역에 이식하기 위한 다양한 시도가 본격화되었는데, 17세기 마지막 10년을 남겨 둔 1690년 무렵의 일이다. 네덜란드인이 커피나무를 바타비아(지금의 자카르타)의 네덜란드 영사관 정원에 심었다. 1699년에는 처음으로 자바에서 커피를 성공적으로 수확하였다. 동방무역이 확대되면서 향료의 희소성이 사라지자 대체 무역품을

커피를 자바에 옮겨 심은 니콜라스 비첸
커피를 예멘 밖으로 옮겨 심는 데 성공한 최초의 인물은 니콜라스 비첸이다. 그는 네덜란드 동인
도회사의 아시아 본부가 있던 자바에 커피나무를 성공적으로 이식하였다.

찾던 상인들은 커피에 관심을 갖기 시작하였다.

자바 커피의 탄생을 주도한 인물은 네덜란드인 니콜라스 비첸(Nicolaas
Witsen, 1641~1717)이다. 그는 자바의 바타비아에 있던 네덜란드 동인도
회사 사장을 지낸 인물이다. 여러 차례 실패를 거듭한 끝에 드디어 이 지
역에서 생산한 커피를 1706년 처음으로 암스테르담에 소개한 인물도 비
첸이다. 그때 비첸은 암스테르담의 시장이었다.

비첸은 흥미롭게도 한국과 인연이 있는 인물이다. 그는 암스테르담 시

장을 13년 동안이나 역임한 성공적인 행정가이며, 선박 건조 전문가, 러시아 전문가, 지도 제작 전문가였다. 러시아의 표트르대제(Czar Peter the Great)가 네덜란드에 유학 중이던 1697~1698년에는 그에게 선박 건조 기술을 가르치기도 했다. 비첸이 1690년에 완성한 시베리아 지도라고 할 수 있는 〈타르타르 지도(Map of Tartary)〉에는 서쪽의 카스피해로부터 동쪽의 한반도(Corea)까지 그려져 있다. 18세기 이전까지 유럽인들에게 타르타르(Tartary 혹은 Tartar)는 만주, 시베리아, 그리고 중앙아시아 지역 전체 혹은 이 지역에 사는 사람들을 일컫는 말이었다.

비첸은 시베리아, 중앙아시아, 동아시아에 관한 유럽 최초의 기록인 『북부 및 동부 아시아 지리지(Noord en Oost Tartarye, North and East Tartary)』를 남긴 사람으로도 꽤 유명하다. 타르타르 지역 지도에 대한 해설서 성격인 이 책은 1692년에 초판이, 그리고 1705년에 대폭 보완되어 제2판이 간행되었다. 당시 유럽에서 이용가능한 모든 정보를 담아 동유럽, 북유럽, 볼가강 유역, 크림반도, 코카서스 지역, 중앙아시아, 몽골, 티베트, 중국, 그리고 한국과 일본 지역을 설명하는 책이었다.

비첸의 책에는 신기하게도 조선의 사회와 문화에 관한 설명이 적지 않게 포함되어 있다. 비첸이 어떻게 17세기 조선에 관한 정보를 얻고, 이를 토대로 여러 페이지에 걸쳐 조선의 사회와 문화를 설명할 수 있었을까? 자료의 원천은 무엇일까? 바로 헨드릭 하멜 일행이다. 하멜과 함께 조선에 표류하였다가 13년 만인 1666년에 달출하여 암스테르담으로 돌아온 마테우스 에이보켄(Mattheus Eibokken)과 베네딕토 클레르크(Benedictus Klerk)를 인터뷰해서 얻은 정보들을 기초로 조선의 사회와 문화를 기술할 수 있었다.

클레르크는 로테르담 출신으로 제주에 표류할 때 불과 열두 살이었다. 그는 주로 고래사냥에 관심이 많았고 조선의 종교와 관습에 대해서는 조금 흥미를 보인 정도였다. 에이보켄은 네덜란드 북서부의 작은 항구 엥크호이젠(Enkhuizen) 출신으로 출항 당시 외과의사 견습생 겸 이발사였다. 18~19세 무렵 조선에 도착하였는데, 기록을 보면 그는 조선에서 효종의 호위무사로도 일하였고, 탈출 당시에는 하멜을 포함한 다른 일행과 함께 강진의 전라병영에 배속되어 생활하고 있었다. 비첸은 이 두 사람을 만나 조선에 관한 이야기를 듣고 정리하여 자신의 책에 실었다. 하멜은 이 책의 초판이 간행된 1692년에 고향 호르쿰에서 사망하였다.

한국의 음료를 소개하는 부분에서 소주(sakki로 표기)와 차(tea)를 만들어 마시는 풍습을 소개하면서도 이들 음료를 커피와 비교하지 않은 것을 보면, 하멜이 네덜란드를 떠나 아시아로 향했던 1650년대나 인터뷰를 하던 1690년대까지도 커피는 암스테르담에서 일상적 음료는 아니었던 것으로 보인다. 중간 기착지인 자바 지역에서 커피 재배가 본격화되기 이전의 일이다.

이 책에서 비첸은 143개의 한국어 단어들을 소개하고 있기에 유럽에 소개된 가장 오래된 한국어 단어집이라고도 볼 수 있다. 주로 에이보켄의 기억이 반영된 기록이다. 단어 목록을 보면 우선 숫자 표기가 눈에 띄는데, 무역이 목적이었던 동인도회사 선원들에게 가장 필요한 언어가 숫자였기 때문인 듯하다. 일 단위, 십 단위, 백 단위, 천 단위까지의 발음은 지금과 매우 유사하다. 그런데 만 단위를 억(ŏk)으로 표기한 것이 특이하다. 예컨대 1만은 irŏk(일억), 5만은 oŏk(오억)으로 기록하였다. 숫자 이외의 단어로는 1월부터 12월까지의 명칭, 동서남북 등 방향, 각종 동물과

광물, 식재료와 일상용품의 단어들을 소개하고 있다. 사탕, 코끼리, 포도 등도 당시 조선에서 사용된 단어였다는 사실이 흥미롭다. 머리(Head)는 속어인 "대갈"로 표기하였다. 하멜 일행이 조선에 체류하는 동안 주로 뱃사람이나 수군과 같은 하층민과 생활했던 탓에 이런 속된 표현을 배웠을 것이다.

이와 같은 비첸의 지적 호기심과 한국 문화에 대한 이해는 사실 놀라운 일이 아니다. 대항해시대 이후 유럽인들과 아시아인들 사이에는 상대방에 대한 지식 불균형이 점차 커지고 있었다. 비첸이 활동한 17세기 말과 18세기 초에는 그 격차가 매우 컸다. 유럽에서는 코란, 유교 경전, 힌두교 경전이 여러 언어로 번역될 정도로 아시아에 대한 관심이 컸지만, 아시아인들은 여전히 유럽에 무관심하였다. 유럽의 과학과 기계장치에 대한 호기심은 있었지만, 그들이 사용하는 언어나 그들이 이룬 정치·문화적 성취에는 눈을 돌리지 않았다. 비첸은 이러한 시대적 특징을 상징하는 한 사람이었다. 이렇게 한국과 간접적 인연이 있는 비첸이 커피나무의 동인도 전파와 자바 커피 탄생의 배경 인물이라는 사실은 매우 흥미롭다.

1707년 오스만제국이 내린 커피 수출 금지 조치는 유럽인들의 커피 이식 노력을 자극하는 기폭제가 되었다. 네덜란드는 자바 커피의 재배지역을 점차 확대하였고, 이에 따라 수확량도 증가하여 빠른 속도로 모카커피를 따라잡기 시작하였다. 그러나 토양과 기후가 다른 자바에서 나는 커피 맛은 모카커피와 달랐다. 모카커피에서 느껴지는 초콜릿 단맛이 없었다. 커피 맛의 표준은 여전히 모카커피였고, 커피는 모카커피와 기타 커피로 구분되었다. 모카커피에 익숙한 유럽인들의 기호에 맞추기 위해 단맛이 나는 다른 재료들을 커피에 섞기 시작하였다. 이후 식음료에서 모카라는 말은 초콜릿 단맛을, 모카커피는 초콜릿 단맛이 가미된 커피를 의미하게 되었다. 커피향이 나는 빵에는 모카빵이라는 이름이 붙여졌다.

카리브해에서 탄생한 커피 티피카

식민지에서 커피나무를 재배하는 데 가장 먼저 성공한 나라는 네덜란드다. 1706년 네덜란드가 식민지 자바에서 수확한 커피를 암스테르담에 들여왔다는 소식이 전해졌다. 유럽에서 커피 소비 급증으로 커피원두 가격이 상승하자 무역 상인들 사이에 매점매석이 늘어났다. 이로 인해 유럽인들의 불만과 불안감이 높아지자 1664년에 장 바티스트 콜베르(Jean Baptiste Colbert)가 세운 프랑스 동인도회사(La Compagnie des Indes)에서는 18세기 초에 식민지에서 커피 재배를 준비하기 시작하였다.

17세기 후반 영국과의 잇단 전쟁에서 패하여 힘이 약해진 네덜란드는 점차 프랑스의 영향하에 놓이게 되었다. 암스테르담 식물원에 자바 커피를 들여와 재배에 성공한 니콜라스 비첸이 프랑스의 태양왕 루이 14세에게 커피 묘목을 선물한 것이 1712년이다. 하지만 제대로 키우지 못해 죽이고 말았다. 비첸은 이듬해에 다시 묘목 하나를 선물하였고 이 묘목은 황실 궁전의 하나였던 말리궁(Château de Marly)으로 보내졌다. 높이는 1.5m, 줄기 굵기가 1인치였던 이 나무는 잎이 무성했고 이미 빨갛게 익은 커피체리가 달려 있었으며, 유리로 만든 안전한 용기에 담겨 옮겨졌다. 왕은 이 나무를 왕립식물원(Jardin du Roi)에 보내서 유명한 식물학자 앙투안 드 쥐시외(Antoine de Jussieu)가 직접 관리하도록 하였다. 이 나무를 위해 프랑스 최초의 온실도 지었다.

이런 귀한 대접을 받은 이 나무는 당시 '고귀한 나무(Noble Tree)'로 불렸다. 루이 14세는 커피체리를 직접 수확하는 기쁨도 맛보았다. 수확한 커피를 직접 볶고 내려서 방문객들을 대접할 정도로 커피에 대한 루이 14세의 관심은 대단하였다. 이 나무에서 얻은 묘목 중 일부는 자신이 세운 새 궁전 베르사유에도 심었다. 아쉽게도 루이 14세는 이런 즐거움을 3년밖에 누리지 못하고 1715년에 사망하였다. 재위 기간은 무려 72년 3개월이었다.

프랑스의 커피나무 재배와 이식의 역사는 이렇게 시작된다. 고귀한 나무에서 파생된 어린 커피나무 중 하나를 1723년에 용감한 해군장교가 카리브해의 동쪽 끝 소 엔틸레스제도(Lesser Antilles)에 있는 작은 섬 마르티니크(Martinique)로 옮겨 심었다. 가브리엘 마티외 드 클리외(Gabriel Mathieu de Clieu)가 바로 그 용감한 장교인데, 그는 프랑스 북쪽 작은 마을 디에프(Dieppe) 출신으로 1737년부터 1752년까지 소 엔틸레스제도의 또 다른 섬이자 프랑스 식민지였던 과들루프(Guadeloupe)의 총독을 지낸 인물이다. 드 클리외가 사망 직전인 1774년에 한 잡지사에 보낸 편지에서 밝힌 무용담을 이후 많은 커피 역사학자들이 사실인 양 전파해왔다.

프랑스 왕립식물원의 커피나무 몇 그루를 한 여인을 통해 어렵게 손에 넣은 드 클리외는 마르티니크를 두 차례 왕래했다. 1720년에 시도한 커피나무 이식은 실패했다. 이어 1723년에 낭트항에서 카리브해로 가는 배에 커피나무 몇 그루를 가지고 탔다. 유리상자에 넣어서 운반하는 방법을 택했는데, 항해 도중에 폭풍도 만나고 해적의 위협도 받았지만 커피

카리브해의 섬 마르티니크

프랑스인 드 클리외가 커피를 처음으로 옮겨 심은 곳은 카리브해의 작은 섬 마르티니크다. 18세기 초 유럽의 여러 나라들은 새로운 인기 상품으로 등장한 커피를 식민지로 옮겨 심는 데 적극적이었다. (그림: 이다현)

나무를 무사히 지켜냈다. 오스만제국에 이어 커피 생산과 무역을 독점하고자 했던 네덜란드 정부가 드 클리외가 탄 배에 스파이를 보내 커피나무 이식을 적극적으로 방해하기도 하였다. 드 클리외는 자신이 마실 물을 나무에 양보하는 등 목숨을 걸고 이 나무를 지켜낸 끝에 마르티니크에 무사히 도착하였다. 먼 항해 도중에 다른 커피나무는 모두 죽고 마치 영화처럼 오직 한 그루만 극적으로 살아남았다.

이 한 그루를 마르티니크에 있는 자신의 집 정원에 옮겨 심은 후에도 드 클리외는 이 나무를 지키기 위해 엄청난 정성을 들였다. 집 주변에 가시나무 덤불을 만들고, 경비를 세웠다. 이에 보답이라도 하는 듯 나무는 무럭무럭 자라 많은 열매를 맺었다. 커피 작가 제프 콜러의 표현대로 "과장과 허세로 가득 찬" 이 이야기는 예멘에서 출발한 커피나무 하나가 동인도의 자바에서 성장하고, 그 자손들이 네덜란드 암스테르담, 그리고 프랑스 파리를 경유해 서인도제도의 끝인 마르티니크에 도착하는 모험담이다. 글쓴이 자신의 용기와 희생의 결과로 커피나무의 모험이 완성되는 서사물이다. 이렇게 마르티니크에 도착한 커피나무는 다행스럽게도 이 지역의 토양과 기후에 잘 적응했다. 티피카종 커피는 이렇게 낯선 땅에 뿌리를 내렸다.

첫 수확은 1726년에 이루어졌다. 이 무렵에는 자바산 커피가 암스테르담에 연 400만 파운드씩 수출되고 있었다. 마르티니크에서 커피 재배지는 급속도로 확대되어 1774년 드 클리외가 세상을 떠난 해에는 거의 1,900만 그루의 커피나무가 이 섬에서 자라고 있었고, 생산량은 자바를 추월하였다.

마르티니크의 커피나무는 프랑스의 또 다른 식민지였던 생 도맹그(아이티)로도 옮겨 심어졌다. 마르티니크의 20배 정도로 큰 섬인 생 도맹그의 커피 생산량은 매년 증가하여 1805년 프랑스로부터 독립을 선언하기 직전에는 세계 커피 생산량의 50%를 차지하기에 이른다.

카리브해의 마르티니크에서 출발한 커피는 중남미 대부분의 나라로 퍼져나갔다. 현재 중남미 지역 커피나무의 핵심 품종 중 하나인 티피카종은 이런 과정을 거쳐 등장하고 번성하였다. 출발지는 소 엔틸레스제도의 끝자락에 위치한 마르티니크였고, 이를 이룬 영웅은 용감한 프랑스 군인 드 클리외였다. 많은 프랑스 역사학자와 문인들은 드 클리외를 칭

송하는 시와 글을 남겼고, 이것이 지금까지 이어져 세계 커피 역사의 한 페이지를 차지하고 있다.

드 클리외 이전에 이미 카리브해 서인도제도에 커피나무가 이식되어 재배되고 있었다는 다양한 주장과 증거들이 있다. 프랑스인들이 지금의 아이티인 생 도맹그 지역에 커피를 전한 것은 1715년이고, 네덜란드인들이 브라질 북쪽에 위치한 수리남에 커피를 전파한 것은 1718년이다. 수리남에서 프랑스령 기아나(French Guiana)로 커피가 옮겨진 것이 1719년이고, 이로부터 다시 브라질에 전파된 것이 1727년이다.

드 클리외의 커피 모험담은 과장임이 틀림없지만 흥미롭고 극적인 내용 때문에 여전히 커피 애호가들 사이에 회자되고 있다. 우리가 마시는 일상음료인 커피의 전파를 위해 목숨을 건 사람이 있었다는 내러티브를 통해 커피가 지닌 가치와 정신을 느껴보고자 하는 커피 애호가들의 간절한 마음이 느껴진다.

인도양에서 탄생한 커피 부르봉

Bourbon. 프랑스어 발음으로 '부르봉', 영어 발음으로 '버번'은 커피 역사와 위스키 역사에 등장하는 익숙한 단어다. 부르봉은 인도양에 있는 프랑스령의 작은 섬 레위니옹(Réunion)의 옛 이름으로, 프랑스혁명 이전까지 부르봉섬(l'ile Bourbon)으로 불렸다. 부르봉섬은 마다가스카르 동쪽에 위치한 화산섬으로 제주도보다 조금 크다. 중심부에 3,000m 정도 되는 높은 산들이 솟아 있다. 인도양의 진주, 인도양의 파라다이스라고 부를 정도로 아름다운 자연환경을 가진 곳으로, 최근에는 영화 〈아바타〉의 촬영지로 유명해졌다.

무인도였던 이 섬을 처음 발견한 이들은 대항해시대 때의 포르투갈인이었다. 1507년의 일이다. 이후 프랑스가 점령하였고, 루이 13세가 부르봉섬이라고 이름을 붙였다. 프랑스혁명으로 부르봉 왕조가 멸망하면서 새로운 이름 레위니옹이 붙여졌다가, 나폴레옹 시대에는 보나파르트섬이 되었고, 왕정복고 후에 다시 부르봉섬이 되었다. 1848년 혁명 후에 다시 레위니옹섬이 되어 지금에 이르고 있다. 섬의 명칭 변화가 프랑스의 역사를 보여준다.

아라비카종 커피의 2대 품종 중 하나가 탄생한 섬이 부르봉이고, 그 종의 이름 또한 부르봉이다. 부르봉 커피의 탄생에 관해서는 두 가지 이야기가 전해진다. 하나는 외부 전래설이고, 다른 하나는 자생설이다.

외부 전래설은 모두 18세기를 배경으로 하고 예멘 모카항에서 시작한다는 공통점이 있지만, 이야기 내용은 다양하다. 첫 번째 이야기의 주인공은 듀프레스네 다르살(Dufresne d'Arsal) 선장이다. 1708년에 모카항에서 2척의 프랑스 무역선이 커피씨앗과 60그루의 커피 묘목을 싣고 부르봉섬으로 향하였다. 부르봉섬에 옮겨 심어진 커피나무들은 아쉽게도 적응하지 못하였다. 이어서 1715년에 다르살 선장에 의해 커피 이식이 다시 시도되었고 두 그루의 나무가 살아남았다. 살아남은 커피나무는 두 지역에 나누어 심어졌고 드디어 1719년에 성공적으로 커피체리를 수확하였다. 다르살의 1715년 시도 또한 실패하였으며 그 뒤 1718년에 이루어진 세 번째 시도가 마침내 성공하였다는 또 다른 이야기도 전해진다. 이 커피나무가 열매를 맺은 것이 1721년이었다고 한다.

두 번째 이야기의 주인공은 앵베르(Imbert)라는 상인이다. 프랑스 동인도회사 직원이었던 루이 브와뱅 다르당쿠르(Louis Boyvin d'Hardancourt, 1664~1719)의 기억에 따르면, 예멘 모카에 머물던 상인 앵베르는 예멘의 왕을 괴롭히던 귓속 염증을 치료해주면서 왕의 신임을 얻었다. 그가 예멘 왕으로부터 치료 대가로 60그루의 커피나무를 얻어서 부르봉섬으로 가는 배에 실어 보냈다. 배는 1715년 9월 25일 부르봉섬에 도착하였는데 그중 20그루가 살아남았다. 이 나무들은 생 데니스(Saint Denis)에 사는 마르탱(Martin) 형제에게 보내졌는데 20그루 중 오직 2그루만 살아남았다. 1718년에 이 두 나무로부터 117그루의 묘목이 파생됨에 따라 이 섬에서 커피 재배가 본격화되었다. 부르봉종 커피의 탄생이었다.

외부 전래설과는 달리 커피가 이 지역에서 자생하고 있었다는 주장도 있다. '마룬(Maroon)'이라는 이름의 자생종 커피가 1711년에 이 섬의 서쪽 해안에 있는 생 폴(Saint Paul) 근처의 600m 산지에서 발견되었는데, 이것을 발견하여 파리로 가져간 사람은 다르당쿠르(d'Hardancourt)였다. 다르당쿠르는 이 생두의 모양이 모카커피보다 약간 크고 끝부분이 조금 뾰족한 모양을 지녔다는 기록을 남겼다. 루이 14세의 커피를 키웠던 유명한 식물학자 쥐시외는 "부르봉 커피와는 다르다. 생두가 약간 길고 조금 날씬하면서 녹색은 더욱 진하다"라고 묘사하였다. 일부 사람들은 모카커피와 비슷하게 훌륭한 맛을 가졌다고 평가하였다. 문제는 이 커피나무가 열매를 2년에 한 번 정도 맺는다는 것이었다. 결국 부르봉 자생종 커피는 예멘에서 건너온 커피와의 경쟁에서 서서히 밀려나 사라지고 말았다.

부르봉 커피가 파리에 처음 소개되었을 때 반응은 긍정적이지 않았다. 커피 상인들은 이 커피의 맛에 대해 "비록 커피를 닮았지만 커피라고 부를 수 없을 정도"라고 평하였다. 이런 혹평에도 불구하고 1719년에는 779그루, 1720년에는 7,000그루로 재배량이 늘어났다. 생산을 담당한 이들은 아프리카에서 끌려온 노예들이었다. 프랑스에서 카페가 유행하면서 재배지역도 점차 늘었고, 1727년경에는 10만 파운드(Antony Wild 주장) 혹은 25만 파운드(Lécolier etc. 주장)를 생산하기에 이르렀다. 노예 1명당 200그루의 커피나무를 기르도록 커피 농민들에게 할당량을 부여하는 가혹한 정책의 효과였다.

생산량은 점차 증가하였지만 1730년대까지 부르봉 커피에 대한 부정적 평가는 지속되었다. 곰팡내가 난다거나 설익은 맛이 난다거나 하는 비판이었다. 당시 프랑스 사람들의 커피 맛 평가기준은 오랫동안 마셔왔던 예멘의 모카커피였다. 부르봉이라는 새로운 커피가 프랑스 사람들의 미각에 적응하는 데는 적지 않은 시간이 필요했다. 부르봉 커피의 전성시대를 연 것은 1715년에 다섯 살의 어린 나이에 등극한 루이 15세였다. 아버지에 이어 커피를 사랑한 황제로 알려진 루이 15세는 성인이 된 어느 날 프랑스 왕실에서는 부르봉섬에서 생산되는 커피만 마셔야 한다고 선언하였다. 결국 부르봉 커피는 프랑스 왕실의 커피 공급을 독점하면서 점차 유명해졌다. 1744년 즈음에는 생산량이 연 250만 파운드에 달했다. 프랑스 왕실용 커피에 대한 부르봉 커피의 독점은 1767년까지 이어졌는데, 당시 부르봉섬에서는 연 600만 파운드의 커피를 생산하였다.

프랑스 왕실에 대한 커피 독점 공급이 1767년에 종료되면서 부르봉섬의 커피 산업은 서서히 붕괴하기 시작하였다. 1789년에 시작된 혁명의 소용돌이, 1806년과 1807년에 닥친 두 차례의 싸이클론과 그 뒤를 이은 가뭄, 그리고 카리브해산 커피의 등장 등으로 이 지역 커피농장 대부분이 파괴되고 말았다. 이후 부르봉섬에서는 커피 대신 사탕수수 재배가 유행하였다.

현재 우리가 마시는 아라비카종 커피의 2대 조상 중 하나가 바로 레위니옹섬을 통해 전파된 부르봉종이고, 다른 하나가 자바와 카리브해를 통해 퍼져나간 티피카종이다. 이 두 가지 종에서 파생된 다양한 변종이 현재 아라비카종 커피의 대부분을 차지하고 있으며, 적게는 20여 가지, 지역 이름을 붙여 구분하면 수백 가지 이상에 이른다. 부르봉종 커피는 티피카종에 비해 나무는 조금 작지만 나뭇가지는 더 무성하다. 티피카종에 비해 잎이 넓고 커피체리는 더 둥근 모양이며, 생산량도 20~30% 정도 더 많다. 달콤하고 밝은 산미를 자랑하는 우수한 커피이지만 기후나 토양에 예민하기 때문에 재배가 어렵다는 단점이 있다.

부르봉 커피의 기원과 관련해서는 다양한 주장들이 난무하고 있다. 자생설이나 전래설이 대표적이지만 이 외에도 돌연변이설, 모리셔스 커피와 아프리카 커피의 혼종설 등이 있다. 최근의 과학 연구에서 부르봉을 상징하는 포인투 커피는 예멘을 통해 들어온 아라비카종으로부터 발생한 돌연변이의 일종이라는 사실이 밝혀졌다.

대서양 세인트헬레나에 심어진 커피

영국은 일찍부터 아라비아 지역에서의 커피 무역에는 관심이 많았지만 식민지에 직접 커피농장을 설립하여 운영하는 것에는 관심이 적었다.

그들은 무역은 하였지만 어느 지역에 정착하거나 작물을 재배하지는 않았다. 18세기 초 영국이 지배하고 있던 지역 중에서 커피를 재배하기에 적합한 기후와 토양 조건을 갖춘 유일한 지역은 대서양 한가운데 있는 세인트헬레나(Saint Helena)섬이었다. 화산재가 만든 양질의 토양과 아열대 기후를 지닌 곳이었다. 이런 장점에도 불구하고 이 섬에서 커피 농업이 성공하는 것을 가로막는 요소들이 존재한다. 첫째는 섬의 크기가 425km²로 제주도 면적의 1/4 정도라는 점이다. 게다가 산이 많아서 경작 가능한 토지는 극히 적기 때문에 자바나 부르봉섬에 비해 대규모 농장을 운영하기에는 한계가 있었다. 둘째, 육지와의 교통이 매우 불편했는데, 이는 무역을 목적으로 한 작물을 재배하기에는 불리한 여건이었다. 절해고도라는 표현에 어울리는 외딴섬이었다.

이 섬은 1502년에 포르투갈 탐험선이 발견했고, 한동안 이들 포르투갈 무역선의 대피 장소 정도로 이용되었다. 16세기 후반 포르투갈의 쇠퇴 이후에는 네덜란드와 영국이 이 섬의 지배를 놓고 경쟁을 벌였다. 네덜란드인들이 정착을 처음으로 시도한 것은 1659년이다. 이후 이 섬을 지배하려는 네덜란드의 노력은 계속되었지만 1673년에 영국의 손에 넘어갔고, 영국 왕실을 대신해 동인도회사가 관리하였다.

1720년대 초반부터 모카항의 동인도회사 책임자로 활동하고 있던 프랜시스 디킨슨(Francis Dickinson)은 커피나무를 세인트헬레나섬으로 옮겨 심으려는 시도를 반복했지만 실패했다. 당시 무역항 모카에서는 영국, 네덜란드, 프랑스 등이 패권 경쟁을 하고 있었고, 지역의 통치를 둘러싼 정치적 혼란도 점차 커지고 있었다. 자바, 카리브해, 부르봉섬 등 새로운 커피 생산지역이 등장하면서 예멘의 커피 생산 독점은 이미 무너진 상태였고, 이와 함께 모카항의 전성시대도 저물어가는 시점이었다.

디킨슨은 1733년에 커피 묘목 대신 커피씨앗을 가져다 세인트헬레나 섬에 파종하는 방법을 선택하였다. 부르봉종 커피였다. 커피 재배에 알맞은 기후와 토양 덕에 씨앗은 곧 발아하여 잘 자랐다. 디킨슨의 파종은 성공하였지만 이후에 이를 상업적으로 확대하려는 어떤 노력도 기울이지 않았다. 18세기 중반 영국 왕실이 커피 대신 차를 선택하고, 영국에서 커피하우스가 소멸하기 시작한 것도 세인트헬레나에서의 커피 재배가 실패한 요인이 되었다. 영국인들은 커피보다 차를 마시기 시작하였고, 영국 동인도회사는 커피 무역보다 차 무역에 집중하였다.

결국 세인트헬레나에서 시도한 영국 동인도회사의 커피 경작은 헛일이 되고 말았다. 19세기 초 나폴레옹이 이곳으로 유배되어 왔을 때에도 이 섬에 쓸 만한 커피농장은 남아 있지 않았다. 세인트헬레나 커피가 잠깐 인기를 얻은 것은 나폴레옹의 사망 이후였다. 그의 유배생활과 커피 음용 스토리가 유럽에 전해지면서 이곳에서 생산된 커피에 대한 유럽인들의 관심이 잠시 폭발한 까닭이다. 그러나 그 인기가 오래 지속되지는 못하였다. 커피의 인기는 스토리와 맛이 결합되었을 때 비로소 지속력을 갖는다는 것을 보여주는 이야기다.

축복의 땅 브라질에 옮겨진 커피

지구를 숨쉬게 하는 허파 아마존 밀림이 존재하는 나라 브라질. 한반도 면적의 40배 가까운 이 넓은 땅에서 현재 세계 커피 소비량의 1/3 이상이 생산된다. 브라질의 커피 작황이 세계 커피 시장의 흐름을 좌우하는 시대가 된 지 200년이 넘었다.

브라질에 커피가 처음으로 옮겨 심어지는 이야기에는 영화에 등장하는 음모, 절도, 사랑의 요소들이 가득 들어 있어서 흥미롭다. 18세기 초 브라질을 통치하고 있던 포르투갈은 커피나무를 얻기 위해 온갖 노력을 기울였으나 허사였다. 그러던 중 드디어 기회가 다가왔다.

카리브해와 남미 일부 지역에 커피가 전래된 직후인 1727년에 프랑스령 기아나(French Guiana)와 네덜란드령 기아나(Dutch Guiana, 현 수리남) 사이에 국경 분쟁이 발생하였다. 이를 중재하기 위해 포르투갈 출신의 브라질 장교 프란시스코 드 멜로 팔헤타(Francisco de Melo Palheta) 중령이 초청되었다. 이 두 나라는 브라질에 앞서 이미 모국인 프랑스와 네덜란드로부터 커피를 전달받아 재배하고 있었다.

팔헤타는 브라질로 커피씨앗을 가져가려고 이런저런 노력을 다했지만 쉽지 않았다. 마지막 수단으로 프랑스 총독의 부인을 유혹하여 잠자리를 하면서까지 커피씨앗을 얻으려 노력했지만 결국 실패하였다. 팔헤타가 중재 임무를 성공적으로 마치고 떠나기 전날 밤 마지막으로 열린 환송파티에서 총독 부인이 팔헤타에게 꽃다발을 전달하였다. 그 꽃다발 속에는 팔헤타가 그토록 원했던 커피씨앗이 숨겨져 있었다. 사랑의 징표인 이 씨앗들은 브라질의 북동쪽 파라주(State of Pará)에 뿌려졌다. 세계 최대 커피생산국 브라질을 탄생시킨 커피씨앗이었다.

팔헤타의 사랑과 모험 이야기에는 다른 버전도 존재한다. 팔헤타의 성공적 임무 수행으로 평화를 찾은 프랑스령 기아나의 총독 클로드 길로에 도빌리에(Claude Guilloet D'Orvilliers)가 감사의 선물로 커피나무를 주었다는 이야기다.

이런 노력의 결과물로 얻게 되었지만 사실 브라질 커피는 18세기 후반까지 브라질 농산물에서 차지하는 비중이 그리 크지 않았다. 커피 생산은 주로 브라질 북동쪽 일부 지역에서만 이루어졌고, 소비는 브라질에 거주하는 유럽인들 사이에서 소규모로 이루어졌을 뿐이다.

1770년에 최초의 커피 플랜테이션이 남쪽 지역인 리우데자네이루에서 시작되었고, 유럽과 미국으로의 커피 수출이 시작되었다. 그러나 1800년 1년 커피 수출량은 고작 1,720파운드에 불과하였다. 브라질의 최고 농산물은 여전히 사탕수수와 면화였다.

1802년 이후 커피 재배지역이 남쪽으로 점차 확대되기 시작하였다. 리우데자네이루를 넘어, 상파울루, 미나스 제라이스 등에서 커피를 생산하였다. 1820년에 이르자 브라질의 커피 생산량이 1,200만 파운드를 넘어 세계 생산량의 20%를 차지하였고, 1830년에는 브라질 최대 수출품의 지위에 올랐다. 1840년에는 생산량이 1억 3,730만 파운드에 달했고 브라질 전체 수출의 43% 이상을 커피가 점했다.

18세기는 커피의 역사에서 소비보다는 생산 분야에서 흥미로운 이야기가 넘치는 시대였다. 커피 재배지역이 본격적으로 확산되면서 다양한 커피가 지구촌 여기저기서 생산되기 시작한 것이다. 수요의 증가는 생산지역의 확대를 가져왔고, 이것은 다시 노동력 증가를 요구하였다. 그 결과 커피 생산에 필요한 노동력의 부족과 자본 시장의 탐욕이 결합하여 노예무역을 낳았다. 커피는 검은 노예들이 생산하고 하얀 서구인들이 소비하는 잔인한 물품으로 변해갔다. 인류 역사에서 생산자와 소비자가 극단적으로 나뉘는 이런 폭력적인 음료는 없었다. 비극의 시작이었다.

'검은 상품' 노예의 눈물로 자란 커피

노예제는 인류의 역사만큼이나 오래된 뿌리 깊은 악행이다. 근대 이전의 노예제는 인종, 피부색, 신앙과 무관하게 자행되었다. 주로 전쟁의 결과물인 전리품의 하나로 취급되던 패전 포로들이 노예로 전락하는 경우가 대부분이었다. 이집트가 이스라엘 민족을, 로마와 그리스가 지중해 주변 이민족을, 아랍인들이 동아프리카 흑인을 노예로 삼은 일이 대표적인데, 이는 기록으로 선명하게 남아 있다. 14세기 전후 이베리아반도를 점령한 아랍인들이 백인 기독교도들을 노예로 삼은 일은 매우 독특한 사례였다.

근대사회에서 노예제는 노예무역과 연계되면서 그 야만성이 더 짙어졌다. 우리 시대가 기억하는 가까운 과거의 노예제는 15~18세기까지 크림반도에서 이슬람 세력이 기독교 포로를 노예화·상품화한 일, 그리고 비슷한 시기에 더 대규모로 백인 기독교인들이 검은 아프리카인들을 상품화한 만행이다. 커피 산업의 성장 과정에는 아프리카산 '검은 상품' 노예의 눈물이 배어 있다.

아프리카인들을 대상으로 노예무역을 처음으로 시작한 나라는 포르투갈이다. 첫 노예 무역은 1444년 포르투갈 알가르브(Algarve) 지방의 라구스(Lagos)에서 자행되었는데 아프리카에서 데려온 노예를 판매하였다. 이들 노예가 팔려 간 곳은 아프리카 북서쪽 대서양의 마데이라(Madeira) 섬 사탕수수 농장이었다.

마데이라섬에서 결혼 생활을 하며 살던 크리스토퍼 콜럼버스는 이 섬에서 자행되던 노예무역을 보며 탐험을 꿈꾼다. 사탕수수 판매업자였던 콜럼버스는 1494년에 카리브해의 히스파니올라(Hispaniola, 지금의 아이티와 도미니카공화국이 있는 섬)를 발견하고, 이곳에 거주하던 타이노 인디언 다수를 노예로 만들어 스페인으로 보냈다.

유럽 백인들이 시작한 초기 노예무역의 대상은 카리브해 원주민이었고, 이들은 이베리아반도로 보내졌다. 그러나 초기 노예들은 유럽의 추운 기후와 고된 노동에 적응하지 못하여 결국 많이 죽었다. 섬에 남아 있던 원주민들도 희생되었다. 백인들이 퍼뜨린 천연두, 콜레라 등의 전염병에 걸려 섬 원주민들 또한 거의 사라질 지경이었다. 이런 상황이 되자 백인들은 아프리카 지역으로 눈을 돌린다.

1510년 스페인 왕 페르디난드가 히스파니올라 광산 개발을 위해 흑인 노예무역선 운항을 승인함으로써 아프리카 원주민을 대상으로 한 노예무역이 본격화되었다. 이후 스페인에 의한 아프리카 노예사냥과 노예무역이 급증하였다. 스페인은 노예 노동력을 이용해 카리브해와 중남미 지역에 대한 점령을 확대하였다. 카리브해와 중미의 대부분, 남미 땅의 절반 정도가 스페인의 지배하에 놓였다. 포르투갈, 영국, 프랑스, 그리고 미국이 스페인이 행한 방식을 흉내내면서 노예무역은 아메리카 대륙 전체로 광범위하게 확산되었다.

이 중에서 영국, 프랑스, 네덜란드는 카리브해의 섬들로 진출하였다. 이 지역을 차지하고 있던 스페인의 저항을 물리치면서 영국은 자메이카(1655)를, 프랑스는 히스파니올라 서쪽 생도밍그(Saint Domingue, 1605)와 마르티니크(1635)를 차지하였다. 동인도에서 세력을 떨치고 있던 네덜란드는 기아나(Guiana)를 손에 넣었다. 당시 이 지역의 경제는 주로 노예를 이용한 사탕수수와 면화 재배가 중심이었고 대규모 농장제도인 플랜테

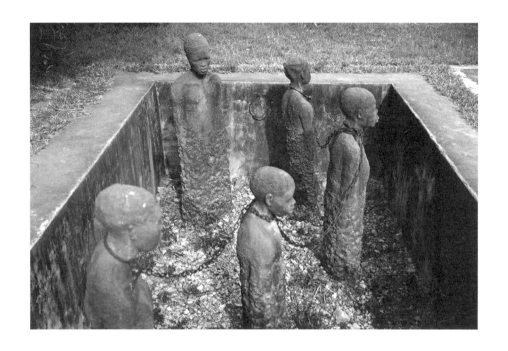

탄자니아 잔지바르 스톤타운의 노예박물관(FORMER SLAVE MARKET SITE)
잔지바르(Zanzibar)는 아프리카의 대표적 노예 수출항이었다. 잡혀온 노예들은 구덩이 안에서 신체검사를 받고, 신체검사를 통과한 노예들은 손과 발이 쇠사슬에 묶인 채 경매를 통해 팔려갔다.(사진 김태호)

이션이 이루어지고 있었다.

18세기 초 새로운 작물 커피가 이 지역에 유입되자마자 빠른 속도로 퍼져나갈 수 있었던 것은 바로 이 농장제도(plantation) 덕분이었다. 사탕수수와 면화 재배는 평지에서 이루어진 반면, 커피 재배는 유휴지였던 산악지대에서 가능한 것 또한 이점이었다. 이용 농지가 중복되지 않는다는 점에서 기존 작물이었던 사탕수수, 면화와 새로운 작물인 커피는 경쟁 작물이 아니라 보완 작물의 관계로 평화롭게 출발할 수 있었다.

17세기 아프리카 흑인의 노예화는 엄청난 규모로 이루어졌다. 매년 수십만 명의 아프리카 주민들이 가격표가 붙은 '검은 상품'이 되어 자메이카, 마르티니크, 과달루페, 생도밍그, 브라질, 페루, 베네수엘라, 뉴스페인 (멕시코), 그리고 콜롬비아로 팔려나갔다.

노예무역의 시작은 스페인이었지만 노예무역을 통해 부를 축적한 나라는 영국이었다. 노예무역으로 수익을 얻는 일에는 모든 기독교 교파가 참여하였다. 영국 성공회, 아메리칸 퀘이커, 프랑스 가톨릭과 위그노, 네덜란드 칼뱅파와 포르투갈 예수교 모두 한 손에는 성경을 들고, 다른 한 손에는 채찍을 들고 노예사냥에 전력을 다하였다. 아프리카 주민들의 고통은 유럽 기독교인들의 파란눈에 들어오지 않았다. 백인들은 노예무역을 죄악이 아니라 그들이 미개인들에게 베풀어주는 '자비의 문(gates of mercy)'(제임스 보즈웰James Boswell, 1740~1795)으로 여겼기에 떳떳하였다.

프랑스가 마르티니크섬에 커피나무를 옮겨 심은 1720년대에 이 섬의 사탕수수 농장에서는 이미 10만 명의 노예들이 일하고 있었다. 노예를 기반으로 한 농장제도 덕분에 커피 재배는 급속도로 확대되었다. 영국은 1730년 자메이카에, 스페인은 1748년 쿠바, 1750년 과테말라, 1764년 페루, 1779년 코스타리카, 1784년 베네수엘라, 1790년 멕시코에 커피나무를 옮겨 심었다. 노예무역의 절정기였다.

노예들의 저항이 시작된 곳은 생도밍그였다. 1791년 투생 루베르튀르(Toussaint Louverture)가 이끄는 노예들이 저항을 시작하였다. 당시 생도밍그에는 4만 명의 백인, 5만 명의 원주민, 그리고 45만 명의 흑인 노예가 살고 있었다. 노예들은 고통스런 삶에서 벗어나고자 독립을 외치며 영국, 스페인, 프랑스 군대를 차례로 물리쳤다. 나폴레옹이 매제 샤를 르클레르(Charles Victoire Emmanuel Leclerc)를 보내 루베르튀르를 포함한 노예 지도자들을 생포하여 프랑스 감옥으로 보냈다. 1803년 4월 루베르튀르가 감옥에서 죽자 흑인 노예들은 다시 일어섰고, 이들에게 패배한 프랑스 군대는 철수하였다. 마침내 1804년 독립하고 노예들의 국가 아이티공화국이 탄생했다. 프랑스는 루이지애나를 미국에 1,500만 달러에 매각하는 것을 마지막으로 아메리카에서 떠났다.

노예들이 이룬 아이티공화국의 탄생은 노예무역 폐지에 불을 당겼다. 1803년 덴마크를 시작으로 1824년까지 영국, 미국, 프랑스, 네덜란드, 스페인, 그리고 스웨덴이 순차적으로 노예무역을 폐지하였다. 노예무역 폐지에 이어 노예제 자체도 1833년 영국, 1848년 프랑스, 그리고 1863년 네덜란드 순으로 폐지되었다. 미국에서는 남북전쟁이 한창이던 1863년 1월 1일 링컨 대통령이 노예해방을 선언하였다. 푸에르토리코에서는 1873년, 쿠바에서는 1880년에 노예제가 폐지되었다.

서구인들은 문명화를 명분 삼아 노예제를 자행하였다. 서구인들은 세계를 문명과 비문명으로 나누고, 서구인·백인·기독교인이 비서구인·유색인·비기독교인을 지배하고 억압하는 행위를 '문명화'로 미화하였다.

문명인들이 만들어놓은 커피농장에서 땀흘려 일하는 것은 열등한 존재로 태어난 비문명인들의 숙명이라고 여겼다. 커피라는 기호품은 야만인들이 생산하고 문명인들이 소비하는 차별의 음료라는 이미지를 얻어갔다. 커피나무가 홍해를 벗어나 동인도, 서인도, 대서양, 인도양으로 퍼져나가면서, 커피나무가 지나는 길을 따라 폭력과 교역은 늘 함께했다. 커피보다 더 검은 인류의 흑역사이다. 그래서 커피는 검은 눈물이다.

커피는 눈물, 예멘 커피의 몰락

1700년 즈음 세계인들이 마시는 연간 커피 소비량은 2만 톤 정도였고, 이는 모카를 중심으로 한 예멘 지역에서의 커피 수출량과 거의 같았다. 당시 모카항에서 반출하는 커피 중에서 유럽으로 판매되는 양은 미미한 수준이었고, 대부분의 커피는 예멘을 비롯한 아라비아반도, 이집트를 중심으로 한 북아프리카, 레반트와 오스만제국 지역, 페르시아, 그리고 인도의 무슬림 세계에서 소비되었다. 세계 커피 문화의 중심은 이슬람권이었다.

커피 시장에 변화가 나타나기 시작한 것은 18세기 초반이었다. 유럽인들이 커피를 즐기기 시작하면서 커피 재배지역도 확대되기 시작한 것이다. 드디어 자바 지역에서 생산된 커피가 유럽 시장에 등장하였다. 네덜란드 암스테르담 경매 시장에서 자바 커피가 처음 판매된 것이 1711년이고, 양은 불과 894파운드로 출발하였다.

자바 커피의 생산량은 폭발적으로 늘었는데, 여기에는 네덜란드 상인들이 활용한 생산량 쿼터제(quota system)가 큰 역할을 했다. 커피농장주들에게 일정한 가격에 일정량의 커피를 출하할 것을 사전에 지정해주는 방식이었다. 이 제도로 인해 네덜란드 동인도회사는 안정된 가격에 커피 물량을 충분히 확보할 수 있었지만, 지역 농장주들은 물량을 확보하기 위해 노동자들을 착취해야 했다.

세계 커피 역사에서 18세기는 소비와 생산의 동시 팽창이 나타난 100년이었다. 비록 영국에서는 커피하우스가 급속히 쇠퇴하기 시작하였으나, 베네치아, 프랑스, 그리고 오스트리아에 이어 프로이센을 비롯한 북유럽 여러 나라에서 커피 소비가 시작되었다. 유럽의 18세기는 산업혁명과 동시에 소비혁명의 시간이었다. 소비혁명에 따라 노동자들 역시 커피를 마시기 시작하였다. 커피는 18세기 유럽의 소비혁명을 상징하는 대표적 물품이었다.

유럽에서 커피 소비가 증가했음에도 불구하고 커피 수출항 모카는 활기를 잃어갔는데, 여기에는 몇 가지 요인이 영향을 미쳤다. 첫째는 흑사병이다. 중세에 유럽에서 창궐하였던 흑사병이 18세기 초반 모카 지역에서 다시 기승을 부려 도시 인구의 절반 이상이 희생되었다. 둘째는 전쟁이다. 독립을 추구하는 지역 토착 세력, 이 지역을 통치하였던 오스만제국 세력, 그리고 유럽 제국주의 세력들이 패권 전쟁을 벌이면서 지역의 안정이 무너졌다. 무역항 모카는 서서히 기능을 잃어갔다. 물론 가장 중요한 요인은 셋째, 새로운 커피 생산지역의 등장이다. 커피 생산이 예멘과 에티오피아를 넘어 아시아의 자바, 실론, 그리고 서인도제도와 중남미로 급속히 확대되어갔다. 결국 1720년대에 이르러 200년 이상 지속된 모카항의 커피 무역 독점은 막을 내렸다.

1717년에 불과 2,000파운드였던 암스테르담으로의 자바 커피 수출량이 3년 후인 1720년에는 11만 6,587파운드, 1724년에는 100만 파운드, 1726년에는 400만 파운드를 넘어섰다. 자바 커피는 커피 생산을 시작한 지 불과 20년 만에 모카커피를 추월하여 생산량에서 세계 제1위가 되었다. 1730년대에 접어들자 암스테르담 시장에서 거래되는 커피의 90%가 자바에서 공급되었고, 1731년부터 네덜란드 동인도회사는 모카로부터 커피 수입을 중단하였다.

　　변화는 계속되었다. 1740년대에 접어들자 유럽 시장에서 생도밍그(현 아이티), 마르티니크 등 카리브해 지역으로부터의 커피 수입량이 자바로부터의 수입량을 따라잡았다. 세계 커피 시장은 동인도와 서인도로 양분되었고, 예멘 커피의 명성은 전설 속으로 사라졌다.

06

커피를 둘러싼 소동, 카페로 둘러싸인 도시

커피를 버리고 차를 택한 영국

18세기 후반 유럽의 많은 도시들에 커피하우스와 카페가 우후죽순으로 등장하고 커피가 유행하는 것과는 반대의 현상이 영국에서 벌어지기 시작하였다. 인구를 대폭 감소시킨 흑사병, 시내 커피하우스들을 전소시킨 런던대화재로 인해 이런저런 구설수와 비판을 이기고 번창하였던 영국의 커피하우스가 시들기 시작한 것은 1780년대였다. 1830년 무렵에는 그렇게 많던 커피하우스들이 영국에서 거의 사라졌다.

영국 커피하우스의 소멸에는 많은 요인들이 작용하였는데 폐쇄적인 성격을 가진 사교클럽의 성장도 그 요인 가운데 하나였다. 산업혁명의 성공 결과 등장한 중간 계층인 젠틀맨들은 일반 시민들과 섞이기보다는 자신들만의 공간을 선호하였다. 이들 주도로 커피하우스 입장료가 오르기 시작하였고, 그 결과 평범한 사람들의 출입이 점차 어려워졌다. 커피하우스가 가지고 있던 다양한 사람들 간 대화 공간으로서의 기능이 점차 사라졌다. 개방적인 커피하우스를 폐쇄적인 사교클럽이 대체한 것이다.

신문이나 잡지와 같은 인쇄매체의 성장은 뉴스 전달 공간으로서 커피하우스가 누려왔던 역할을 앗아갔다. 커피하우스에 가지 않아도 신문이나 잡지를 통해 편리하게 새로운 정보를 얻는 생활이 가능해진 것이다.

많은 요인들이 작용하였지만 결정적인 것은 차(tea)였다. 18세기 내내 유럽의 도시들마다 커피하우스가 들어섰고, 커피를 둘러싼 무역 경쟁 역시 심해져갔다. 반면 영국 왕실과 정부는 인도와 중국을 상대로 한 차 무역을 선호하는 정책을 취했다. 특히 왕실에서 차를 애호하면서 차의 인기가 대중에게 확산되었다. 알려진 바에 의하면 영국에서 차가 유행한 것은 캐서린공주, 메리여왕, 앤여왕 등 왕실 여성들이 차를 좋아한 것이 계기가 되었다. 왕실의 차 소비 확대는 대중의 차 소비 확산으로 이어졌다. 18세기 초에는 런던의 많은 커피하우스에서 차를 팔기 시작하였다.

특히 차는 남성과 여성 모두에게 환영받는 음료라는 강점이 있었다. 커피하우스에 가지 않고 집에서 매우 손쉽게 준비할 수 있는 것이 차였다. 커피를 마시려면 생두를 볶고, 갈고, 끓이고, 거르는 번잡한 과정을 거쳐야 하는 것에 비해, 차는 뜨거운 물만 있으면 마실 수 있는 확실히 편리한 음료였다. 커피하우스에서 긴 시간을 보내는 남편들의 태도에 불만이 심했던 가정주부들이 집에서 남편과 함께 쉽게 마실 수 있는 차를 선호한 것도 차 소비 확대를 가져온 주요한 요인이었다.

1700년대에 접어들며 차가 식품점에 등장하였다. 1706년에 토마스 트와이닝(Thomas Twining)이 설립한 차 판매회사가 영국 최초의 찻집을 연 것이 1717년이었다. 찻집은 처음에는 패션계에 종사하는 여성들을 겨냥하여 쇼핑과 사교를 함께 즐기는 공간으로 등장했다. 1720년대에 들어서

자 우유나 설탕을 곁들여 마시기 좋은 홍차(black tea) 소비가 녹차 소비를 앞서기 시작하였다. 홍차의 유행을 타고 차 소비량은 1710년에 연 80만 파운드(36만kg)에서 1721년에는 1억 파운드(4,500만kg)로 증가하였다. 1700년대 중반까지는 상류층 중심으로 소비되던 차가 산업혁명이 본격화된 18세기 후반에 접어들며 노동자들에게도 확대되었다.

1757년 영국이 플라시전투에서 승리하여 인도에 대한 지배력을 확보한 뒤부터 차 시장은 전환기를 맞게 된다. 영국의 동인도회사에서 인도의 풍부한 차를 싼 가격으로 영국에 공급하였고, 차가 커피를 대신하여 영국의 국민음료 자리를 차지하였다. 불(대화재)도, 병(흑사병)도, 말(구설수)도 이기지 못했던 커피를 이긴 것은 경쟁음료 '차'였다.

〈커피 칸타타〉의 나라 독일

현재 유럽에서 커피 소비량 1위 국가는 독일이다. 1582년에 독일인 라우볼프가 커피라는 이슬람 음료를 유럽에 글로 처음 소개하였으며, 1637년에는 독일인 동양학자 아담 올레리우스(Adam Olearius)가 페르시아 여행 후 현지인들이 담배를 피울 때 카흐와(cahwa)라는 검은 음료를 마신다는 기록을 남겼다. 요한 알브레히트 폰 만델슬로(Johann Albrecht von Mandelslo) 또한 페르시아를 여행한 후 같은 해에 남긴 기록에서 그곳 사람들이 카흐웨(Kahwe)라는 검고 뜨거운 음료를 마신다고 썼다. 1707년 세계 최초의 커피 정기간행물 *Das neue und kuriose Kaffeehaus*가 창간된 곳도 독일이다.

커피를 기록하는 데는 가장 앞섰던 독일인들이지만 커피를 마시는 데는 다른 유럽 사람들에 비해 다소 늦었다. 독일에 커피가 처음 등장한 것은 1670년대로, 런던을 통해 들어온 커피였다. 영국 상인이 함부르크에 최초의 커피하우스를 연 때가 1679~1680년 즈음이었다. 이어서 독일 여기저기에서 커피하우스들이 문을 열었다. 1750년 무렵 프로이센 왕국의 중심인 베를린에 커피하우스가 12개, 문화의 중심지였던 라이프치히에는 단 8개였다는 것으로 보아, 당시 프랑스의 파리를 비롯한 다른 유럽 지역보다 프로이센의 카페 문화가 활발하지는 않았음을 알 수 있다. 독일 가정에서 커피가 소비되기 시작한 것은 이보다 조금 늦은 18세기 후반이다.

독일의 초기 커피 역사를 이야기할 때 빼놓을 수 없는 인물이 몇 명 있다. 〈커피 칸타타〉를 작곡하여 당시 커피 문화를 멋지게 표현한 요한 제바스티안 바흐(1685~1750), 46년간(1740~1786) 재위하며 커피에 관한 일화를 많이 남긴 프리드리히대왕(1712~1786), 그리고 커피를 애호하였던 작곡가 루트비히 판 베토벤(1770~1827)이 대표적이다.

음악가 집안 출신이지만 일찍 부모를 잃은 탓에 바흐는 매우 힘든 어린 시절을 보냈다. 그는 청소년 시절부터 아른슈타트, 뮐하우젠, 바이마르, 할레, 드레스덴, 쾨텐, 함부르크 등 여러 도시를 떠돌며 교회의 연주자 생활을 했다. 마지막으로 정착한 곳은 라이프치히인데, 라이프치히시에서 그를 음악 교사인 칸토르(cantor, 합창장)에 임명한 것이 계기가 되었다. 이곳은 당시 프로이센의 문화 중심지이자 커피 중심지였다. 칸토르 일을 하는 것이 쉽지는 않았다. 작곡에 몰두할 수 없을 정도로 잡무가 많았지만 아들의 학비와 생활비를 벌기 위해서는 별다른 수가 없었다.

바흐의 〈커피 칸타타〉 악보
바흐는 커피를 놓고 아버지와 딸이 벌이는
대화를 소재로 칸타타를 작곡하였다. 18세
기에 커피를 바라보는 엇갈린 시선을 잘 보
여주는 곡이다.

　그러던 중 바흐는 1729년부터 대학생 연주단체인 콜레기움 무지쿰
(Collegium Musicum)을 맡게 되었다. 이 기회를 이용해 작곡에 열중하였
고 이때 만든 작품 중 하나가 바로 유명한 〈커피 칸타타(BWV211)〉이다.
콜레기움의 연주회가 열리던 곳이 카페 짐머만(Café Zimmermann)이었으
며, 이 카페를 위해 만든 음악이 〈커피 칸타타〉였다.

　칸타타는 성악과 기악 합주가 결합된 짧은 성악곡으로, 이탈리아어의
'cantare(노래한다)'에서 유래한 음악 장르이다. 하루에 커피를 30잔 이상
마실 정도의 커피 애호가 바흐의 삶을 상징하는 작품인 동시에 18세기
중엽 독일의 커피 문화를 보여주는 작품이 바로 〈커피 칸타타〉다. 커피

를 좋아하는 딸 리스헨(Lieshen)과 이를 못마땅하게 여기는 그녀의 아버지 슐렌드리안(Schlendrian)의 갈등을 풍자와 해학으로 묘사한 곡인데, 가사가 매우 직관적인 것이 특징이다.

자신의 반대에도 불구하고 신상품 커피를 즐기는 딸 때문에 "애를 낳아봐야 아무짝에도 소용없어. 그저 속상한 일들만 가득 생긴다니까."라고 투덜대는 아빠, "커피가 천 번의 키스보다 사랑스럽고 향기로운 포도주보다 부드럽다니까."라고 고집을 피우는 딸 사이의 언쟁이 계속된다. 결국 아빠에게는 커피를 포기하겠다고 약속해서 결혼 승낙을 얻고, 결혼 서약서에는 자신이 원할 때는 언제나 커피를 마실 수 있다는 내용을 넣는 것으로 끝난다. 아빠의 결혼 승낙과 커피 마실 권리를 함께 쟁취하는 리스헨을 통해 당시 독일 사회에서 커피가 지닌 의미를 알려준다.

그렇다면 슐렌드리안은 왜 딸의 커피 사랑을 꺾으려 했을까? 아마도 첫 번째 이유는 건강에 대한 염려일 것이다. 오래전부터 의사들이나 과학자들이 여성의 건강에 커피가 해롭다는 주장을 반복적으로 제기해왔다. 과학적 증거가 분명하지는 않았지만 사람들의 마음을 흔드는 주장이었다. 다음으로는 지나치게 비싼 커피 가격이다. 프랑스, 영국, 네덜란드 등과는 달리 커피를 생산하는 식민지를 보유하고 있지 않았던 탓에 당시 독일 지역의 커피 가격은 타지역에 비해 엄청 비쌌다. 바흐가 음악을 통해 드러낸 절박한 심정을 이해할 수 있는 이유다. 비록 딸의 커피 탐닉을 염려하는 내용의 칸타타를 작곡하였지만 바흐는 누구보다도 커피를 즐겼다. "모닝커피가 없으면 나는 그저 말린 염소고기에 불과하다"고 말할 정도로 그에게 커피는 음악적 영감을 주는 묘약이었다.

계몽철학자이면서 커피 애호가인 볼테르와 절친이기도 했던 프리드리히대왕은 즉위 이전인 1739년에 마키아벨리의 『군주론』을 비판한 『반마키아벨리(Antimachiavelli)』를 썼다. 이 책에서 그는 "국민의 행복이 군주의 이익보다 중요하다"고 주장했다. 프리드리히대왕은 취임 초기에 이웃나라 오스트리아와 큰 전쟁을 두 차례 벌였다. 첫 번째는 여성인 마리아 테레지아(1717~1780)의 합스부르크 왕가 상속과 왕위 계승 반대를 명분으로 시작한 오스트리아 왕위계승전쟁이고, 두 번째는 영토 확장을 위해 작센 지방을 공격하며 시작한 7년 전쟁이다. 반복된 전쟁으로 국가는 약간의 영토를 얻었지만 국민은 전쟁 비용을 충당하기 위해 세금과 목숨까지 바쳐야 했다. 그가 추구한 것은 군주의 이익이지 국민의 행복이 아니었다.

커피를 즐겼던 프리드리히대왕은 재정 파탄을 모면하기 위해 다양한 정책을 취했는데 그중에는 커피 관련 정책들도 있었다. 커피 판매를 특허권자들에게 독점하도록 하는 정책, 커피 1파운드당 은화 8센트의 세금을 부과하는 정책, 국가의 커피판매특허를 관리하는 자리에 프랑스인들을 대거 기용하는 정책 등이다.

가장 흥미로운 정책은 국가가 커피 로스팅을 독점하는 것이었다. 왕의 명령으로 세운 로스팅 공장에서만 커피를 볶도록 강제한 것이다. 불법적으로 거래되는 수입 커피가 가정에서 로스팅되는 것을 막기 위함이었다. 퇴역 군인들에게 커피 냄새를 탐문하여 색출하는 일을 맡겨, 커피 스니퍼(coffee sniffer)라는 신종 직업을 탄생시킨 정책이기도 하다. 불법으로 커피 볶는 사람을 찾기 위해 스니퍼는 커피 냄새 나는 곳을 마음대로 드나들었고, 그 과정에서 온갖 추문과 추행이 이어지는 것은 당연한 일이었다.

저항은 시민의 몫이었다. 시민들은 커피 대용품을 찾기 시작했다. 말린 무화과, 보리, 밀, 옥수수 등이 커피 대용품으로 제시되었고, 그중 가장 인기 있었던 것은 말린 치커리 뿌리였다. 커피 역사에 대용 커피가 처음 등장한 것이다. 국가는 소기의 목적, 즉 커피 수입을 줄여 외화 낭비를 방지하고 세금 수입으로 국가재정을 튼튼하게 하려는 목적을 달성하였을까? 결론은 아니다. 불법 커피 유통을 막기 위해 투자해야 하는 지출이 세금 수입 증가보다 더 많았고, 암시장에서 커피 거래가 활발해졌을 뿐이다.

프리드리히대왕의 사망(1786년)과 동시에 그가 취한 커피 관련 정책은 모두 폐지되었다. 이후 독일에서는 산업혁명이 본격화되면서 커피가 시민 음료로 발전하였다. 공장에서 늦은 시간까지 작업을 하는 노동자들에게 커피는 상비 음료였다. 가정에서는 주부들이 모여 잡담을 하며 커피를 마시는 독일식 문화 카페클라츠(Kaffeeklatsch)가 생겨나면서 독일 지역은 점차 유럽 최대의 커피소비국으로 변신하였다.

‘괴팍한 천재’, ‘악성’ 등 다양한 별칭을 가진 베토벤은 1770년 쾰른 선제후국의 수도 본에서 음악가의 아들로 태어났다. 본과 오스트리아의 빈을 왕복하며 음악활동을 했던 베토벤은 정확히 60개의 커피콩을 갈아서 커피 한 잔을 내려 마신 것으로 유명하다. 로스팅한 커피콩 60개의 무게는 7g 정도 된다. 요즘 바리스타들이 커피 한 잔 추출에 사용하는 원두의 양보다는 조금 부족하지만 당시로서는 많은 양이었다. 19세기 후반까지 커피 한 잔 만드는 데 사용하는 원두는 평균 4g 정도였다. 커피는 베토벤의 벗이었다. “나는 아침식사에 나의 벗을 한 번도 빠뜨린 적이 없다”고 할 정도로 베토벤의 하루는 커피와 함께 시작되었다.

독일의 함부르크항은 유럽으로 커피가 들어오는 대표적인 항구였다. 19세기 중반 유럽 대륙으로 들어오는 커피의 절반 이상이 함부르크항을 이용했다. 그러나 독일 지역에는 카페가 많지 않았다. 카페보다는 술집과 레스토랑이 많았다. 그렇다면 수입된 많은 커피는 어디에서 누가 소비하였을까? 바로 주부들이었다. 반복되는 전쟁, 늘어나는 공장과 공립학교에 남편과 아이들을 빼앗긴 여성들은 이웃집에 모여서 커피를 마시며 잡담하는 것으로 혼란한 시대를 견뎠다.

이어서 커피 소비 장소로 등장한 곳은 제과점이었다. 모든 공적 장소를 남성들에게 내어준 독일 여성들이 찾아낸 곳이 바로 빵이 있는 제과점이고, 이곳에서 커피도 함께 소비되었다. 이렇게 빵과 커피가 결합하여 베이커리 카페가 출발하였다.

카페를 둘러싸고 지어진 도시 오스트리아 빈

유럽에서 커피의 인기가 높아지자 커피를 세금 확보의 수단으로 생각하는 권력자들이 속속 등장하였다. 프로이센의 프리드리히대왕도 그런 인물의 하나였다. 이웃 오스트리아에서도 유사한 움직임이 생겼다. 오스트리아에서는 커피를 수입하여 판매하려면 황제가 발급하는 면허장이 있어야 했다.

오스트리아 황제는 4명에게만 커피 제조와 판매 면허증을 발급하였다. 그러자 동업조합에서 반발이 빗발쳤다. 당시 오스트리아에는 중세 이탈리아에서 시작된 길드 형태의 동업조합이 번성 중이었는데, 가장 크게 반발한 것은 포도주 제조업조합이었다. 이들은 커피도 음료이니 자신들에게 판매권이 있다고 주장하였다. 커피업자와 포도주업자 간의 다툼에서 황제 레오폴트 1세는 커피업자의 손을 들어주었다.

레오폴트 1세를 이은 카를 6세는 커피 소비가 확대되자 커피면허 소지자를 11명으로 늘려주었다. 1740년 카를 6세가 아들을 남기지 못하고 사망하자 그의 맏딸인 마리아 테레지아가 23세의 나이에 황제의 자리에 올랐다. 마리아 테레지아는 묘책을 발표하였다. 커피 제조업자들은 포도주를, 그리고 포도주 제조업자들은 커피를 판매할 수 있도록 하는 타협안이다. 그 결과 오스트리아에는 많은 커피하우스들이 문을 열었고 커피 소비는 획기적으로 증가하였다. 당시 오스트리아의 커피하우스도 영국의 초기 커피하우스처럼 커피를 마시면서 신문을 읽고, 카드놀이, 체스, 당구 등을 즐기는 개방적인 장소였다.

새로운 세금 정책으로 커피 소비 확대를 가져온 것도 마리아 테레지아였다. 그녀는 1779년에 포도주를 포함한 모든 주류에 높은 소비세를 부과하였다. 이를 둘러싼 논쟁과 반발이 적지 않았지만, 대체 음료인 커피 소비는 폭발적으로 증가하였다. 프로이센의 프리드리히대왕의 정책과는 대조적이었다. 마리아 테레지아는 주류에 세금을 부과하여 커피 소비를 확대시킨 반면, 프리드리히대왕은 맥주 소비를 촉진하기 위해 커피에 높은 세금을 부과하였다. 커피를 즐겼던 두 사람은 18세기를 상징하는 정치적 라이벌이면서 동시에 커피의 역사에서도 대조적인 흔적을 남겼다.

18세기 후반 이후 오스트리아 빈이 유럽의 커피 문화를 선도하였는데, 여기서 마리아 테레지아의 공이 컸다. 빈이 '카페를 둘러싸고 지어진 도시'라는 명성을 얻은 것도 그녀의 친커피 정책이 가져온 효과였다. 마리

빈 커피하우스 문화

2011년 유네스코는 오스트리아 빈이 간직해온 고유한 커피하우스 문화를 세계무형문화유산으로 등재하였다. 위는 카페 첸트랄(Café Central)의 외관, 아래는 내부 모습이다.

아 테레지아는 늦은 나이인 38세에 마리 앙투아네트를 낳았다. 프랑스 황제 루이 16세의 왕비가 된 마리 앙투아네트는 1793년 10월 38세의 나이에 단두대의 이슬로 사라졌다.

빈에는 모차르트를 비롯하여 베토벤, 브람스, 슈베르트, 알텐베르크, 프로이트 등 커피를 사랑했던 많은 음악가들과 문인들의 이야기를 간직한 카페들이 아직도 많이 남아 있다. 모차르트와 베토벤이 피아노를 연주하며 커피를 마셨다는 프라우-엔후버(Café Frauenhuber), 오스트리아의 국민 시인 피터 알텐베르크(Peter Altenberg)가 자신이 쓰는 편지의 발신인 주소를 이 카페로 해서 유명해진 첸트랄(Café Central), 정신분석학의 아버지 지그문트 프로이트가 즐겨찾던 란트만(Café Landtmann) 등이다. 마리아 테레지아의 커피 사랑과 문화예술인들이 남긴 이야기 덕분에 '빈 커피하우스 문화(Wiener Kaffeehauskultur)'는 2011년에 유네스코 세계무형문화유산으로 등재되어 보호받고 있다.

2부

커피와 전쟁

07

혁명과 함께한 커피, 커피와 함께한 영웅

커피는 애국, 차는 매국, 미국 독립운동과 커피

북아메리카에 커피 이야기를 처음으로 전한 사람은 영국인 존 스미스(John Smith) 선장이라고 알려져 있다. 1607년 그의 배가 버지니아의 제임스타운에 도착하고 영국인의 정착이 시작되면서 이곳은 북아메리카 최초의 영국 식민지가 되었다. 함께 이주한 144명 중에서 1년 후까지 살아남은 사람은 스미스 선장을 포함하여 38명뿐이었다. 영화 〈포카혼타스〉의 실제 모델이기도 한 스미스 선장은 1년가량 제임스타운에 머물다가 영국으로 돌아갔다.

미국의 커피 인문학자 윌리엄 우커스는 스미스가 신대륙으로 향하기 전에 네덜란드, 오스만제국, 러시아를 여행하였다는 사실에 기초해서 그가 커피 이야기를 신대륙에 전했거나 커피를 신대륙에 전했을 것으로 해석하였다. 그러나 스미스가 이들 나라를 방문한 것은 전쟁을 하기 위해서였고, 17세기 초반에는 커피가 아직 영국 군대에 보급되기 전이다. 따라서 스미스가 커피는커녕 커피 이야기를 전했을 가능성도 거의 없다. 이후 1620년 메이플라워호가 포츠머스에 도착했을 때나 1624년 네덜란드 서인도회사 선박이 맨해튼에 도착했을 때도 커피를 전하였다는 기록이나 흔적은 남아 있지 않다.

1636년 조선이 병자호란을 겪던 해에 미국에서는 최초의 대학이 인가를 받았다. 삼전도 굴욕이 있던 다음 해인 1638년에는 보스턴 교외에 캠퍼스를 새로 지어 뉴칼리지로 간판을 달았고, 본격적인 강의를 시작하였다. 1639년에 교명을 하버드대학으로 변경하였다. 미국 최고 대학인 하버드대학의 탄생 기록 어디에도 커피와 관련한 이야기는 없다.

맨해튼 지역을 지배하던 네덜란드가 영국과 벌인 전쟁에서 패한 1664년 이 지역 통치권이 영국으로 넘어갔고 주변 도시의 이름은 뉴암스테르담(New Amsterdam)에서 뉴욕(New York)으로 바뀌게 된다. 이 과정에서 네덜란드인들에 의해 커피가 전해졌을 가능성이 있지만, 역시 기록으로 전하는 바는 없다.

뉴욕에서 커피를 음용했다는 최초의 기록은 1668년에 쓰였는데, 이에 의하면 당시 뉴욕에서는 볶은 커피원두로 음료를 만들고 여기에 설탕이나 꿀, 계피 등 이물질을 타서 마셨다고 한다. 미국의 커피 역사는 엄밀히 말하면 이물질 커피에서 시작되었다. 이물질을 넣은 커피 맛에 뉴욕 시민들이 하나둘 빠져들었지만, 런던, 파리, 베네치아만큼 커피 문화가 불타오르지는 않았다. 커피 본연의 맛을 즐기기보다는 섞어 마시는 꿀, 계피, 설탕이 주는 달달함을 즐겼다고 봐야 한다. 이후 1670년대와 1680년대에 커피에 관한 신문기사나 기록이 많아진 것에서 커피가 식민지 미국인의 음료로 자리 잡아가기 시작했음을 알 수 있다. 런던에서는 커피하우스가 번창하던 시기였다.

이처럼 신대륙 미국의 초기 커피 문화는 대단히 폭발적이지 않았고 커피 맛도 훌륭하지 않았다. 술집이나 여관에서 각종 술이나 차와 함께 파는 음료 중 하나였을 뿐이다. 커피하우스와 선술집의 중심도시는 보스턴이었다. 당시 보스턴의 선술집 중 커피 역사에서 주목할 만한 곳은 1697년에 문을 연 그린드래건(Green Dragon)이다. 훗날 대니얼 웹스터(Daniel Webster, 1782~1852)는 이곳을 '혁명의 본거지'라고 표현했다. 존 애덤스(John Adams, 1735~1826), 제임스 오티스(James Otis, 1725~1783), 폴 리비어(Paul Revere, 1734~1818) 등이 혁명을 모의했던 장소였기 때문이다.

1712년경 프랜시스 홈스(Francis Holms)가 운영하던 필라델피아의 번치어브그레이프스(Bunch of Grapes)라는 이름의 커피하우스는 1776년 7월 4일 독립선언서를 낭독하였던 장소로 유명하다.

뉴욕에 등장한 최초의 커피하우스는 1696년 브로드웨이에 세워진 킹스암즈(King's Arms)다. 1729년에는 지역 최초의 신문 『뉴욕 가제트(NewYork Gazzett)』에 커피하우스 광고가 실렸는데, 당시 광고에 실린 익스체인지(Exchange)라는 커피하우스는 1750년대까지 영업했다. 이어서 머천트(Merchant)라는 커피하우스도 광고에 등장하여 인기를 끌었다. 머천트의 명성은 1789년 4월 23일 조지 워싱턴(George Washington)이 미합중국의 초대 대통령에 당선된 직후 환영 행사를 이곳에서 개최했을 때 절정에 달하였다.

미국의 커피 이야기에서 빼놓을 수 없는 역사의 한 장면은 독립전쟁의 서막을 알린 이른바 보스턴 차 사건(Boston Tea Party)이다. 17세기부터 식민지 개척에 앞장섰던 영국 동인도회사가 18세기 후반 들어 파산 위기

뉴욕에 등장한 커피하우스 Exchange

18세기 초에 이르자 보스턴에 이어 뉴욕에도 커피하우스가 등장하였다. Exchange는 1729년 신문 광고에 등장한 첫 커피하우스이다.

에 직면하자, 이를 막기 위해 영국은 이 회사의 차 거래에 부과하는 세금을 파격적으로 감면해주었다. 이로 인해 식민지 지역의 소규모 차 수입상들은 경쟁력을 상실할 위기에 처하였다. 당시 미국인들은 연간 약 100만 파운드의 차를 수입할 정도로 차를 즐겼다. 시장에서 경쟁력을 잃어 몰락하게 된 식민지의 차 수입상들과 밀매업자들을 중심으로 영국 동인도회사가 공급하는 차에 대한 불매 운동이 일어났고, 이는 뉴욕, 필라델피아, 보스턴 등 항구도시에서 들불처럼 번져나갔다.

　1773년 11월 27일에 차를 한가득 실은 동인도회사 소유의 다트머스(Dartmouth), 일리너(Eleanor), 비버(Beaver)호가 보스턴항에 정박하자, 새뮤얼 애덤스(Samuel Adams)를 비롯한 무역상들이 이 배에 올라 차 상자를 모두 바다에 내던져버렸다. 영국 정부는 애덤스를 포함한 사건 주동자들을 대역죄로 기소하고 보스턴 주민들에게 피해보상을 요구했으며, 보상이 이행될 때까지 항구를 폐쇄하기로 결정하였다. 이를 지켜본 미국인들 사이에서 영국 차에 대한 거부감이 확산되었다. 반대로 커피는 독립 정신의 상징이 되었고, 차 대신 커피를 마시는 것이 애국적 의무로 여겨졌다.

우커스는 당시 미국인들의 심리 상태를 '차=영국=나쁨', '커피=미국=좋음'으로 묘사하였다. 물론 약간의 과장일 수는 있다. 예상과 달리 동인도회사는 1800년대 초반에도 독립국가 미국에서 차 판매 사업을 계속하였다. 미국에서 차는 여전히 인기를 유지했기 때문이다. 미국인들이 커피를 선택한 것은 차에서 나는 '영국 냄새'를 싫어해서라기보다는 마침 커피가 생산지역의 확대와 생산량 증가로 많이 저렴해졌기 때문이다. 18세기 후반 미국과 가까운 카리브해에서 늘어난 커피 생산량이 미국인들의 커피 소비 증가를 가져온 것은 분명한 사실이다.

이처럼 18세기 말 미국 역사에서 차가 차지하는 의미는 적지 않다. 영국은 차 때문에 귀중한 식민지를 잃었고, 미국은 차 문제로 시작한 저항 끝에 독립을 얻었다. 이후 미국은 차의 나라에서 커피의 나라로 서서히 그러나 분명히 변화하기 시작하였다. 19세기의 시작과 함께 미국이 서쪽으로, 남쪽으로, 나아가 태평양을 건너 아시아로 나아갈 때 동행한 것은 커피였다. 미국이 제국주의 국가로 성장하는 시간은 미국이 '커피의 나라'로 변신하는 시간과 일치하였다.

바보들을 깨우는 커피, 프랑스혁명의 기폭제

달달한 다방커피의 시대가 막을 내리고 찐한 원두커피가 처음 등장한 20여 년 전, 호기심에 낯선 에스프레소를 입에 댄 사람들이 "이거 뭐야, 사약이네!"라며 얼굴을 찌푸리는 광경을 본 기억이 있다. 사약처럼 검은 커피가 유럽 시민사회에 일상음료로 등장하고 노동자의 음료로까지 성장하기 시작한 것은 18세기였다. 산업혁명, 시민혁명, 독립혁명 등 여러 유형의 혁명으로 인류의 역사가 전환기를 맞은 격동의 세기였다.

18세기의 첫해인 1701년 조선의 역사는 장희빈에게 검은 사약이 내려지는 것으로 시작하였다. 서양에서는 합스부르크가 출신의 마지막 스페인 왕인 카를로스 2세의 후계자 자리를 둘러싸고 프랑스와 주변 국가들 사이의 전쟁이 이해에 시작되었다. 세계사 교과서에 나오는 제2차 백년전쟁이다. 조선은 붕당끼리의 쟁투로, 서양은 가문끼리의 다툼으로 18세기 격동의 시대를 시작했다. 붕당정치를 막으려는 영조와 정조의 노력이 100년 동안 별 효과를 거두지 못했듯이, 유럽에서 전개된 전쟁도 세기를 넘겨 19세기 초까지 반복되었다. 전쟁의 명분도 다양했다. 영토 확장을 위한 전쟁은 당연한 일로 여겨졌고, 심지어 옆나라에서 여자가 왕위에 오르는 것에 반발하여 전쟁을 일으키기도 하였다. 오스트리아 왕위계승전쟁이 그런 사례다. 미국의 경우처럼 과도한 세금 부과에 대한 불만이 독립전쟁으로 이어지기도 하였다.

18세기 서양 역사를 상징하는 단어에서 전쟁과 혁명만큼 중요한 것이 문화혁명이다. 프랑스를 중심으로 발달한 반가톨릭·반귀족적 문학, 그리고 왕실 중심의 장엄함에서 벗어나 화려함과 섬세함을 특징으로 등장

카페 르 프로코프에서 대화하는 계몽주의자들

르 프로코프는 18세기 계몽주의자들의 아지트였다. 콩도르세, 볼테르, 디드로 등이 앉아서 토론하고 있다. 손을 들고 있는 사람이 볼테르이다.

한 새로운 예술 형식인 로코코 양식의 유행을 묶어 일컫는 말이 바로 문화혁명이다. 몽테스키외(1689~1755)를 비롯하여 볼테르(1694~1778), 디드로(1713~1784), 루소(1712~1778) 등이 이런 변화를 견인하는 중심인물이었고, 이들이 즐겨찾던 장소는 지난 세기말 1686년 파리에 문을 연 카페 르 프로코프(Le Procope)였다.

　18세기의 막이 오를 때 프랑스는 태양왕 루이 14세의 통치 아래 있었다. 루이 14세가 집권한 동안 프랑스의 명성은 절정에 올랐으나 그의 통치 후반기에는 힘을 잃어갔다. 루이 14세의 통치 마지막 순간이던 1713년과 1714년 사이, 스페인 왕위계승전쟁을 마무리하기 위해 주변국들과

일련의 조약들을 체결하면서 프랑스는 유럽의 패권을 내려놓게 된다. 루이 14세는 전쟁으로 인한 재정난을 극복하고 화려한 궁정 생활을 유지하는 데 필요한 자금을 마련하기 위해 시민들의 모든 생활 영역에 절대 권력을 휘둘렀다. 대표적인 방식이 특허권을 팔거나 과도한 세금을 부과하는 일이었다. 커피를 포함한 음료의 판매 특허권을 특정인이나 회사에 몰아주거나, 특허권을 발급해주는 대가로 돈을 받는 일을 반복하였다. 커피를 판매하는 사람들이나 커피를 소비하는 사람들 모두에게 환영받지 못한 이런 정책의 반복으로 왕실은 업자들로부터 얼마간의 돈을 얻기는 했으나 국민의 신뢰는 잃어갔다.

1715년 루이 14세의 사망과 다섯 살밖에 안 된 어린 황제 루이 15세의 등극은 프랑스를 이끌어온 부르봉왕조의 쇠퇴를 가속화했다. 루이 15세는 커피를 궁중 음료로 지정할 정도로 커피를 즐겼는데, 베르사유 궁전 온실에서 재배한 커피나무에서 커피체리를 수확하여, 직접 말리고 볶아서 끓여 마실 정도였다. 방문하는 손님들에게 국왕이 손수 만든 커피를 제공하는 모습은 커피의 대중화를 촉발하는 데 이바지하였다. 루이 15세가 즉위한 직후인 1720년경 파리에는 르 프로코프를 비롯하여 380개의 카페가 있었다.

파리에서 카페의 유행과 커피의 대중화, 그리고 프랑스가 점령한 인도양과 카리브해 지역 식민지에서의 커피 생산량 증가는 동시에 이루어졌다. 그 결과 18세기 중엽에는 프랑스인들이 마시는 커피 전량을 프랑스의 식민지로부터 들여오는 커피로 충당할 수 있었다. 예멘으로부터의 커피 수입을 독점하고 있던 경쟁국 네덜란드 상인들이나 영국의 동인도회사에 더 이상 의존할 필요가 없었다. 부르봉섬에서는 커피의 생산량 과

다로 인해 재배지역의 제한을 고려해야 하는 지경에 이르렀다. 커피가 넘치다보니 더 맛있는 커피에 대한 기대감도 싹텄다. 볶은 커피를 물과 함께 끓이는 오래된 방식에서 벗어나, 양말 모양의 천에 커피가루를 담고 그 위에 끓인 물을 부어 추출하는 방식을 고안해낸 것이 18세기 초 프랑스인들이었다. 찌꺼기가 섞이지 않은 깨끗한 커피를 마실 수 있는 획기적인 방법이었다. 이 방식이 훗날 드립식과 퍼컬레이터 방식으로 발전하였다.

반복되는 전쟁과 세금 착취로 인해 프랑스의 일반 시민들은 피곤하고 곤궁한 삶을 살아야 했다. 국민의 2%에 불과한 성직자와 귀족들은 세금으로 화려한 생활을 이어갔지만, 85%에 달하는 농민들은 이를 위해 과도한 납세의 의무에 시달려야 했다. 중간계층인 하급 관리와 상인들은 자신들의 자리와 부를 지키는 것 이외에는 관심이 없었다. 루이 15세는 재정난을 해결하고자 증세와 국채 발행을 선택하였고, 이것은 왕실에 대한 신뢰를 더욱 무너뜨렸다.

루이 15세에 이어 1774년에 즉위한 루이 16세가 반전을 꾀하는 개혁을 시도하였지만 기득권에 안주하고자 했던 귀족들과 고등법원의 반대로 실패하였다. 고등법원을 구성하고 있던 이른바 '법복귀족'들은 오직 엘리트 계층의 이익만을 대변하였을 뿐, 국왕의 개혁 시도도 시민들의 고통도 안중에 없었다. 고등법원은 이른바 '앙시앙레짐'이라고 하는 구체제의 상징이었다. 법복 입은 자들이 사회변화를 막아 시민들의 고통을 지속시키는 것은 당시나 지금이나, 서양이나 동양이나 같다.

이 같은 혼란과 고통 속에서 위안을 찾고자 하였던 시민들, 그리고 이런 시민들과 희망을 공유하고자 했던 계몽 지식인들 앞에 등장한 것이 커피였다. 권력을 쥐고 있던 통치자, 체제 유지를 지지하는 귀족들, 그리고 이런 구체제에 반대하는 계몽 시민들의 지향하는 바는 모두 달랐지만 그들의 코와 입을 지배하기 시작한 물질은 같았다. 바로 커피였다. 깨어나기 시작한 시민들이 모여들기 시작한 장소는 카페였고, 이들의 의식에 생명을 불어넣기 시작한 음료가 바로 커피였다.

18세기 후반 파리의 카페는 다양한 신분과 직업을 가진 사람들이 출입했다는 점에서 혁명으로 가는 길목의 역할을 하기에 충분하였다. 초기 카페들은 영국의 커피하우스들이 그랬듯이 대체로 동질적인 사람들의 대화 공간이었던 반면, 18세기 중반 파리 지역에 들어선 카페들은 이질적인 사람들이 모여서 서로의 마음속에 숨어 있던 작은 동질성을 파악하거나 만들어가는 열린 공간이었다. 비슷한 일을 하는 사람들이 찾는 유명한 카페들도 있었지만 대다수의 카페들은 개방적이고 평등한 공간이었다.

"커피는 많은 바보들이 일시적으로나마 현명한 행동을 하게 만든다"는 몽테스키외의 말을 믿기 시작한 바보들이 커피향을 따라 하나둘 움직이기 시작하였다. 한 세대 전까지 프랑스 사람들의 여유 시간과 정신을 지배하였던 살롱과 와인은 점차 물러나고 그 자리를 정신을 맑게 해주는 새로운 음료인 커피가 차지하기 시작한 것이다. 정신이 맑아진 시민들에게 루이 16세가 휘두르는 징세의 칼이나 '법복귀족'들의 권위는 두려움의 대상에서 증오와 저항의 대상으로 바뀌어갔다. 깨어난 시민들이 마시는 음료는 커피였고 이들이 모이는 장소는 카페였다.

왕실을 비판하는 사람들이 모이는 문제의 장소였지만 적지 않은 세금을 납부하는 곳 역시 카페였다. 따라서 이를 막으면 왕실 재정은 더욱 위태로워질 것이고, 그대로 두면 불만 세력은 더욱 늘어날 애매한 상황이었다. 지배자의 물질적 욕망과 피지배자들의 정신적 욕망의 타협 속에 프랑스의 카페들은 성업 중이었다. 18세기 후반에 파리 시내에는 적게는 800여 개, 많게는 2,000여 개의 카페가 성업 중이었다.

시민들의 불만이 응축되어 폭발한 것은 1789년 7월 12일, 일요일이었다. 변호사 출신 언론인 카미유 데믈랭(Camille Desmoulins)이 "시민 여러분, 무기를 들라!"고 외치며 연설을 시작한 곳은 카페 푸아(Café Foi)였다. 푸아는 루이 13세와 14세가 한때 거주하였던 건물인 '팔레 루아얄(Palais Royal)' 앞 정원에 새로 생긴 수많은 카페 중 하나였다. 데믈랭의 연설에 감동한 카페 손님들이 거리로 뛰쳐나와 행진을 시작하면서 프랑스혁명이 시작되었다. 카페가 시민혁명의 기지가 된 셈이다. 이틀 후인 7월 14일 바스티유 감옥이 시민들에게 정복되고 시민들의 뜻이 정치에 반영되는 민주주의의 문이 열리기 시작하였다. 커피를 좋아했던 대표적 인물인 나폴레옹 보나파르트가 20세, 그리고 베토벤이 19세 되던 해였다.

산업혁명을 도운 커피, 커피를 도운 산업혁명

방적기계 개량을 계기로 영국에서 1760년대에 시작된 산업혁명은 산업 부문에서의 변화만을 가져온 것이 아니었다. 산업혁명은 농업과 수공업 중심의 산업을 공업과 기계 중심의 산업으로 전환시킨 경제혁명으로서의 의미가 가장 컸지만, 경제를 넘어 사람들의 삶 전반에 영향을 미쳤다. 농업의 축소와 공업의 성장은 공장을 중심으로 한 도시의 출현을 가져왔고, 농촌 출신의 많은 노동자들이 삶의 본거지를 떠나 도시로 향하게 만들었다. 목축업을 위해 농민을 내쫓은, 이른바 인클로저운동으로 토지에서 추방된 농민 계층은 도시 노동자가 되었다. 여기에는 아동과 여자까지 포함되었다.

수질이 좋지 않은 유럽 대부분의 나라에서 산업혁명 초기에 노동자의 음료는 술이었다. 오염된 물보다는 술이 안전했기 때문이다. 노동자들은 육체의 피로를 달래기 위해 맥주나 위스키 같은 술을 마구 마셔댔다. 심지어는 아침식사 시간에도 빵이나 수프와 함께 술을 마셨다. 문제는 술이라는 음료의 부작용이었다. 술은 노동자가 일시적으로 몸의 피로나 정신적 고통에서 벗어나는 것을 돕지만, 지속적으로 마실 경우 집중력 저하와 건강 이상을 가져왔다. 술을 마시고 일을 하다보면 산업재해에 노출될 가능성도 컸다. 이러한 부작용들이 더해져서 생산성 저하로 이어지는 것은 당연하였고, 이는 노동자에게도 자본가에게도 즐거운 일은 아니었다.

산업혁명이 진행됨에 따라 노동자들은 남녀노소 구분 없이 하루 12시간 이상, 길게는 18시간 동안 노동에 시달려야 했다. 이들이 흘린 땀과 투자한 시간이 만든 결과물 대부분은 공장 주인에게 돌아갔다. 땀을 흘리지 않고도 여유 있는 생활을 즐길 수 있는 새로운 계층, 젠트리(gentry)가 출현했는데 바로 영국 신사를 상징하는 젠틀맨이 그들이다.

시간이 많은 젠틀맨들은 여유롭고 긴 식사를 즐길 수 있었던 반면, 바쁜 노동자들은 간편한 먹거리를 찾아야 했다. 특히 서둘러야 하는 아침식사의 변화가 불가피하였는데, 이런 필요에 부응한 것이 바로 커피였다. 우유와 설탕이 들어간 따뜻한 커피 한 잔으로 최소한의 영양분과 활기를 찾을 수 있다는 소식은 노동자들에게는 일종의 복음이었다. 알코올이 들어 있는 맥주나 긴 조리 시간이 필요한 수프보다는 정신을 맑게 해주고 간편히 마실 수 있는 커피가 훌륭한 아침식사로 환영받은 것은 당연한 일이었다. 수백 년 동안 귀족이나 부유층의 전유물이었던 커피가 노동자들의 일상음료로 자리잡기 시작하였다.

커피는 노동자와 자본가 양측 모두에게 환영받았다. 노동자는 커피의 도움으로 피로를 잊은 채 밤늦게까지 일할 수 있었고, 자본가는 더 많은 이윤을 가져갈 수 있었다. 커피 덕분에 노동시간이 길어지면 이에 비례해서 임금이 늘어난다는 유혹이 노동자들의 장시간 노동을 가능하게 만들었다.

영국의 도시 노동자들 사이에서 시작된 커피의 일상음료화는 산업화의 확산에 따라 영국을 넘어 대륙으로 번져나갔다. 19세기의 첫 10년 동안 커피는 유럽에서 이미 오늘날의 커피와 같은 의미, 즉 일상음료라는 의미를 획득하였다. 특히 날씨가 추운 북유럽에서 환영받았다.

산업혁명으로 탄생한 공장노동자들에게 선택된 기호식품이 커피만은 아니다. 적은 양만 마셔도 쉽게 취해 노동의 피로를 잊게 해주는 브랜디도 있었다. 브랜디는 과일의 발효액인 와인을 증류하여 만든 증류주로 알코올분이 강하다. 주로 퇴근 후에 마시고 빨리 취해서 일찍 잠에 빠지게 하는 점이 브랜디의 유행을 불러왔다. 그래서 산업혁명이 대중화시킨 2대 음료로 커피와 브랜디를 꼽는다. 커피가 낮의 음료였다면 브랜디는 밤의 음료였다.

공장을 운영하는 자본가 또한 커피를 반겼다. 커피가 주는 각성효과 덕분에 노동자들의 노동시간은 길어졌고, 술이 사라진 공장에서 산업재해는 대폭 줄었다. 당연히 생산성이 급격히 높아졌다. 노동자와 자본가가 함께 좋아하면서, 커피는 술을 밀어내고 순식간에 공장노동자의 음료 자리를 차지하였다.

커피는 산업혁명의 진행을 도왔고, 산업혁명은 커피 소비를 촉진하였다. 유럽의 산업혁명은 1760년대 영국을 시작으로 1840년대까지 프랑스, 벨기에, 이탈리아, 미국 등으로 확산되었다. 19세기 후반에 이르자 독일과 일본이 참여하였다. 이렇게 산업혁명의 확산과 커피의 대중화는 함께 진행되었다. 눈물겨운 공생이었다.

영국의 성공은 프랑스의 실패, 나폴레옹의 등장

서구는 산업혁명으로 이룬 경제력과 무기 생산력, 계몽사상에서 싹튼 법치주의와 시민정신을 앞세워 세계 곳곳을 점령하고 식민지로 삼기 시작하였다. 유럽의 최전성기가 도래한 것이다. 유럽 제국주의를 선도한 나라는 '해가 지지 않는 나라' 영국이었다. 지난 세기에 식민지 미국을 잃었지만 400년 동안 눈독 들여왔던 면직물의 나라 인도와 커피의 땅 실론섬을 손에 넣었고, 동남아시아로도 진출하였다. 프랑스는 왕정과 공화정을 반복하는 혼란 속에서도 해외로의 영토 확장은 포기하지 않았다. 이들 제국주의 국가들은 서인도제도, 남태평양, 인도양 일대에도 적지 않은 영토를 확보하였다.

18세기 중엽부터 프랑스 시민들에게 값싼 커피를 제공해오던 카리브해의 생도밍그(현재의 아이티)는 흑인 노예들의 차지가 되었고, 프랑스인들이 커피를 처음으로 옮겨 심었던 섬 마르티니크는 영국이 차지하였다. 프랑스인에게 값싸고 맛있는 커피를 제공하던 생산지를 모두 잃은 것이다. 프랑스는 식민지에서 손쉽게 가져오던 값싼 커피 대신 네덜란드가 공급하는 자바 커피나 영국 식민지 실론에서 생산한 비싼 커피를 마셔야만 했고 불만은 쌓여갔다.

이런 변화의 시대에 등장한 인물이 나폴레옹 보나파르트(1769~1821)다. 그는 지중해에 있는 작은 섬 코르시카에 정착한 이탈리아계의 작은 귀족가문에서 태어났다. 코르시카가 프랑스의 영토로 편입된 직후인 1769년에 태어난 그는 프랑스 군인이 되었고, 20세가 되던 1789년에 일어난 대혁명을 지지하였다. 혁명의 소용돌이가 가시지 않은 1796년 3월 9일 조세핀(Joséphine)과 결혼하였는데, 그녀는 프랑스 지배하에 있던 서인도제도의 마르티니크 출신이었다. 그녀의 부모는 이 섬에서 사탕수수 플랜테이션을 운영하고 있었다. 군인 나폴레옹은 결혼 이틀 만인 3월 11일에 이탈리아 원정을 떠났고, 1년에 걸친 전쟁에서 승리하자 나폴레옹이라는 이름이 널리 알려졌다.

혁명 이후의 정치적 변화를 지켜보던 군인 나폴레옹이 쿠데타를 일으킨 것은 그가 30세가 되던 1799년이다. 미국의 초대 대통령 조지 워싱턴이 사망한 해다. 스스로 만든 헌법에 따라 공화국의 제1통령에 취임한 나폴레옹은 훗날 『나폴레옹법전』이라고 불리게 된 민법전을 토대로 법치주의, 능력주의, 시민 평등사상 등 근대적 정신을 유럽 전체에 선파하였다. 공교육 개혁을 통한 인재 양성도 그가 힘썼던 분야다. 이런 업적들은 그의 이미지를 구성하는 데 많이 동원되지는 않았지만 인류 문명사에서 결코 무시할 수 없는 흔적들이다.

비록 인도 정벌이나 서인도제도 식민지 탈환에는 실패하였지만 국가 관리와 주변국 관리에서 공을 세운 나폴레옹을 위해, 독일인 베토벤이 1803년부터 '교향곡 3번 E플랫장조 작품번호 55'의 작곡을 시작하였고, 1년 후 완성곡에 〈보나파르트 교향곡〉이라고 이름을 붙였다. 그런데 나폴레옹이 1804년에 프랑스 제국의 황제 자리에 스스로 오르면서 신성로마제국의 종말을 알렸다. 나폴레옹의 황제 등극에 실망한 베토벤은 교향곡의 명칭에서 나폴레옹의 이름 '보나파르트'를 삭제하고 곡명을 〈영웅 교향곡〉으로 바꾸었다. 유럽 대부분의 지역이 나폴레옹의 지배하에 들어가면서 신성로마제국의 마지막 황제 프란츠 2세는 1806년에 스스로 물러났다.

황제가 된 나폴레옹은 남으로는 스페인과 로마, 동으로는 오스트리아와 헝가리, 북으로는 프로이센, 스웨덴, 러시아에 이르기까지 모든 대륙 국가들을 굴복시키거나 자신의 지지자로 만드는 데 온 힘을 쏟았다. 그런 그에게 남은 숙제는 단 하나였다. 프랑스뿐 아니라 자신에게도 여러 차례 패배의 쓴맛을 안겨주었던 바다 건너 영국을 굴복시키는 일이었다.

영국과 프랑스의 앙숙 관계는 1066년 프랑스의 노르만족이 영국을 정복한 이래 악화되어왔다. 세계사 교과서에 등장하는 백년전쟁(1337~1453)은 그런 두 나라 관계를 보여주는 대표적 전쟁이다. 훗날 프랑스 대통령 드골이 "영국의 성공은 바로 프랑스의 실패이고, 영국의 이익은 바로 프랑스의 손실이다"라고 선언한 것이 두 나라 사이의 역사적 관계를 잘 말해준다. 역사 속 한일 관계와 다르지 않다.

나폴레옹이 유행시킨 가짜 커피

프랑스는 우유에 커피를 타서 마시는 카페오레(café au lait)라는 음료, 기계에 의존하지 않고 간단하게 에스프레소를 만드는 프렌치프레스, 그리고 커피를 내리는 도구인 드립포트를 개발한 나라다. 현재 파리에 남아 있는 카페 르 프로코프는 340년이 넘는 역사를 지니고 있다. 그런데 커피 역사에서 프랑스는 또 다른 흥미로운 흔적을 남겼다. "가짜 커피의 유행" 또한 프랑스가 만들었고 그 주인공이 나폴레옹이라는 사실이다.

1804년에 황제에 오른 나폴레옹은 주변 국가들을 하나둘 점령하거나 프랑스의 영향력하에 두는 데 성공하였다. 그러나 바다 건너 영국은 굴복시킬 수 없었다. 1805년 10월 트라팔가 해전에서 영국함대에 크게 패배한 후 영국에 대한 복수심은 더욱 커졌다. 그가 내린 결론은 섬나라 영국을 완전히 고립시키는 것이었다. 영국 또한 프랑스에 대한 불만이 적지 않았다. 미국의 독립전쟁 당시 프랑스가 미국의 독립을 지원하였기 때문이다.

나폴레옹은 1806년 군대를 이끌고 프로이센의 베를린에 입성하여 대륙봉쇄령을 선포하였다. 유럽 대륙의 모든 나라에 영국 배의 입항 금지, 영국과의 무역 금지, 그리고 지역 내 영국인의 억류와 영국 재산 몰수를 시행하도록 강요하였다. 이렇게 시민혁명을 성공한 프랑스와 산업혁명을 달성한 영국 사이에 전쟁이 시작되었다. 영국의 상품과 프랑스의 권력 사이에서 하나를 선택해야 했던 유럽의 모든 국가들은 몸을 낮추어야 하는 치욕적인 시간이 시작됐다.

프랑스의 지배를 받는 모든 유럽 대륙 국가들의 제조업자들과 농민들은 산업국가 영국뿐 아니라 영국이 지배하고 있던 모든 식민지와의 거래를 끊고 자급자족을 실천해야 했다. 나폴레옹의 마음속에는 두 가지 야욕이 함께 꿈틀거렸다. 하나는 물론 영국에 대한 복수심, 그리고 다른 하나는 영국이 먼저 완성한 산업혁명을 따라 제조업을 발달시키고자 하는 욕심이었다. 무역의 시대에서 생산의 시대로 넘어가는 시대적 변화를 프랑스가 스스로 완성하겠다는 야심이었다. 대륙봉쇄령 기간 동안 나폴레옹이 수공업에서 공장제공업으로 전환해야 하는 필요성, 다시 말해 매뉴팩처의 중요성을 자주 언급한 것에서 그의 야심이 드러난다.

과학자들과 발명가들이 노력한다면 영국이 가진 제조업 기술을 따라잡는 것이 불가능한 일은 아니었다. 실제로 프랑스의 산업은 괄목할 만한 발전을 이루고 있었다. 설탕이나 면화 등 제조업에 필요한 원자재 조달이 문제였지만, 프랑스 정부는 다양한 혜택과 포상제도를 이용해 대체품을 찾거나 기술 개발에 적극적으로 나섰다. 그 결과 모든 영역에서 연구와 발명이 줄을 이었고, 이는 프랑스뿐 아니라 많은 유럽 국가들이 스스로의 힘과 자원을 활용해 산업혁명을 시작하는 기폭제가 되었다.

방직산업의 성장을 위해서는 면화 조달이 가장 중요한 일이었다. 이를 위해 스페인과 이탈리아에서 면화씨를 들여와 각 지방에서 재배하도록 권장하는 동시에 생산자들에게는 다양한 혜택을 부여하였다. 방직기계나 염료를 개발하는 사람들에게 포상금을 주는 정책도 그 나름대로 효과가 있었다. 나폴레옹의 봉쇄령이 낳은 의외의 결과였다.

설탕 공급이 더 큰 문제였지만 다행스럽게도 해결 기술이 이미 발명된 상태였다. 1750년경 독일의 화학자 안드레아스 마르그라프(Andreas Marggraf, 1709~1782)가 사탕수수 대신에 사탕무(sugar beet)로 설탕을 만드는 방법을 발견하였고, 1801년에는 그의 제자로 알려진 프란츠 아샤르(Franz Achard, 1753~1821)가 사탕무로 설탕을 만드는 공장을 세운 바 있었다. 비록 생산비는 더 들었지만 충분히 시도해볼 만한 일이었다.

그러나 과학의 힘으로 발명을 할 수도 없고 완벽한 대체품을 찾을 수도 없는 것이 있었다. 바로 커피였다. 일찍이 프로이센의 프리드리히대왕이 커피 소비를 억제하기 위한 각종 정책을 펼쳤지만 밀수입과 밀거래로 인해 가격 상승만 초래하였기에, 대응책으로 커피 대용품 시장을 활성화시킨 바 있었다. 그때 커피를 대신할 수 있는 것으로 밀, 보리, 무화과, 옥수수, 그리고 치커리 등이 등장하였다.

많은 커피 대용품 중에서 치커리가 맛과 향에서 가장 성공적이었다. 커피 역사학자 야콥의 표현대로 나폴레옹은 치커리와 동맹을 체결하였다. 나폴레옹은 적대국이었던 프로이센에서 성공을 거둔 치커리를 커피의 대용품으로 권장하였다. 치커리 뿌리를 말려서 가루로 만든 뒤 이를 우려내 만든 음료의 맛과 향이 커피를 따라갈 수는 없지만, 영국을 이기기 위해 프랑스인들은 이 음료를 기꺼이 마셨다. 억지로 마시던 치커리 음료가 프랑스인들의 입맛을 길들인 것은 흥미로운 일이다. 대륙봉쇄령 해제 이후에도 프랑스인들 사이에 치커리 커피 혹은 치커리를 섞은 커피를 찾는 분위기가 지속되었다.

결국 나폴레옹의 대륙봉쇄는 실패로 끝났다. 대륙봉쇄령에 지친 스웨덴, 포르투갈, 러시아 등이 반기를 늘거나 프랑스의 군내 동원 요청을 거부하였다. 스웨덴에 대한 보복 공격에 참여하라는 요청을 러시아가 거부하자 이를 응징하고자 1812년 겨울 나폴레옹이 군대를 이끌고 출정했으나 추위와의 싸움에서 처참하게 패하였다.

대륙봉쇄가 유행시킨 치커리 커피
18세기 후반 독일에서 개발된 치커리 커피는 나폴레옹의
대륙봉쇄령으로 인해 프랑스를 비롯한 유럽 여러 나라에
서 크게 유행하였다. 사진은 독일의 다보벤(JJ Darboven)
사가 커피 대용품으로 생산한 코프(Koff)이다.

　러시아와의 전쟁 이전에도 이미 대륙봉쇄령은 여기저기서 흔들리는
양상이었으며 부작용도 드러내고 있었다. 밀수입과 암거래로 인한 시장
질서의 붕괴가 대표적이었다. 곡물이 풍부한 프랑스와 공산품이 풍부한
영국 사이에 밀수입이 성행한 것은 당연하였다.

　커피는 문제였다. 18세기 중반부터 커피 대신 차를 마시는 문화에 빠
져 있던 영국인들 앞에는 커피 재고가 나날이 쌓여갔다. 반면 카페마다
시민들이 넘쳐난 파리 시내에서는 커피향조차 맡기 어려웠다. 1813년 즈
음에 런던에서 40실링 정도 하는 커피가 함부르크에서는 500실링에 거
래되는 지경에 이르렀다. 프랑스의 약점을 눈치챈 영국이 도리어 대륙과
의 무역을 금지하고 밀무역을 단속하면서 상황은 더욱 악화되었다. 영국
의 프랑스 봉쇄 정책으로 미국은 프랑스와의 무역에 방해를 받아 피해를
보게 되었다. 이에 미국이 1812년에 영국에 선전포고를 하면서 전쟁이
시작되었고, 2년 이상 지속된 이 전쟁으로 영국의 피해 또한 적지 않았
다. 이렇게 대륙봉쇄령은 다른 나라들에 피해를 주었으며 나폴레옹에 대

한 반발로 이어졌다.

1813년부터 시작된 반나폴레옹 동맹국들과의 전투에서 패배한 나폴레옹은 결국 1814년 4월에 퇴위당하고 지중해의 엘바섬으로 추방되었다. 그를 이어 즉위한 루이 18세는 1814년 4월 23일 대륙봉쇄령을 폐지하였다. 무역은 다시 활기를 찾았고, 커피 거래도 재개되었다. 다시 진짜 커피가 유럽인들의 일상생활을 지배하기 시작하였다.

치커리로 만든 가짜 커피에 익숙해진 프랑스인들은 진짜 커피가 넘치기 시작하자 이번에는 커피에 우유를 듬뿍 넣기 시작하였다. '카페오레'의 탄생이다. 치커리도 우유도 커피에 넣는 이물질이기는 마찬가지고, 성공한 가짜 커피의 대명사인 치커리 커피와 카페오레 모두 나폴레옹이 다스리던 시절 프랑스에서 유행이 시작되었다.

커피 한 스푼 마시고 떠난 세인트헬레나의 나폴레옹

나폴레옹의 몰락 후 프랑스는 왕정으로 돌아갔다. 그러나 새로 등극한 루이 18세의 통치는 프랑스 시민들의 지지를 받지 못하였고 혼란은 심해졌다. 이 혼란을 틈타 나폴레옹은 엘바섬을 탈출하여 황제 자리에 다시 앉았다. 그러나 그를 믿지 못하는 유럽 연합국의 반대로 다시 전쟁이 시작되었다. 1815년 6월 영국, 프로이센 연합군과 대결한 워털루전투에서 크게 패한 나폴레옹은 미국 망명을 시도하였으나 성공하지 못한 채 영국군에 붙잡혔다.

나폴레옹의 재탈출을 두려워한 영국이 그의 유배지로 결정한 곳은 대서양 한가운데 떠 있는 세인트헬레나(Saint Helena)섬이었다. 아프리카 대륙의 서쪽 해안에서 2,000km쯤 떨어져 있는, 말 그대로 외로운 섬, 고도 孤島 중의 고도였다. 누군가 기록하였듯이 이 섬은 '대서양에 영원히 닻을 내리고 있는 난공불락의 배'나 다름없었다. 나폴레옹은 1815년 10월 16일 이곳에 도착하여 6년간 살았고 사망 이후 19년 동안 묻혀 있었다.

섬의 비교적 높은 지대인 롱우드(Longwood)의 작고 누추한 농가에서 지냈던 나폴레옹은 음식에는 무관심한 편이었지만 커피는 늘 가까이했다. 아침, 점심, 저녁 식사를 한 직후에는 늘 자신이 아끼던 컵에 커피를 마셨다.

나폴레옹은 1821년 5월 5일 저녁 롱우드의 집 거실에서 사망하였다. 사망 직전까지도 주변 사람들에게 커피를 청하였고, 주치의 안토마르키(Antommarchi)가 커피 한 스푼을 마시게 했다. 기록에 따르면 죽음을 앞둔 그의 모습은 마치 어린아이처럼 온순하였다고 한다. 의사들이 판정한 사인은 위암이었다. 나폴레옹은 자신이 바랐던 센 강변이 아니라 세인트헬레나에 묻혔다.

그의 사망 후 프랑스에서는 나폴레옹을 영웅시하고 그가 극적으로 다시 귀환하기를 기대하는 신비한 분위기가 만들어졌다. 이런 분위기에 동참한 인물 중 대표적인 사람이 오노레 드 발자크(Honoré de Balzac)였다. 매일 40잔의 커피를 마시며 글을 쓴 것으로 알려진 발자크는 1833년에 발표한 소설 『시골 의사(Le Médecin de campagne)』에서 나폴레옹을 예수에 버금가는 영웅으로 묘사하였다.

나폴레옹은 유배된 지 25년, 사망한 지 19년 만인 1840년에 프랑스로 돌아왔다. 물론 살아서 돌아온 것이 아니라 죽어서 돌아왔다. 파리에 운

구된 나폴레옹의 시신은 파리 돔교회(Dome Church)의 지하실에 영원히 안치되었다.

나폴레옹 덕분에 세인트헬레나 커피는 19세기 중반에 잠시 부활하였다. 의외로 프랑스가 아니라 영국 런던에서 세인트헬레나 커피의 인기가 치솟았다. 1851년 런던 하이드파크 크리스탈 궁전에서 열린 대박람회가 그 계기가 되었다. 영국 산업혁명의 성취를 보여주기 위해 마련된 이 박람회에는 '음료수 재료' 부문이 따로 있었고, 여기에 세계적으로 유명한 커피원두들과 함께 세인트헬레나 커피원두가 전시되었다. 출품된 다수의 커피가 부정적인 평가를 받았던 이 박람회에서 세인트헬레나 커피는 '긍정적인 평가(Honorable Mention)'를 받았다. 이 행사 이후에 세인트헬레나에는 커피를 심는 새로운 풍조가 일었다. 이 소식이 프랑스에 전해지면서 한동안 파리에서는 세인트헬레나 커피가 최고의 커피로 대우를 받았다.

그러나 이런 분위기는 오래 지속되지 못하였다. 세인트헬레나 지방 정부의 무능과 부패로 커피 산업은 곧 붕괴하였다. 커피농장은 린넨(융)의 재료인 아마(flax) 재배지로 바뀌었다. 19세기 중반에 시작된 세계적 커피 대중화의 물결 속에서도 세인트헬레나의 커피는 부활하지 못하였다.

양철공 전성시대, 91세 주교가 이룬 커피혁명

19세기 이전까지 커피를 만드는 방식은 하나였다. 주전자 혹은 냄비에 물과 함께 커피가루를 넣고 20~25분 정도 끓인 후 찌꺼기가 가라앉기를 기다렸다가 따라 마시는 방식이었다. 지역에 따라 설탕을 넣거나 향신료와 함께 즐기는 문화가 만들어졌다. 300년 이상 이런 방식으로 커피를 마셨다. 커피 찌꺼기가 주는 불쾌감을 느끼지 않으려면 조심해서 따라 마셔야 했다. 커피가루가 바닥에 잘 가라앉게 하려는 노력이 이어졌고, 계란 노른자나 물고기 부레로 만든 풀(isinglass)을 함께 넣고 끓이면 찌꺼기가 잘 가라앉는다는 것을 알아냈다.

이런 전통적 방식에 의문을 제기하는 사람들이 나타나기 시작한 것은 19세기 초였다. 오래된 커피 문화에 도전한 이들은 프랑스 사람들이었다. 커피에 섞여서 입안을 불편하게 하는 커피 찌꺼기를 여과시키는 방식을 고민하던 사람들은 초보적 형태의 커피 드립 기계인 커피포트를 만들기 시작하였다.

커피 역사에 등장하는 인물 가운데 최고령자인 장 밥티스트 드 벨루아(Jean Baptiste de Belloy) 대주교가 바로 그 주인공이다. 드 벨루아는 1709년 프랑스의 파리 북쪽에 있는 작은 마을 모항글르(Morangles)에서 태어났다. 1737년에 신학박사 학위를 취득하였고, 1751년에 그랑데브(Glandéves) 교구의 주교가 되었다. 프랑스대혁명이 발발한 직후인 1790년에 고향 근처의 작은 마을 샹블리(Chambly)로 물러나서 1801년까지 조용한 시간을 보냈다.

드 벨루아 주교가 커피 역사에 길이 남을 발명을 한 때가 바로 이 시기였다. 그의 나이 91세였던 1800년, 그가 발명한 것은 커피를 내려 마시는 드립포트였다. 주전자 상부에 커피가루를 담는 바스켓을 설치하고, 주전자 하부에 물을 붓고 끓임으로써 뜨거운 물이 위로 올라가 커피가루를 적시는 방식이었다. 91세의 나이, 주교라는 지위에 있던 드 벨루아는 이렇게 커피 역사에 남을 업적을 남겼다. 이것이 이후 퍼컬레이터를 거쳐 커피메이커로 진화하였다. 물론 1세기 이후에 종이필터를 이용한 커피 드립 방식이 탄생하는 데도 영향을 미쳤다. 나이는 숫자에 불과하다는 것을 보여준 멋진 역사의 한 장면이다. 1802년에 추기경의 자리에 오른 그는 1808년에 백작 작위를 받은 직후 사망하였고, 노트르담 사원에 묻혔다. 노트르담 사원의 수많은 성인 무덤 중 가장 화려하다는 평가를 받고 있는 것이 그의 무덤이다.

드 벨루아 이후 1806년부터 1855년 사이에 프랑스에서만 무려 178건의 커피포트 특허출원이 있었다. 나폴레옹의 대륙봉쇄령이 시작된 해인 1806년에 파리에 살던 양철공 하드롯(Hadrot)이 드 벨루아의 커피포트를 개량한 제품을 출원하였다. 하드롯이 만든 포트는 기존 바스켓에 사용하던 양철판을 강화주석으로 대체하여 부식을 막았다. 주석이나 가벼운 금속류로 생활도구를 만들고 이를 수리하는 양철공으로서의 경험을 활용하여 이룬 업적이었다. 내린 커피의 열을 보존하기 위해 커피포트의 외부를 두 겹으로 만드는 변화도 시도하였다. 대륙봉쇄령으로 커피원두 구입이 어려웠던 10년 동안은 커피 기술 역시 더 이상 나아가지 못했다.

나폴레옹이 실각하고 대륙봉쇄령이 해제되자 다시 커피포트 개발 붐이 일었다. 1815년에는 물을 끓이지 않고 커피를 내리는 새로운 방식, 이른바 세네커피메이커(Sené-coffeemaker)가 발명되었다. 드 벨루아 포트의 개량제품이었다. 이 제품 역시 파리에 살던 장 세네(Jean-Baptiste-Louis-Marie Sené)라는 양철공의 작품이었다. 장 세네에 이어 장 모리즈(Jean-Louis Morize)가 1819년에 좀 더 단순화된 제품을 내놓았는데, 그 또한 양철공이면서 램프 제작자였다. 그가 만든 커피메이커는 19세기 말

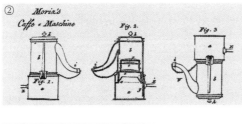

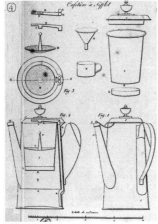

커피포트의 발전

① 1806년 하드롯이 개발한 커피포트 단면도

② 1819년 장 모리즈가 만든 커피메이커 단면도

③ 장 모리즈의 제품이 오늘날까지 전승되어 사용되는 나폴리탄 커피메이커

④ 조셉 앙리 마리 로랑이 발명한 현대식 커피포트의 단면도

까지 유럽에서 매우 인기가 높았고, 지금도 이탈리아에서 일명 나폴리탄 커피메이커(Napolitan coffeemaker)로 전승되어 사용되고 있다.

조셉 앙리 마리 로랑(Joseph-Henry-Marie Laurens)은 현대적 커피포트의 출발을 알린 인물이다. 그가 발명한 커피포트는 끓은 물의 스팀 압력으로 물이 작은 관을 타고 포트의 상층부로 올라가게 한 뒤 이 물이 커피가루를 통과하여 떨어지는 순환 방식이었다. 1819년의 일이며, 로랑 역시 양철공이었다. 커피 역사에서 그야말로 양철공 전성시대였다.

대륙봉쇄령 이후 전쟁과 혁명, 왕정복고 등의 격변이 마무리되고, 시민들이 일상적 소소함을 즐기기 시작한 비더마이어(Biedermeier) 시대 (1830~1848)에 접어들면서 좀 더 부드러운 커피의 맛을 내고 커피를 쉽게 내리기 위한 다양한 시도가 더욱 활발하게 이루어졌다. 커피 역사에서 제1차 커피 붐이라고 부르는 시기다. 커피 대중화와 함께 프랑스뿐 아니라 영국, 독일, 이탈리아 등에서도 커피포트를 개선하기 위한 많은 시도가 이어졌다. 이런 움직임을 이끈 이들은 유명한 과학자도 천재도 아니었다. 90대 주교와 양철공들이었다.

08

전쟁이 만든 커피 유행, 커피가 만든 대통령

가짜뉴스가 촉발한 제1차 커피 붐, 브라질의 등장

18세기 후반에 세계 커피 생산을 지배하고 있던 곳은 자바와 생도밍 그였다. 1804년 노예혁명으로 생도밍그가 아이티로 독립한 후 아이티의 커피 산업은 붕괴하였고, 커피 투자자와 생산자들은 이웃 쿠바와 자메이카로 옮겨갔다. 이렇게 이 지역들에서 커피 생산이 시작되기는 했지만 1806년에 시작된 나폴레옹의 대륙봉쇄령으로 인해 커피 소비는 도리어 감소 추세를 보였다.

이런 공백기에 아이티 커피가 가졌던 자리를 차지하며 새로운 커피의 나라로 등장한 것이 브라질이다. 포르투갈이 브라질에 커피를 본격적으로 옮겨 심은 것은 1752년이었다. 팔헤타의 전설과는 30년의 차이가 난다. 1770년대 리우데자네이루(Rio De Janeiro)에 브라질 첫 커피 플랜테이션이 등장하였다. 브라질 커피가 처음으로 유럽 땅인 포르투갈 리스본으로 수출된 것도 이 무렵이었다. 그러나 1800년대 초반까지도 브라질의 커피 생산량이나 수출량은 많지 않았다. 1800년 한 해 브라질의 커피 수출량은 1,720파운드에 불과하였다. 뉴욕에 브라질 커피가 처음 도착한 것은 1809년이었지만 양은 많지 않았다.

브라질에게 기회를 준 것은 나폴레옹의 몰락이었다. 나폴레옹의 몰락과 함께 대륙봉쇄령이 해제되었고, 유럽인들의 커피를 향한 욕망이 폭발하였다. 전통적인 커피소비국 프랑스, 오스트리아, 이탈리아뿐 아니라 신흥 산업지역인 북유럽에서도 커피 소비가 폭증하였다. 소비의 시대, 비더마이어 시대가 열린 것이다. 나폴레옹의 몰락, 왕정복고와 함께 민주주의 혁명이 막을 내리자 가장 크게 좌절한 이들은 독일과 오스트리아의 민중이었다. 낡은 특권이 가장 심하게 남아 있던 지역들이다. 희망을 잃은 소시민들이 선택할 수 있는 것은 두 가지 중 하나였다. 현실에 눈감고 사소한 일상사를 즐기든가, 아니면 그 사회를 탈출하든가. 그 두 가지 선택지 모두에 커피가 들어 있었다. 소소한 일상을 즐기고자 하는 시민들에게 위안을 주는 음료가 커피였고, 유럽을 탈출하여 새로운 희망의 땅을 찾고자 하는 사람들에게 매력적인 땅은 브라질을 비롯한 중남미 커피 생산 국가들이었다. 1815년에서 1848년까지 지속된 비더마이어 시대 최대의 수혜자는 브라질, 코스타리카 등 신흥 커피생산국이었다. 반면 서인도제도의 전통적 커피 생산 국가들은 커피를 포기하고 사탕수수를 선택한 상태였다.

산업혁명이 유럽 대륙으로 확대되면서 커피 소비도 증가하였다. 산업혁명의 확산에 따라 등장한 수많은 공장 노동자들에게 커피가 환영받기 시작한 것이 이 시기였다. 프랑스를 시작으로 독일과 북유럽 여러 지역에서 커피는 지친 도시 노동자들의 피로를 풀어주는 새로운 음료로 각광

받았다. 노동자뿐 아니라 고용주들도 술보다는 커피를 선호하였다. 노동자들의 생산성 향상에 미치는 효과에서 커피가 술보다 월등하였기 때문이다. 이렇게 제1차 커피 붐이 시작되었다.

이러한 커피 붐을 타고 브라질의 커피 수출량은 1820년에 1,289만 파운드를 넘어서면서 세계 커피 생산량의 20%를 차지하게 되었고, 1830년대에는 그 비중이 30%를 넘어섰다. 1840년이 되자 브라질의 1년 커피 수출량은 1억 3,730만 파운드를 넘었다. 제1차 커피 붐의 절정이었던 1840년대 내내 브라질은 세계 커피 생산과 무역의 40%를 차지하며 세계 커피 시장의 공룡으로 자리 잡았다.

브라질이 세계 커피 생산시장의 거인으로 등장하는 데 영향을 미친 요소는 크게 네 가지를 꼽을 수 있다. 첫째는 앞서 설명한 대로 대륙봉쇄령 해제 및 산업혁명의 확산과 함께 시작된 유럽 지역의 커피 소비 급증이다. 둘째는 플랜테이션 농업의 바탕이 되었던 노예노동이다. 포르투갈이 다스리던 브라질은 노예무역과 노예노동이 가장 마지막까지 존속한 나라였고, 커피농장에서의 노동력 수요 폭발이 이런 잔인한 역사를 지속하게 만들었다. 1800년대 전반에 아프리카에서 브라질로 끌려간 노예는 150만 명에 달했으며 대부분 커피농장으로 향했다. 브라질 인구의 3분의 1을 차지할 정도였다. 셋째는 커피에 적합한 떼루아(Terroir, 토양 또는 풍토)다. 브라질의 토양과 기후는 커피를 재배하는 데 안성맞춤이었다. 브라질 북부에서 시작된 커피 재배는 남동부의 붉은 땅 테라록사(Terra Roxa) 지역으로 옮겨갔다. 배수가 우수한 이 지역으로 옮겨 심어진 커피나무는 허술한 관리에도 불구하고 쉽게 잘 자랐다. 포르투갈에서 공급된 노예 1명이 평균 4,000~7,000 그루의 커피나무를 재배하였고, 특별한 시

19세기 브라질 커피농장의 노예들

19세기는 브라질이 커피 생산의 공룡으로 등장한 시기다. 제1차 커피 붐을 타고 세계 커피 생산량의 40%를 지배하였는데 그 바탕에는 값싼 노예노동이 자리 잡고 있었다.

설 없이 채취된 커피는 노새를 통해 리우데자네이루로 옮겨졌다. 브라질 커피 재배의 특징은 질을 포기한 채 양에만 충실한 방식이었다. 품질은 우수하지 않았지만 생산량은 세계시장의 요구를 충족하는 데 부족함이 없었다.

마지막 요소는 1830년대의 커피 가격 하락과 신생독립국가인 미국의 커피 소비시장 진입이었다. 미국은 18세기 후반 독립전쟁을 치르면서 커피에 애국적 의미를 부여했으나, 독립 초기에는 전후 복구와 국가 건설의 긴급성으로 인해 커피 소비가 폭발적으로 증가하지는 않았다. 그러나 1830년 스페인과 프랑스 사이에 전쟁이 날 것이라는 가짜뉴스가 퍼지면서 반전이 일어났다. 나폴레옹의 대륙봉쇄를 경험하였던 유럽 국가들과 미국은 전쟁이 초래할 커피 가격 상승에 대비하여 커피원두 사재기에 참여하였다. 그러나 전쟁은 일어나지 않았고, 숨겨 놓았던 다량의 커피가 시장에 낮은 가격에 쏟아져나왔다. 미국 시장에서 1821년에 파운드당 21센트였던 커피가 1830년에는 8센트로 떨어졌다. 이런 낮은 가격은 1850년대까지 지속되었다. 미국인 1인당 커피 소비량이 1800년에 연 680g에서 1850년에는 무려 2.3kg으로 세 배 이상 증가하였다. 이런 소비 증가에 신속하게 응할 수 있는 나라는 브라질밖에 없었다.

나폴레옹의 침략으로 스페인의 힘이 약해진 1810년부터 이 틈을 이용하여 중남미의 많은 나라들은 독립전쟁을 시작하였다. 그리고 이 전쟁으로 인해 커피 생산이 정상적으로 이루어질 수 없었다. 반면에 1822년에 전쟁 없이 독립을 성취한 브라질은 다른 중남미 국가들에 비해 안정적으로 커피 산업을 이어갈 수 있는 여건을 갖추고 있었다. 1840년대에 접어들어 연이어 발생한 허리케인으로 쿠바와 자메이카 등 서인도제도의 커피 생산 시설이 파괴된 것도 브라질에게는 기회였다. 이렇게 생긴 빈자리를 대체한 것이 급성장한 브라질 커피였다. 값비싼 자바 커피를 마시기에는 아직 경제력이 부족했던 미국 소비자들에게 저렴한 브라질 커피의 등장은 축복이었다.

1820년에 시작하여 1840년대 후반까지 지속된 제1차 커피 붐은 대륙봉쇄령의 해제, 산업혁명의 확산, 비더마이어 시대의 소비 풍조, 브라질 커피의 등장, 미국의 커피 소비시장 진입 등이 어우러져 만든 현상이었다. 제1차 커피 붐을 겪으며 커피가 인류 역사에 등장한 지 400년 만에 드디어 커피는 소수의 여유로운 사람들만이 즐길 수 있는 음료가 아니라 원하는 모든 사람들이 마실 수 있는 음료로 자리 잡기 시작하였다.

애국심이 탄생시킨 아이스커피

나폴레옹전쟁이 끝나고 유럽에는 평화가 찾아왔다. 1814~1815년까지 빈에서 열린 나폴레옹전쟁 승전국 회의에서 유럽의 질서는 재편되었다. 빈체제로 불리는 평화의 시간이 시작되었다. 빈체제하에서 유럽 열강들이 세계 여러 지역을 식민지로 개척하면서 제국주의로 성장하였다.

프랑스 부르봉 왕조의 마지막 왕 샤를 10세는 국내의 불만을 해외로 돌리기 위해 1830년 6월 북아프리카의 알제리를 침략했다. 지중해의 안전을 도모한다는 구실을 내세운 침략이었다. 그러나 샤를 10세는 같은 해에 벌어진 7월혁명에 의해 폐위되고 부르봉 왕조는 무너졌다. 이런 변화와 무관하게 프랑스 군대는 알제리를 점령하고 직접 지배를 시작했다.

프랑스의 지배 초기인 1837년에 두 나라 사이에 협정이 체결되었다. 일명 타프나(Tafna)협정을 통해 프랑스가 알제리의 일부 지역에 대한 통치권을 인정받는 대신, 나머지 지역에 대한 알제리인의 통치를 승인하였다. 협정은 체결되었지만 충돌이 계속되었고, 1839년 2월 해안도시 모스타가넴(Mostaganem)에 있던 마자그란(Mazagran)이라는 작은 요새에서 전투가 벌어졌다. 전투가 길어지자 더위에 지친 프랑스 군인들이 커피시럽에 찬물을 넣어 마시기 시작했다.

마자그란 전투는 프랑스 군인 100여 명 정도가 참전한 작은 전투였다. 전투도 매우 싱겁게 종료되었다. 프랑스군의 화약이 소진된 것을 모르고 알제리 군대가 갑자기 철수하면서 끝나버린 전투였다. 그런데 프랑스 언론이 이 전투를 프랑스의 승리로 대서특필하였다. 부대장과 참여군인들에게는 메달이 수여되고 엄청난 명예가 주어졌다. 파리의 샹젤리제 거리에는 마자그란 요새의 모형이 만들어졌고, 파리에는 마자그란 거리(Rue Mazagran)도 생길 정도였다.

이 전투를 기념하는 방식의 하나로 프랑스 파리 시내 유명 카페들에서는 큰 유리잔에 커피를 부은 후 찬물, 탄산수, 얼음 등을 넣은 음료를 개발하였다. 마자그란에서 프랑스 군인이 마신 음료를 흉내 내는 애국심 마케팅이었고, 이 음료는 선풍적인 인기를 끌었다. 커피와 섞는 것이 무엇이든 이름은 마자그란 커피(Café Mazagran)였다. 프랑스 군인들의 애국심과 언론의 애국심이 결합하여 신화화된 것이 마자그란 전투였고, 그 결과물로 탄생한 것이 마자그란이라는 이름의 차가운 커피였다.

커피에 섞는 액체는 달랐지만 모든 마자그란 커피의 공통점은 음료를 긴 유리잔에 담는다는 것이었다. 왜 그랬는지는 모를 일이다. 아마도 당시 전투에 참가하여 커피시럽에 찬물을 넣어 마셨던 군인들이 현장에서 아니면 귀환한 후 당시 전투를 재현하는 자리에서 긴 유리잔에 찬 커피를 부어 마신 것이 계기가 되지 않았을까 추측해볼 수 있다.

이후 포르투갈에서는 얼음 위에 에스프레소를 붓고 레몬 한 조각을 얹은 음료인 '포르투갈 아이스커피'가 개발되었다. 럼주나 달콤한 슈거시럽을 섞어 마시기도 한다. 이름은 마자그란이다. 오스트리아에서는 얼음에 커피와 럼주를 넣은 아이스커피를 선보였다. 스페인 동부 카탈루냐와 발렌시아에서도 커피, 얼음, 레몬을 섞은 음료 '카페델템스(Café del temps)' 혹은 '카페델티엠포(Café del tiempo)'라는 유사한 음료가 등장하였다. 이름은 모두 마자그란이다. 다양한 모습의 아이스커피가 등장했지만 지역 음료로 남아 있을 뿐 유럽 세계에서 크게 유행하지는 않았다.

1920년대 금주법이 내려진 미국에서는 비알콜성 음료인 코카콜라, 웰치 포도주스, 커피가 음료 시장을 차지하기 위해 치열한 경쟁을 벌였다. 얼음을 넣어 시원하게 마실 수 있는 매력을 가진 콜라에 맞서기 위해 일부 카페에서 얼음을 넣은 아이스커피를 제조하여 판매하였다. 그러나 시원함에서 아이스커피가 코카콜라를 이기지는 못하였다.

20세기 어느 순간 아이스커피는 서양 대부분의 나라 커피 메뉴에서 사라졌다. 더운 여름에도 뜨거운 커피를 마시는 것이 교양이고 문화가 되었다. 커피는 뜨거운 음료라는 상식이 현실을 지배하게 된 것이다.

스타벅스는 1994년에 더운 로스앤젤레스 매장에서 '마자그란'을 메뉴에 올렸다. 결과는 실패였다. 커피는 뜨거워야 한다는 선입견의 벽에 막혀 판매가 되지 않은 것이다. 이후 스타벅스는 프라페와 카푸치노를 합친 아이스 음료 '프라프치노'를 내놓았다. 독자적으로 개발한 음료가 아니라 조지 하월(George Howell)이 만들어 상업화한 기술을 인수한 것이었다.

알제리에서 2세기 전에 만들어진 아이스커피가 현재 가장 유행하고 있는 곳은 한국이다. 일제 강점의 식민지 시대에도 아이스커피 레시피가 신문에 소개되었고, 해방 직후 미군정하에서는 콜레라의 유행으로 얼음 음료의 판매를 금지하고 아이스커피 자제를 권고했음에도 시민들은 커피에 얼음을 넣어 마셨다. 커피공화국의 징후는 생각보다 일찍 나타나고 있었다.

커피가 만든 불쌍한 대통령 링컨

링컨은 1809년 2월 켄터키주에서 태어났다. 유럽에서는 나폴레옹이 대륙봉쇄령을 내려서 영국을 고립시키고, 프랑스 스스로 산업화를 이루겠다는 무모한 시도를 하고 있던 때였다. 대륙의 모든 나라들이 나폴레옹의 눈치를 보고 있던 시대였고, 대륙봉쇄로 커피가 없어지자 유럽 사람들이 치커리 커피를 마시던 때였다.

링컨 가문은 1638년 영국에서 미국으로 이주했고, 살기 위해 서쪽으로 서쪽으로 계속 이주한 끝에 켄터키에 정착했을 때 링컨이 태어났다. 그런데 켄터키에서도 어렵게 일군 농토를 재판에서 잃고 1816년 링컨이 일곱 살 때 다시 서쪽 인디애나주로 이주했다. 이곳에서 1818년에 어머니가 사망하고, 이듬해 아버지는 바로 재혼을 했다. 링컨은 독서를 좋아했지만 가난한 가정환경 탓에 일을 해야만 했다. 링컨이 15세까지 학교를 다닌 기간은 1년 미만이었고 나머지 시간은 주로 집안일을 하거나 돈을 벌기 위해 일을 했다. 노동을 피하기 위해 레슬링 선수로 뛰기도 했는데 스물한 살에 카운티 레슬링 챔피언이 될 정도로 실력이 좋았다. 300여 번 경기를 해서 단 한 번 지고 다 이겼을 정도로. 링컨이 스물한 살이되던 1830년에 인디애나주에 번진 전염병을 피해 링컨 가족은 다시 서쪽 일리노이주 뉴 살렘이라는 곳으로 이주를 해야 했다.

뉴 살렘에 살던 당시 링컨의 첫 꿈은 대장장이였다. 그러나 적성에 맞지 않아 대장장이를 포기한 뒤 친구와 함께 상점을 차려보고, 술집도 열어보고, 우편배달부도 해봤지만 모두 실패했다. 결국 정치에 뛰어들었는데, 1834년 선거에서 일리노이주 하원의원에 당선된 이후 4번 연속 당선되었다. 링컨은 당시 소수의 백인 지주 남성들에게만 주어졌던 선거권 확대를 지지했고, 노예제와 낙태에는 반대했다.

직업을 여러 차례 바꾸면서도 링컨은 변호사가 되기 위해 독서를 게을리하지 않았다. 링컨 이전 15명의 미국 대통령 중에서 변호사 출신이 9명이었고, 법 전공자가 3명이었다. 정치를 하려면 변호사가 되든지 법을 공부해야 하는 시대였다. 드디어 1837년에 변호사 자격을 취득한 그는 일리노이주의 수도인 스프링필드로 이주했다. 이곳에서 1839년에 메리 토드(Mary Todd)라는 여성을 만났다. 고향 켄터키 출신 변호사 겸 사업가의 딸인 메리와 1840년에 약혼을 하고 우여곡절 끝에 1842년 결혼을 했다.

메리 토드가 링컨의 첫사랑은 아니었다. 첫사랑은 군에 다녀온 직후인 1830년 초에 사귀었던 고향 켄터키 출신의 메리 오언스(Mary Owens)다. 메리와의 결혼을 생각하고 있던 중, 두 번째 여자 앤 러틀리지(Ann

Rutledge)가 나타났다. 앤과 열렬히 사랑했지만 앤이 갑자기 열병으로 죽고, 첫사랑 메리도 링컨에게 이별을 고하고 떠났다. 메리 토드와의 결혼은 이런 이별 직후에 벌인 조금은 갑작스러운 결정이었다.

결혼한 지 얼마 되지 않아 링컨 인생에 전기가 되는 사건이 생겼다. 전환점을 마련해준 것은 커피였다. 원래 링컨은 음식을 별로 즐기지 않았다. 좋아하는 음식은 단 두 가지, 사과와 커피뿐이었다. 링컨은 집안에서 과묵한 편이었고, 음식은 먹는 둥 마는 둥 하는 답답한 스타일이었다. 게다가 링컨 아내 메리는 천성적으로 잔소리가 아주 심한 여성이었다. 그녀는 늘 남편에게 잔소리를 날렸다. 잔소리가 통하지 않자 그 다음으로 날린 것들이 장작, 빗자루, 책, 토마토 등이었다. 그러던 중 결정적인 사건이 벌어졌다. 어느 날 저녁식사 후 디저트로 나온 커피를 앞에 놓고 메리가 또 잔소리를 시작했고, 링컨은 묵묵부답이었다. 화가 난 메리는 뜨거운 커피를 링컨의 얼굴에 뿌렸다. 이날로 링컨은 집을 나와 떠돌기 시작하였다. 순회재판의 변호사가 되어 재판이 열리는 일리노이주의 여러 도시를 순회하는 길을 택한 것이다. 재판이 열리는 곳에서 머물다가 다음 재판이 열리는 다른 도시로 이동하기를 반복하였다. 일리노이주 안에 있는 모든 도시들을 돌아다니며 열심히 일하면서 링컨이라는 이름이 널리 알려지기 시작하였다. 이런 명성을 등에 업고 1846년에 연방 하원에 진출하였다. 하원의원으로 성공적인 정치활동을 이어간 끝에 대통령에 출마하기에 이르렀다. 링컨은 당시 첨예한 논쟁거리였던 노예해방을 공약으로 내걸었다.

노예제도는 이미 여러 나라에서 폐지된 상태였다. 링컨은 세계적 흐름에 따라 노예제도 폐지를 공약으로 내건 것이지 시대를 앞선 것은 아니었다. 그런데 그가 노예제도 폐지의 상징이 된 것은 그 공약으로 인해 전쟁이 벌어졌기 때문이다. 어쨌든 노예제 폐지 공약으로 1860년 11월 6일 링컨은 공화당 출신 첫 대통령에 당선되었고, 1861년 3월 4일에 미국의 제16대 대통령에 취임하였다.

만일 아내가 링컨 얼굴에 뜨거운 커피를 뿌리지 않았다면 링컨은 일리노이주 스프링필드에서 조용하게 변호사로 일하며 가끔 아내가 던지는 토마토, 빗자루, 장작, 책을 얻어맞으며 살았을지도 모른다. 아내 메리가 던진 뜨거운 커피가 링컨의 삶을 바꾸었고, 링컨은 미국 역사를 바꾸었으며, 링컨이 바꾼 미국은 이후 세계를 움직였다. 한 잔의 커피가 만든 엄청난 나비효과였다.

남북전쟁의 승자는 커피

미국의 커피 소비 역사에 가장 큰 전기를 가져다준 사건은 남북전쟁(1861~1865)이다. 커피가 미국 중류층 가정의 상비품이 되었을 때 전쟁이 시작되었다. 노예노동에 의존하고 있던 남부와 임금노동에 의존하고 있던 북부 사이의 불균형이 전쟁의 배경이 되었다. 1860년 말 노예폐지론자 링컨이 대통령에 당선되자 남부의 많은 주들이 연방 탈퇴를 선언하기 시작하였고, 결국 1861년 4월 12일 사우스캐롤라이나주 찰스턴에서 남부군이 북부군의 요새에 포를 발사하면서 전쟁이 시작되었다.

전쟁이 시작되자 커피는 군인들의 기운을 북돋아주고, 사기를 높여주는 물품으로 주목을 끌었다. 남북전쟁 참전 군인들의 일기장과 편지에 가장 많이 등장하는 단어가 '커피'였다고 한다. '총', '대포', '노예', '링컨', 심지어 '어머니'보다도 많이 등장했다. 문제는 북군과 남군 사이의 커피 보급량에서 심각한 차이를 보였다는 점이다. 북군의 경우 하루에 43g, 1년에 16kg의 원두를 보급품으로 받았는데 이는 하루에 거의 열 잔 정도의 커피를 내릴 수 있는 양이었다. 커피는 북부 군인들의 필수품이 되었다. 커피가 주는 에너지로 행군을 하고, 커피가 주는 활력으로 불침번을 섰다. 총을 쏘며 전쟁을 하는 날은 1년에 평균 1주일이나 2주일 정도밖에는 되지 않았고 나머지 날들에 그들은 커피를 만들어 마셨다.

칼빈소총의 개머리판에 커피원두를 가는 수동 그라인더를 장착한 것은 전쟁 직전인 1859년 샤프스라이플(Sharps Rifle)사의 아이디어였다. 북군은 이런 장비가 달린 칼빈소총에 늘 커피원두를 장착하고 다녔다. 한 일기작가의 표현에 따르면, 야영지의 아침이 밝으면 "수천 개의 커피 그라인더가 커피원두를 갈며 내는 소리로 가득했다"고 한다. 그러고 나면 캠프파이어 위에서 수천 개의 커피 주전자들이 향긋한 향기를 날리며 끓어넘치기 시작하였다. 군인들은 전쟁 속에서 그것이 어떤 물인지를 가리지 않고 커피원두를 넣고 끓여 마셨다. 심지어는 말들이 마시기에도 부적합할 정도로 더러운 물도 주전자에 담았다. 커피는 전투에 임하기 전에 즐기는 마지막 위안이었고, 전투를 끝내고 마시는 안도의 한 모금이었다. 스미스소니언박물관(Smithsonian American Art Museum)의 큐레이터 출신인 역사가 존 그린스팬(Jon Grinspan)이 표현하였듯이 "이것은 아이러니였다. 노예제를 폐지하기 위해 싸우는 북부 군인들이 노예농장에서 온 커피로 힘을 얻어 전쟁을 하고 있으니 말이다."

60만 명 이상이 사망한 남북전쟁이 지옥이었다면, 지옥에서 참전 군인들에게 작은 구원을 안겨준 것은 커피였다. 그런데 이 구원의 손길은 북군에만 미쳤다. 전쟁이 길어지면서 남부 군인들은 줄어드는 보급품, 특히 커피 부족으로 고통에 빠졌다. 영국의 한 종군기자는 이를 "커피 부족은 남부 군인들을 정신 이상보다 심하게 괴롭혔다"고 적었다. 남부군의 한 간호사는 "북군이 우리를 굴복시킨 무기는 커피였다"고 술회하였던 것을 보면 커피의 위력을 짐작할 만하다.

특히 추운 겨울이면 따뜻한 커피가 주는 유혹 앞에서 힘든 시간을 보내는 나날이 거듭되었다. 군인들은 "커피 없는 군대 생활은 불가능"이라는 표현으로 자신들이 겪는 고통을 드러냈다. 남군 병사들은 몰래 북군에 편지를 보내 담배와 커피의 교환을 제안하는 행위도 서슴지 않았다. 전쟁이 소강상태일 때 실제로 남군과 북군은 몰래 만나서 필요한 물품을 교환하였는데 남군들이 가장 구하고 싶어했던 물품은 바로 커피였다. 적과 내통하는 위험을 감수할 만큼 커피는 절실했다.

커피에 대한 그리움은 남부의 군인들뿐 아니라 시민들도 똑같았다. 북부 연방군에게는 커피가 넘쳤지만 남부 군인과 시민 모두에게 커피는 비싸고 귀한 물건이었다. 1861년에 파운드당 14센트였던 브라질산 커피 가격은 전쟁 후반기에 이르자 북부에서도 42센트까지 치솟았다. 물론 남부에서는 열 배가 넘는 파운드당 5달러에 거래될 정도였다.

남북전쟁 당시 남부에 속해 있던 작은 마을에서 벌어진 이웃 간의 갈등과 전쟁의 참혹함을 그린 영화 〈콜드마운틴〉에서 주인공 아이다 먼로 (니콜 키드먼 분)와 루비(르네 젤위거 분)는 그들이 어려울 때 온정을 베푼 이웃집 아주머니에게 고마움의 표시로 커피원두를 담은 작은 봉투를 건네며 자랑스러운 표정으로 "치커리 커피가 아니에요."라고 말하는 장면

영화 〈콜드마운틴〉과 커피
남북전쟁을 다룬 영화 〈콜드마운틴〉에서 주인공은 자신을 지켜준 이웃에게 커피를 선물하면서
"Yeah, and that's real coffee. It ain't chicory and dirt."라고 자랑스럽게 말한다.

이 나온다. 남부 군인이나 시민 모두에게 커피는 일종의 사치품이었다.
이 전쟁의 승자는 커피가 넘치는 북군이었다.

북군이 커피 때문에 전쟁에서 승리했다고 단언할 수는 없지만, 북군
이 승리한 이유를 설명할 때 커피를 빼놓을 수도 없다는 것이 역사가들
의 일반적인 평가다. 북군의 지도자 벤자민 버틀러(Benjamin Butler) 장군
은 실제로 자기 병사들의 수통에 커피를 넣어 다닐 것을 지시하였고, 자
기 병사들에게 커피 기운이 넘칠 때 공격 명령을 내렸다고 한다. 그는 전
투를 앞두고 있는 동료 장군에게 "자네 병사들이 아침에 커피를 마셨다
면 이 전투에서 이길 수 있네."라고 확신을 주기도 하였다. 그렇게 커피
와 함께한 북군이 승리하였고, 미국은 커피와 함께 양키 문명의 나라가
되었다.

남북전쟁 당시 북군에서는 전쟁 중에도 편하게 커피를 마시는 방법을

고민하던 끝에 커피가루에 설탕과 액체 분유를 섞은 'essence of coffee'라는 이름의 일종의 인스턴트 믹스커피를 개발하여 보급한 적이 있었다. 그런데 이 커피는 가루가 잘 녹지 않아 맛이 거칠었고, 군인들에게조차 인기가 없어 곧 보급이 중단되었다. 만일 당시에 이 커피가 제대로 맛을 냈다면 우리나라가 세계 최초의 인스턴트 믹스커피 개발 국가라는 명예를 얻지 못했을 수도 있다.

전쟁이 끝나고 군인들이 집에 돌아오면서 미국 가정에서의 커피 소비는 폭발적으로 증가하였다. 커피에 의존해 전투에 승리한 북군 병사들이나, 커피를 찾아 헤매다 전쟁에서 패한 남군 병사들이나 모두 커피에 빠져들었다는 점에서는 차이가 없었다. 남북전쟁의 승자는 '커피'였다. 남북전쟁이 가져온 미국인들의 폭발적 커피 소비에 부응한 것은 때마침 커피 생산의 거인으로 등장한 브라질이었다. 예멘의 모카커피, 인도네시아의 자바 커피, 카리브해의 자메이카 커피 등 맛과 향이 뛰어난 커피가 아니어도 충분했다. 전쟁 속에서 커피를 배운 미국인들에게는 브라질산 저급 커피도 충분했다. 브라질의 유명한 산토스 커피가 미국인의 아침 식탁을 점령하기 시작한 것이다. 커피 소비의 거인 미국과 커피 생산의 거인 브라질 사이의 애증의 역사는 이렇게 시작되었다.

커피가 만든 나쁜 대통령 매킨리

미국 역사상 가장 극적이고 위대한 커피 이야기가 있다. 1862년 9월 17일 메릴랜드주의 앤티에탐 크리크(Antietam creek)에서 남북전쟁 시작후 가장 치열한 전투가 벌어지고 있었다. 아침부터 계속된 전투에서 북군이 지쳐가고 있을 때쯤 열아홉 살 된 소년 윌리엄 매킨리가 나타났다. 남북전쟁의 전황을 바꾸는 순간이었다.

남북전쟁이 벌어진 것은 매킨리가 열여덟 살 때였다. 오하이오 출신인 매킨리는 전쟁 발발 2개월 후 북군에 입대했고, 입대 1년 후인 1862년 9월 17일, 남북전쟁의 분수령이 된 앤티에탐 전투에 참전하게 되었다. 남군의 유명한 로버트 리 장군이 직접 지휘한 전투였다. 남북전쟁 4년 중 단일 전투에서 가장 많은 사상자를 낸, 비참한 전투였다. 북군이 열세였고, 만일 이 전투에서 북군이 패했다면 남북전쟁의 승리는 남부연합에게 돌아가고, 미국은 남북으로 분단되었을 수도 있다. 그만큼 중요한 전투였다.

북군의 패배를 눈앞에 두고 있던 순간 어디에선가 어린 소년의 목소리가 들렸다. 열아홉 살 '오하이오 보이' 윌리엄 매킨리였다. "커피요! 커피요!"를 외치며 매킨리가 따뜻한 커피가 든 큰 양동이를 들고 나타난 것이다. 매킨리는 총탄을 피해가며 지친 군인들 사이를 뛰어다니며 커피를 따라주었다. 커피를 마신 북군 군인들은 커피가 주는 각성효과와 총알을 뚫고 커피를 나르는 어린 소년이 주는 격려에 힘입어서 다시 일어나 싸웠다.

당시 지휘관이 남긴 일기에 보면 매킨리가 커피를 들고 나타났을 때 "마치 1개 여단 규모의 지원군이 온 것" 같은 분위기였다. 기적처럼 전세는 역전되었고, 북군이 승리했다. 커피가 북군의 필수품이 되는 순간이었다.

전쟁이 끝나고 평범한 오하이오 출신 청년 매킨리의 커피 이야기는 미

매킨리 기념상

델라웨어주 윌밍턴에는 오하이오 보이 윌리엄 매킨리의 기념상이 있는데, 그의 커피 서빙 스토리
가 부조로 새겨져 있다. 커피 서빙으로 영웅이 된 매킨리는 미국의 제25대 대통령이 된다.

국의 교과서에 실렸고, 매킨리는 우리나라의 이승복 어린이처럼 하루아침에 전쟁 영웅이 되었다. 매킨리는 소령으로 예편하자마자 34세에 연방 하원의원에 당선되었고, 49세에는 오하이오 주지사에 당선되었다. 모든 선거에서 그는 앤티에탐 전투 커피 영웅이었다.

드디어 1896년 11월에 열린 대통령 선거에서 '커피 영웅 매킨리'를 외친 그가 동부 출신이 아닌 사람으로는 최초로 대통령에 당선되어 이듬해에 제25대 대통령에 취임하였다. 커피로 그는 영웅이 되었고, 대통령이 되었다. 대한제국이 선포된 해였다. 그는 대통령이 되자 이듬해인 1898년에 스페인과 전쟁을 해서 남으로는 쿠바를 점령하고, 서쪽으로는 하와이, 괌, 필리핀을 차례로 점령하였다. 미국이 캘리포니아를 지나 태평양을 건너 아시아를, 그들의 표현대로는 미개한 지역을 문명화시키기로, 실제로는 침략하기로 결정한 것이 커피대통령 매킨리였다. 그들의 침략을 미화하는 개척정신이라는 단어가 이때 생겨났다.

매킨리는 1900년 11월 선거에서 재선에 성공하였고, 이듬해인 1901년 3월 20세기 미국의 첫 대통령에 취임하였지만, 6개월 후인 그해 9월에 암살당하였다. 그를 이어 얼떨결에 대통령직을 계승한 사람이 부통령이었던 시어도어 루스벨트다. 매킨리가 아니었으면 대통령이 될 수 없었던 인물이 시어도어 루스벨트였다.

루스벨트는 자신의 친구이며 매킨리의 고향 친구이기도 했던 윌리엄 태프트(William Howard Taft)를 전쟁성 장관에 임명했다. 바로 '태프트-가쓰라 밀약'의 그 태프트다. 미국이 필리핀을, 일본이 조선을 식민지로 삼는 데 합의를 한 인물이 커피 대통령 매킨리의 친구이며, 매킨리의 후계자 루스벨트의 친구이기도 했던 태프트다. 매킨리, 루스벨트, 태프트의 우정이 만들어낸 합작품이 1905년 을사늑약이다.

전쟁성 장관이었던 태프트는 루스벨트의 지지 아래 1908년 11월 대통령 선거에 출마하여 당선되었고, 1909년 3월에 취임하였다. 태프트 대통령은 1910년 일본에 의한 조선 강제병합을 문명으로 가는 훌륭한 일이라며 지지하고 축하하였다. 당시 일본의 수상은 태프트-가쓰라 밀약의 주인공 가쓰라 타로桂太郎였다.

커피로 대통령이 된 링컨, 링컨이 촉발한 남북전쟁, 남북전쟁 참전과 커피 서빙으로 대통령이 된 매킨리, 매킨리의 자리를 이어받은 루스벨트, 루스벨트가 임명한 태프트 전쟁성 장관, 대통령이 된 태프트, 이들에 의해 조선은 망하고, 일본은 흥했다. 커피에서 시작된 이들이 굴린 역사의 수레바퀴에 조선은 치이고, 긁히고, 결국 넘어졌다. 커피에서 시작된 비극의 역사다.

공장 커피, 저급한 미국 커피 문화의 탄생

19세기 중반까지 커피는 생두 상태로 구입하든가, 아니면 생두를 구입한 소매업자가 소비자의 요구에 따라 로스팅하여 판매하는 식이었다. 카페든 가정이든 커피를 즐기려면 생두를 구입해서 직접 볶아야 했다. 장작을 태우는 난로 위에서 프라이팬에 볶든지, 모닥불 위에 냄비를 걸어놓고 볶든지 하는 방식이었다. 그런 다음에 볶은 원두를 갈아서 가루로 만들고, 물과 함께 끓인 후 따라 마시는 방식이었다. 커피콩을 볶는 일은 소비자의 몫이었지, 볶은 커피가 상점의 진열장에 놓여 있지는 않았다.

15세기 중반에 커피라는 음료가 탄생한 이후 400년 동안 이어져온 방식이었다. 그러다 보면 볶은 커피 상태가 일정하기 어려웠고, 완전히 타버린 생두나 부패한 생두 한 알만 섞여도 커피에서는 매우 거북한 쓴맛이나 곰팡이맛이 나곤 했다. 당시나 지금이나 커피를 만드는 전 과정 속에서 가장 어려운 것 중 하나가 로스팅, 즉 커피 볶는 일이었다. 그래도 가끔은 잘 볶아진 원두로 내린 최상의 커피를 만나는 즐거움 때문에 커피는 인기가 유지되어왔다.

이런 오랜 전통과 결별하고 공장에서 대량으로 커피를 볶는 업체가 등장한 것은 1840년대였다. 가정이나 카페에서 소규모로 하던 커피 볶는 일을 대형 공장에서 하기 시작한 것이다. 1830년대의 커피 가격 하락으로 촉발된 커피 소비의 급증과 미국의 공장형 산업화가 맞아떨어진 결과였다.

남북전쟁을 전후하여 커피 소비가 폭발적으로 증가하자 이를 기회로 여긴 발명가가 등장하였다. 자베즈 번스(Jabez Burns)였다. 그는 1826년 런던에서 태어났고, 1829년에 스코틀랜드 던디로 옮겨가 살다가 1844년에 뉴욕으로 이주하였다. 뉴욕에서 번스는 커피가게 운반기사를 시작하였는데 이것이 그의 커피로스터 발명의 출발점이 되었다. 1847년에 결혼한 그에게는 7명의 아들과 1명의 딸이 있었는데 1866년에 낳은 여섯째 아들 이름은 1년 전 암살당한 대통령 이름을 따라 에이브러햄 링컨, 1869년에 낳은 막내아들은 초대 대통령을 따라 조지 워싱턴으로 지었다. 이런 대단한 이름을 붙인 것은 자식들의 성공을 바라는 부모 마음 때문이었는데 이후 이들 두 아들이 미국 역사에 이름을 남기지는 못했다.

번스는 1860년부터 독창적인 대용량 로스터를 개발하여 수백 대를 판매하였다. 그가 자동배출 기능을 가진 대형 로스팅 기계를 발명하여 커피 산업에 혁명적 변화를 가져온 것이 1864년이었다. 남북전쟁 한복판이었던 이때, 전쟁을 할 사람은 전쟁을 하고, 커피를 볶을 사람은 커피 볶는 일에 열중이던 시절이었다. 번스가 개발한 것은 볶은 커피원두를 자동으로 밖으로 배출하여 식힐 수 있는 구조를 가진 혁신적 로스팅 기계였고, 이에 이어서 로스팅된 뜨거운 커피를 자동으로 식히는 기계와 자동 그라인더를 발명함으로써 커피의 대중화와 커피 산업의 발달에 초석을 놓았다. 그는 커피 로스팅 기계 관련 특허만 해도 여러 개를 출원하였다. 이런 번스의 노력으로 커피는 대량 가공이 가능한 상품으로 나아갈 수 있었다. 자베즈 번스는 1878년에 『스파이스 밀(Spice Mill)』이라는 잡지를 간행하였는데 이는 커피, 차, 향신료를 다룬 미국 최초의 전문 잡지였다.

번스에 이어 존 아버클(John Arbuckle, 1838~1912)이라는 마케팅의 귀재가 커피업계에 등장하여 돌풍을 일으켰다. 아버클은 1838년 피츠버그 근처의 알레게니 시티라는 작은 도시에서 태어났다. 그의 아버지도 번스와 마찬가지로 스코틀랜드에서 이주한 사업가로 주로 면직공장과 식품점을 운영하였다. 대학에 입학하였으나 큰 흥미를 느끼지 못한 존 아버클은 중퇴하고 남북전쟁이 끝나던 해인 1865년 동생 찰스 아버클(Charles Arbuckle)과 함께 식품점을 운영하며 커피를 팔았다. 번스의 등장 이후 이제 커피는 로스팅되어 큰 자루에 담겨서 식품점에 납품되고, 고객이 원하는 만큼씩 덜어서 파는 식으로 거래되고 있었다. 그런데 처음 개봉하였을 때는 신선하던 원두가 며칠 지나면 공기에 노출되면서 쉽게 변질되는 것이 문제였다. 이윤을 남기기 위해서 일부 식품점에서는 오래되지 않은 신선한 원두와 오래된 저급한 원두를 섞어서 팔기도 했다.

아버클 형제는 이 문제를 해결하였다. 그들은 커피를 볶은 후 균일한 품질의 커피를 일정한 무게의 개별화된 작은 포장용기에 담아서 등급화된 가격에 판매함으로써 자신들이 파는 커피 제품의 무게, 질, 가격을 보장하였다. 사업은 번창하였고, 아버클 형제는 상업의 중심지인 뉴욕의 브루클린으로 이주한 후 '아버클브라더스'라는 커피 회사를 차렸다. 손으로 하나하나 하던 포장 과정이 주는 불편함을 대신해줄 원두 자동 분류 및 포장 기계를 발명하면서 10배 빠른 속도로 포장된 커피 패키지 상품을 만들 수 있었다.

아버클 형제는 번스의 자동배출 및 냉각 기능을 지닌 로스팅 기계를 사들여서 커피생두를 볶을 때 달걀과 설탕물을 넣어 커피를 코팅하는 방법을 개발하여 특허를 냈다. 달걀 성분은 끓이는 과정에서 커피가루를 가라앉히는 역할을 하였고, 설탕은 커피에 단맛을 입혔다. 역시 특허를 낸 밀봉한 1파운드 패키지 포장 제품에 '아버클 아리오사 커피(Arbuckles' Ariosa Coffee)라는 브랜드명을 붙여 판매를 하였는데, 이 커피는 출시되자마자 선풍적인 인기를 끌었다. 특히 서부 카우보이들 사이에서 인기가 대단했는데, 1파운드짜리 원두 패키지 100개가 담긴 나무상자를 가득 실은 아리오사 마차가 서부를 휩쓸 정도였다. 카우보이들은 더 이상 모닥불을 피워 생두를 직접 볶는 일을 할 필요가 없어졌다. 아리오사 마차를 기다리기만 하면 커피를 맘대로 즐길 수 있게 된 것이다. 카우보이들은 '커피=아버클 아리오사'라고 생각했고, 이 상표 이외에는 커피에 대해 알지도 못했고 알 필요도 없었다. '아리오사 커피'라는 원래의 이름보다는 이 상표에 붙은 '카우보이 커피'라는 별명이 더 유명했을 정도였다.

카우보이가 있는 곳에는 늘 아리오사 커피가 있었다.

아버클 형제는 마케팅 역사에 또다시 한 획을 그었다. 마케팅의 귀재였던 아버클 형제가 역사상 처음으로 쿠폰이라는 것을 발행한 것이다. 커피봉투 뒤에 인쇄된 쿠폰을 붙였고, 이 쿠폰을 모으면 개수에 따라 손수건, 면도기, 가위, 심지어는 결혼반지까지 받을 수 있다는 광고를 하였고, 결과는 대성공이었다. 현재까지도 미국인들이 즐기는 쿠폰모으기 문화가 바로 아버클형제의 커피 판매에서 시작된 것이다. 여기에 그치지 않고 커피봉투에 스틱캔디를 넣기도 하였다. 판촉상품이었다. 이런 판촉 아이디어를 담은 광고는 아리오사의 폭발적 인기를 가져왔다. 표준화된 제품과 혁신적 광고로 아리오사 커피는 지역을 넘어 전국적으로 이름이 알려진 최초의 커피 브랜드가 되었다.

번스, 아버클에 이어 또 다른 커피 사업자가 등장하였다. 보스톤 출신의 케일럽 체이스(Caleb Chase)는 번스의 자동배출 로스팅 기계가 발명된 1864년에 커피 로스팅 사업을 시작하였고, 1878년에는 메인주 출신의 제임스 샌본(James Sanbon)과 함께 '체이스&샌본'이라는 커피 회사를 차렸다. 체이스&샌본은 커피의 신선도를 유지하기 위해 커피를 캔용기에 담아 밀봉하는 방법을 최초로 시도하였고, 이는 대성공을 이루었다. 또한 이 회사는 샘플 시음 과정을 거쳐서 커피를 판매한다는 광고로 기업 이미지를 높인 최초의 커피 회사이기도 하다.

19세기 후반에 마지막으로 나타난 커피 사업가는 제임스 폴거(James Folger)다. 향유고래잡이 가문에서 태어난 제임스 폴거는 골드러시를 따라 샌프란시스코로 이주하였다. 캘리포니아 금광 주변에서 광부들에게 커피를 팔아 마련한 자금을 밑천으로 J. A. 폴거&컴퍼니를 세웠고, 이

회사는 1870년대에 서부를 대표하는 커피 회사로 성장하였다.

19세기 후반 아버클, 체이스&샌본, 그리고 J. A. 폴거 등 미국을 대표하는 대형 커피 로스팅 및 판매 기업들이 등장한 것은 미국인들에게는 축복인 동시에 불행이었다. 균일한 품질의 커피를 싸고, 쉽게, 필요할 때 언제든 동네 식품점에 가서 구입할 수 있게 되었다는 것은 축복이었다. 그러나 자신들이 마시는 커피가 어느 나라에서 생산된 커피인지, 어떤 고유한 맛과 향을 지닌 커피인지를 모른 채, 비슷비슷하게 균일화된 커피를 판매회사의 이미지를 따라 마시게 된 것은 불행이었다. 커피를 마시기보다는 브랜드를 소비하는 미국식 문화의 등장이었다.

1869년 미국의 동부와 서부를 이어주는 횡단철도의 개통은 동부의 공장에서 생산된 물건을 서부로 쉽고 빠르고 싸게 옮겼고, 서부에서 거두어들인 많은 원재료들을 동부로 편리하게 실어 날랐다. 커피도 이 철도를 타고 동에서 서로, 서에서 동으로 편리하게 움직이는 것이 가능해졌고 이는 커피의 확산에 기름을 부었다. 철도를 건설하는 과정에서 밀려난 원주민들의 삶의 터전이나 사망한 쿨리(중국인 이민노동자) 2,000여 명의 생명이 존중받던 시대는 아니었다.

남북전쟁을 전후한 19세기 후반은 커피의 역사에서 미국이라는 소비 공룡이 등장한 시기라 할 수 있다. 이전 시기보다 저렴해진 커피 가격이 만들어낸 커피의 대중화 시기였고, 전쟁으로 인해 만들어진 커피에 대한 무조건적인 탐닉의 과정이었으며, 공장에서 만든 균일화된 커피에 익숙해져가는 탈미각화 과정이었다. 커피의 산지, 품종, 특징을 묻지도 따지지도 않고 마시는 저급한 미국식 커피 문화로 달려가는 시간이었다.

파괴자 커피녹병, 자바와 실론 커피의 소멸

19세기 커피 역사에서 가장 큰 사건은 나폴레옹도, 전쟁도, 브라질과 미국의 등장도 아니었다. 그것은 바로 '커피녹병'이라는 파괴자의 출현이었다. 커피나무에 닥친 일종의 팬데믹이었다.

커피가 인류의 음료로 등장한 15세기 중반부터 18세기 중엽까지는 예멘의 모카가 커피 생산과 공급을 독점하였다면, 이후 19세기 후반까지의 150년 동안은 자바와 실론 등 동인도 지역과 생도밍그(현재의 아이티) 등 서인도 지역이 세계 커피 시장을 좌지우지하였다. 특히 실론 커피와 자바 커피의 명성은 대단하였다. 자바 커피는 예멘 모카커피의 명성을 뛰어넘어 19세기 후반 즈음에는 최상급 커피의 대명사가 되어 있었다. 다른 커피에 비해 비싸게 거래되는 것은 당연하였다.

그런데 하루아침에 이들에게 감당할 수 없는 불행이 닥쳤다. 불행이 시작된 곳은 현재의 스리랑카인 실론섬이었다. 실론섬에는 15세기 후반에 세워진 캔디왕국(Kandy Kingdom)이 존속하고 있었다. 캔디왕국은 16세기 후반에는 유럽 제국들에 맞서는 실론 유일의 독립 왕국이었다. 400년 이상 유지되어오던 캔디왕국은 19세기 초반에 멸망하였다. 1815년 나폴레옹전쟁 중에 영국은 네덜란드가 지배하고 있던 실론섬의 해안 지역을 빼앗은 후 캔디왕조를 무너뜨리고 섬 전체를 점령하였다.

영국은 섬 어디에서나 볼 수 있있던 코끼리들을 제거하고 숲을 정리한 후 커피농장을 만들기 시작하였다. 문제는 노동력이었다. 그 해결책으로 영국은 인도의 남동해안 마드라스 지역에 거주하던 타밀족을 이주시켜 커피농장의 노동자로 삼았다. 스리랑카 현대사의 비극인 타밀 반군의 뿌리가 내려진 것이다. 끌려온 사람들이 영국 동인도회사에 빚을 많이 지고 있던 노동자들이었다는 점에서 이들은 노동자라기보다는 노예에 가까웠다. 이들은 빚을 갚기 위해 노동을 해야 했고 착취도 참아내야 했다. 20세기 초 하와이 사탕수수밭으로 이주하였던 조선인 이민자들이 겪었던 고통을 생각나게 하는 장면이다.

이들 타밀족의 값싼 노동력에 기반하여 반세기 정도 융성하던 실론 커피 산업이 하루아침에 무너지는 불행한 사태가 벌어졌다. 1869년 5월 실론섬의 남서쪽에 새로 문을 연 커피농장에서 새로운 종류의 병충해가 발생하였다. 커피나무 잎이 말라서 너무 일찍 떨어져버리지만 나무 자체가 죽지는 않는 현상이 나타났는데, 이로 인해 커피의 품질은 떨어지고 생산량 역시 급속히 저하되었다. 생산량이 서서히 감소하는 나무를 제거하고 새 나무를 심은 후 다시 생산을 시작하기까지 4~5년을 기다려야 하는 것은 커피농장 주인이나 소규모 커피농가 주민들에게는 결코 쉬운 일이 아니었다. 생산량이 급격하게 줄어드는 모습을 지켜봐야 하는 것은 가난한 농민들의 불행이었다.

커피나무 잎에 마치 녹이 생기는 것처럼 보이는 병(Coffee Leaf Rust)이라서 '커피녹병(CLR)'이라고 부르는 이 병은 1861년에 케냐의 빅토리아호수 주변 커피나무 숲에서 처음 발견된 후 주변 지역인 에티오피아, 우간다 등 아프리카 지역 커피나무 숲으로 순식간에 번졌다. 다행인 것은 당시 케냐와 에티오피아를 비롯한 아프리카 동부 지역은 본격적인 커피농장 지역이 없었고 오직 자생적으로 자라는 커피나무 숲에서 소규모의 채취 활동만 유지되고 있었다. 따라서 초기 아프리카 지역에서 발생한 커피녹병이 세계 커피 시장에 미치는 영향은 거의 없었다.

커피녹병

1861년 케냐에서 발견된 커피녹병은 1867년 실론, 1869년 인도, 1876년 수마트라, 1878년 자바 섬으로 번졌다. 동인도의 '유행적'이라 불릴 정도로 파괴적인 이 병충해로 인해 자바 커피로 상징 되던 동인도 지역 커피의 시장 점유율은 급감하였다.

그런데 6년 후인 1867년 당시 유명한 커피 생산지 중 하나였던 실론 지역에서 이 병충해 균이 발견되었다. 이 균이 어떻게 아프리카 동부에 서 인도양을 건너 실론섬에 이르렀는지는 전혀 알 수 없었다. 이 병충 해 균을 분석한 마이클 버클리(Michael J. Berkeley)와 크리스토퍼 불룸 (Christopher E. Bloome)은 1869년 이 병충해에 헤밀레이아 바스타트릭 스(Hemileia vastatrix)라는 명칭을 부여하였다. 바스타트릭스는 라틴어로 '파괴자'를 의미한다.

커피녹병은 1869년 인도 대륙에 퍼졌다. 병균 발견 초기에 많은 과학 자들은 약제 살포를 권하였지만 가난한 농민들은 이를 무시했다. 과학보다는 경험을 믿은 결과, 불과 4년이 지난 1873년경에는 실론과 인도 지역의 모든 커피농장들이 초토화되었다.

이 병은 1876년에는 인도네시아의 수마트라섬을 덮쳤고 1878년에는 자바섬 커피농장에 이르렀다. 미국의 잡지 『네이처(Nature)』는 1879년 10월 9일 자 기사에서 유행병이라는 용어에 빗대어 커피녹병을 동인도의 "유행적(Prevalent Enemy)"이라고 표현하였다. 이 적군에 의해 실론섬, 인도, 그리고 동남아시아 지역의 아라비카종 커피는 세계 커피 시장에서 사라졌다. 세계 커피 생산량의 30% 이상을 차지하던 점유량이 순식간에 5% 이하로 내려갔다.

과학자들이 이 병의 여러 치료법을 개발하고 제시하였지만 별 효과는 없었다. 마지막 해결책은 대체 작물로의 교체였다. 실론섬이 선택한 것은 차 재배였고, 이것이 실론티의 시작이 되었다. 반면 동남아시아 지역이 선택한 것은 병충해에 강한 로부스타종 커피 재배였다. 생산자들은 이렇게 위기에 대처하였다. 문제는 소비자들에게 닥쳤다. 생산량의 부족은 커피원두 가격의 상승을 가져왔고, 이는 커피 소비 가격의 인상으로 이어졌다. 커피 역사에서 또 하나의 전환기가 이렇게 시작되었다.

09

커피전쟁의 시대, 소비공룡 미국과 생산공룡 브라질의 싸움

높은 가격이 만든 제2차 커피 붐, 브라질과 미국의 상생

세계 커피 역사에서 1880년대부터 1930년 대공황 직전까지를 제2차 커피 붐이라고 부른다. 커피 소비가 폭발하고 이에 발맞춰 커피 생산과 무역도 획기적으로 증가한 시기였다. 제2차 커피 붐의 주인공은 미국과 브라질이었다.

1870년대까지 새로운 커피 소비 대국 미국과 새로운 커피 생산 대국 브라질 사이에는 큰 마찰이 없었다. 브라질은 생산량을 확대해 커피가 지속적으로 낮은 가격에 소비될 수 있도록 만들었고, 미국은 지속적으로 커피 소비량을 늘려 커피 가격의 하락을 막아주는 식으로 두 나라 사이의 공생 관세가 이어졌다. 1880년에 미국은 전 세계 커피 수입 물량의 3분의 1을 차지했고, 세기 말에 이르자 전 세계 커피 소비량의 절반을 차지하였다. 19세기 중반부터 시작된 브라질의 전 세계 커피 수출 물량은 1880년대에 50%를 넘어섰다. 커피의 역사에서 미국과 브라질 사이에 평화가 넘치던 시대였다.

이런 평화에 균열이 생긴 것은 녹병으로 인해 실론과 자바 커피가 붕괴하면서부터다. 실론 커피와 자바 커피의 초토화는 이 지역 커피 산업에 종사하는 사람들에게 비극이었을 뿐만 아니라 세계 커피 시장의 질서 또한 크게 흔들었다. 세계 커피 시장 질서에 영향을 미친 요인 중 또 하나는 초연결 시대로의 진입이었다. 1861년 영국과 프랑스 사이 도버 해협을 시작으로, 1866년에는 미국과 유럽 사이의 대서양을 횡단하는 해저 통신 케이블이 놓였다. 1년 전인 1865년에 링컨이 암살당한 소식이 런던에 전해지는 데는 15일이 걸렸지만, 이제는 미국의 커피 소비자 가격이 유럽에 거의 실시간으로 전해졌다. 19세기 후반에 이르자 전 세계 모든 지역이 해저 통신 케이블로 연결되었다. 세계 각지의 커피 생산과 소비, 유통 소식이 실시간으로 전파되었고, 새로운 정보 하나하나에 커피 시장이 요동쳤다. 실론, 인도, 자바의 커피 생산량 급감 소식이 커피 소비지인 유럽과 미국에 바로 전해졌고, 커피 가격은 빠른 속도로 상승하기 시작하였다. 특히 1882년에 문을 연 뉴욕 커피거래소의 커피 거래 가격 소식은 소비자들에게 즉각적으로 전해졌고, 지속적인 커피 가격 상승은 소비자들을 불안하게 만들었다.

아시아 커피 생산시장의 붕괴와 커피 소비지역에서의 가격 상승은 새로운 커피생산국 브라질에게는 기회였다. 남북전쟁 직후 미국의 커피 소비 증가에 맞추어 커피 생산량을 늘리고 있던 브라질이 최대 수혜국이 되었다. 최대 커피소비국 미국과 지리적으로 멀지 않다는 장점도 작용하였다. 동인도 커피 산업의 몰락과 생산자들의 불행은 서서히 그러나 폭발적으로 브라질과 중남미 커피 산업의 성장을 가져왔다. 19세기 후반 세계 커피 생산에서 브라질의 독점적 지위를 가능하게 했던 것은 1867년 실론섬에서 시작된 커피녹병의 확산과 커피농가의 불행이었다.

브라질에서는 1872년 왕정이 막을 내리고 공화국이 세워졌다. 이를 주도한 것은 상파울루주의 커피 재배업자들인 파울리스타(Paulistas)였다. 이들은 노예를 대신할 노동력으로 유럽에서 온 이민자 집단을 본격적으로 받아들이는 정책을 선택하였다. 유럽으로부터 건너온 사람들, 즉 콜로노(colono)라 불리는 이들은 임금을 받고 대형 커피농장에서 일을 하는 것으로 정착을 시작하였다. 작은 집과 땅을 받아 커피 재배를 시작한 이들이 곧 브라질 커피 산업의 중심으로 성장하였다. 19세기 후반부터 이탈리아, 포르투갈, 스페인에서 건너온 사람들이 무려 200만 명 이상에 달하였다. 브라질 커피농장주들이 이들 유럽 이민자를 선호하면서 노예들에 대한 처우는 더욱 나빠졌다. 이런 상황에서 이루어진 1888년 브라질 노예해방은 별 의미 없는 정치적 행위에 불과하였다.

커피 가격의 상승 분위기를 타고 1890년대 말까지 상파울루주에서만 커피나무가 5억 그루 이상 심어졌다. 커피 재배지는 상파울루 지역을 넘어 남쪽과 서쪽의 고지대와 오지로 확대되었다. 1870~1871년 평균 커피 생산량에서 브라질은 세계 생산량 660만 자루의 46.9%인 310만 자루를 차지하였고, 1900~1901년도에는 77.5%, 그리고 1901~1905년 사이에는 73%를 차지하였다. 사라져버린 아이티, 실론, 자바 커피를 브라질 커피가 완전히 대체하였다. 그야말로 브라질은 세계 커피 시장의 거인으로 성장하였다. 문제는 커피 의존도 심화에 따른 위기였다. 커피 가격의 하락은 곧바로 브라질 재정의 위기를 초래하게 되는 취약한 경제구조를 갖게 된 것이다. 커피 이외의 생활 농작물의 높은 해외 의존도 또한 문제였다. 19

세기에 만들어진 이런 구조적 문제는 20세기 내내 브라질을 괴롭혔다.

어찌 되었든 엄청난 양의 커피를 수출하는 항구 산토스(Santos)라는 이름이 세계적으로 유명해지기 시작하였다. 1867년에 문을 연 산토스항에서 출발하는 커피 운송용 철도, 커피 수출용 증기선의 등장은 폭발적으로 증가하는 브라질산 커피의 지역 간 이동을 쉽게 만들었다. 16~17세기에 모카, 18~19세기에 자바가 있었다면 20세기에는 산토스가 있었다. 물론 모카와 자바는 고급 커피의 대명사였지만 산토스는 저급한 커피의 대명사였다는 차이는 있다.

커피 가격의 상승에 편승한 브라질이 커피 재배 면적을 지속적으로 확대하였음에도 불구하고 커피 가격은 상승세를 멈추지 않았다. 1860년대 이후 커피 소비의 증가 속도가 생산의 확대 속도를 앞지르고 있었기 때문이다. 커피는 새로 심은 이후 수확까지 4~5년의 기다림이 필요한 것도 하나의 요인이었다. 1890년대 후반까지 커피생두 가격은 지속적으로 높은 상태를 유지하였고, 이는 최대의 커피 소비시장인 미국을 혼란에 빠뜨렸다. 브라질이 책정한 높은 커피 가격에 불만은 쌓였지만 커피 없는 일상은 상상도 할 수 없었다. 이미 커피는 미국의 음료가 되어 있었다. 커피 소비자 대표 미국과 커피 생산자 대표 브라질 사이의 커피전쟁은 이렇게 시작되었다.

석탄재와 벽돌가루 섞은 커피를 마시는 미국인

커피 가격은 올랐지만 커피 마시기를 포기할 수 없을 정도로 커피 사랑에 빠진 미국인들에게 1880년대는 힘든 시기였다. 브라질이 커피 재배 면적을 늘리는 등 노력을 기울이지 않은 것은 아니지만 커피 가격을 낮추려는 노력을 특별히 기울일 이유는 없었다. 브라질이 왕정에서 공화정으로 전환한 초기였고, 국가 재정에서 커피 수출이 차지하는 비중은 매우 컸다. 이런 상황에서 커피 판매 가격을 낮추었을 때 예상되는 세입 감소는 국가 경제의 위기를 초래할 가능성이 분명해 보였기 때문이다.

높은 커피 가격에 대응하는 미국 소비자들의 선택은 대용 커피였다. 커피와 비슷한 식물의 뿌리를 이용하는 방법이 가장 선호되었다. 대륙봉쇄령 시절 유럽인들이나 남북전쟁 때 미국 남부 사람들이 경험한 불행의 반복이었다. 민들레나 치커리 뿌리가 환영받았는데, 검은 색깔과 쓰름한 맛이 커피를 닮기는 하였지만 커피가 지닌 고유한 향미나 각성효과를 흉내 낼 수는 없었다.

대용 커피보다 조금 나은 방법은 커피에 이물질을 섞는 것이었다. 처음에는 검은콩, 치커리 뿌리, 민들레 뿌리 등을 섞었다. 그러다 점차 이상한 물질들이 커피에 섞이기 시작하였다. 왜냐하면 수요가 늘자 이런 대용 커피 재료들도 가격이 상승하여 이윤이 줄어들었기 때문이다. 이윤에 목숨을 거는 자본가들은 더욱 싼 물건들을 찾았으며, 갈수록 다양한 이물질들이 커피에 섞였다.

마크 펜더그라스트가 자신의 책 *Uncommon Grounds*(2010)에서 당시 커피가루에 섞었다고 밝힌 이물질에는 온갖 식물 종류가 망라되어 있다. 아몬드, 쇠귀나물, 아스파라거스 씨와 줄기, 매발톱나무 열매, 보리, 너도밤나무 열매, 근대 뿌리, 회양목 씨, 고사리, 구주콩, 당근, 병아리콩, 국화씨, 나무뿌리, 크랜베리, 건포도, 다리아 줄기, 민들레 뿌리, 대추야자 씨,

딱총나무 열매, 구스베리 열매, 산사나무 열매, 장미 열매, 감탕나무 열매, 예루살렘 돼지감자, 향나무 열매, 콜라나무 열매, 렌틸콩, 아마 씨, 루피너스 씨, 맥아, 메뚜기콩, 몽키넛, 멀베리, 방풍나무 뿌리, 완두콩 껍질, 호박 씨, 잔디 뿌리, 쌀, 마가목 열매, 순무, 사사프라스 껍질, 슬로나무 열매, 해바라기 씨, 살갈퀴 열매, 밀, 나무껍질 돌기 등이 커피에 섞였다.

식물은 그나마 애교 수준이었다. 구운 말의 간(baked horse liver), 석탄재(coal ashes), 개과자(dog biscuits), 해삼(gherkins), 모래(sand), 톱밥(sawdust), 벽돌가루(brick dust)까지 들어 있었다. 사용하고 남은 커피 찌꺼기 재사용쯤은 그야말로 문제가 되지 않을 정도였다. 돈이 되면 못 넣을 것이 없었다.

1884년 5월 3일 자 『뉴욕타임스』에 "모든 커피에 들어 있는 독(poison in every cup of coffee)"이라는 제목의 기사가 실렸다. 부제는 "대중을 속이려고 사용하는 위험한 착색제(Dangerous coloring matter used to deceive the public)"였다. 기사는 이 당시 미국의 세태를 잘 드러낸다. 5월 2일 건강성(Health Department)이 정한 '위생 감독관의 날(Sanitary Superintendent Day)'에 커피에 관한 조사 결과가 들어 있는 흥미로운 보고서 하나가 정부에 제출되었다. 보고서에 따르면 당시 미국의 생두(green coffee)는 위험한 물질로 착색되어 판매되고 있었다.

과테말라와 마라카이보(maracaibo, 베네수엘라 북쪽 도시)산 생두가 뉴욕 브루클린에 있는 두 개의 가공 공장에 보내졌고, 거기에서 착색 처리가 되는 것이었다. 인도네시아 정부가 인정한 고급 커피인 '가버먼트 자바(Goverment Java)'를 닮게 하려고 벌인 이런 사기 행각은 수년간 지속되어 왔다. 위생국 관리들은 사용된 착색제와 착색 처리된 생두 샘플을 수거하였는데, 착색제에서는 비소와 납 성분이 검출되었다. 이 외에도 시안화철 함유 청색 안료(Prussian Blue), 진흙과 실리카 혼합물인 황색 오크르(Yellow Ochre) 등이 검출되었다. 이 회사에서 공급하는 모든 커피원두는 착색된 생두로 만든 것이었다. 세밀한 분석 결과 이 회사의 원두로 내린 모든 커피는 악성 독극물인 비소산(arsenious acid)을 적지 않게 함유하고 있었다.

불투명한 회색빛이 도는 브라질 리우데자네이루 커피 또한 큰 회전 실린더에 넣고 세척한 후 광택을 내고 착색 과정을 거쳐 산뜻한 녹색 커피로 만들어졌다. 조사를 받은 이 공장 관계자들은 이런 물질들이 독성 물질인지 몰랐고, 설사 독성이 있어도 고열로 로스팅하는 과정에서 휘발되거나 파괴되어 없어졌을 것이라고 주장하였다.

커피를 즐기고 미국에 대한 자부심으로 가득 차 있던 미국인들의 마음에 상처를 내는 소식이었다. 더욱 놀라운 것은 범죄 결과의 처리였다. 건강성은 이 커피 제조 과정에 관련된 사람들에게 이런 일이 앞으로 계속 일어나면 안 된다는 것, 그리고 만일 계속된다면 체포하여 처벌할 것이라고 통고하였다. 이 정도 범죄로는 기업가가 처벌을 받지 않는 따뜻한 자본주의 사회였고, 대중을 속이려고 위험한 커피 착색제를 사용하다 걸려도 괜찮은 미국이었다.

1880년대 미국에서는 전기, 교통, 통신 혁명을 중심으로 한 제2차 산업혁명이 한창이었고, 고층 빌딩 숲을 의미하는 마천루(skyscraper)가 등장하였다. 미국인의 자부심이 마천루처럼 하늘을 찌르는 시대였으며, 소설가 마크 트웨인의 표현에 따르면 도금시대(gilded age)였다. 도금된 장식품처럼 불평등, 범죄, 착취 등 미국 사회의 모든 문제점이 경제성장이라는 겉치레에 가려진 시대였다.

커피와 커피를 섞다, 맥스웰하우스 탄생

커피가 인류의 음료로 등장한 이후 400년 동안 한 잔의 커피는 한 가지 원두를 이용해서 만드는 것이 상식이었다. 여러 가지 커피원두를 섞어서 커피를 만든다는 생각은 하지 못했다. 왜냐하면 한동안은 예멘 모카커피가, 그 다음에는 인도네시아 자바 커피가 최상의 커피였고, 나머지는 일반 커피였다. 이 최상의 커피와 싼 일반 커피를 섞는다는 것은 상상하기 어려운 일이었다.

이런 상식을 무너뜨린 것은 1880년대를 덮친 고급 커피의 실종과 높은 커피 가격이었다. 이에 대처하는 방법의 하나로 찾아낸 것이 비싼 커피와 싼 커피를 섞는 것이었다. 물론 가격은 섞은 커피원두 전체 가격의 평균이 아니라 평균 이상이었고, 당연히 수익은 증대되었다.

지금은 일반화된 커피원두 섞기, 즉 '블렌딩'이라는 방식을 찾아낸 사람은 식료품 회사 배달사원 조엘 오슬리 칙(Joel Owsley Cheek)이다. 켄터키주 출신인 칙은 대학 졸업 후 잠시 교사로 일했으나 곧 그만두고 식료품 도매 회사의 커피 배달사원으로 취직하였다. 그러던 어느 날 칙이 배달하는 커피를 납품받던 고객 중 한 명이 칙에게 "판매하는 커피원두 중에서 최고의 커피는 어느 것인지"를 물었다. 1870년대 당시 미국의 시골 지역에서는 고객이 커피생두를 구입하여 집에서 직접 로스팅하는 것이 일반적이었다. 커피마다 가지고 있는 특성이 달랐지만 이에 대해 잘 몰랐던 칙은 자연스럽게 가장 비싼 커피를 추천하였다.

커피를 잘 모르면서 비싼 커피를 최고 커피라고 추천한 칙의 마음은 미안함 반, 커피에 대한 호기심 반이었다. 그날 밤 칙은 자신이 배달하는 다양한 커피생두를 볶아서 맛보는 실험을 시작하였다. 이를 통해 가장 싼 커피원두 하나를 볶았을 때 제일 훌륭한 향을 낸다는 사실을 알아냈다. 다음 날 그는 자신에게 질문을 던졌던 그 고객을 찾아가 앞으로는 자신이 발견한 향이 좋은 싼 생두를 공급하겠다고 말했다.

이날 이후 칙은 다양한 커피생두로 실험을 계속하여, 어떤 커피는 바디감이 좋고, 어떤 커피는 산미가 좋으며, 또 어떤 커피는 향미나 아로마가 좋은지를 구분할 수 있는 최고의 전문가가 되었다. 1884년에 테네시주의 내슈빌로 이주한 그는 커피 배달 일을 계속하던 중, 일터에서 영국 출신의 커피 판매 상인인 로저 스미스(Roger N. Smith)를 만나게 된다. 스미스는 생두의 냄새만 맡고도 커피의 원산지가 어디인지를 알아맞히는 탁월한 능력을 지닌 사람이었다. 커피에 대한 열정으로 가득한 두 사람은 금방 친해졌고, 칙은 스미스의 도움을 받아 최고의 맛을 내는 원두의 조합을 찾는 일에 열중하였다. 칙은 8년이 지난 1892년에 드디어 완벽한 맛을 내는 블렌딩 방법을 찾아냈다. 저렴한 브라질 산토스산 커피를 베이스로 하고 여기에 두 종류의 중남미산 마일드 커피를 섞는 방식이었다.

칙이 자신이 만든 이 블렌딩 커피를 처음으로 공급한 곳이 테네시수 내슈빌에 있던 '맥스웰하우스'라는 호텔이었다. 자신이 만든 20파운드의 블렌딩 커피원두를 이 호텔의 커피숍 식재료 담당 바이어에게 무료로 제공하였다. 며칠 후 칙이 제공한 커피원두는 소진되었고, 호텔에서는 다

맥스웰하우스는 1920년대의 신문광고 붐을 타고 미국을 대표하는 커피기업으로 성장하였다. "Good to the last drop(마지막 한 방울까지 맛있는)"은 그때부터 지금까지 이 기업을 상징하는 광고 문구가 되었다.

시 원래 사용하던 커피원두를 사용하였다. 그러자 이 호텔 투숙객들과 커피숍 손님들로부터 불평이 쏟아졌다. 칙이 제공한 새 커피가 더 맛있는데 왜 이전 커피로 돌아갔느냐는 불평이었다. 결국 호텔에서는 칙이 제공한 블렌딩 원두를 사용하기로 독점 계약을 체결하였다. 칙의 블렌딩 커피의 인기는 더욱 높아졌고, 호텔은 '맥스웰하우스'라는 이름을 칙이 개발한 원두의 브랜드 명칭으로 사용하는 것을 허락하였다. '맥스웰하우스' 커피가 탄생한 것이다. 칙은 판매사원을 그만두고 내슈빌 커피(Nashville Coffee and Manufacturing Company)를 창업하였다. 물론 맥스웰하우스 커피가 이 회사의 주력 상품이었다.

맥스웰하우스는 400년 이상 당연한 것으로 여겨졌던, 그래서 누구도 의심하지 않았던 커피의 상식을 파괴함으로써 미국을 상징하는 커피 브랜드로 태어날 수 있었다. 실론과 자바 커피의 몰락이 가져온 고급 커피의 실종, 커피 맛의 저하, 그리고 커피 가격 상승이라는 소비자들의 불행 속에서 찾은 행운이었다. 19세기를 마감하는 해인 1900년에 칙은 친구 존 닐(John Neal)과 동업을 시작하며 회사 이름을 칙－닐커피(Cheek-Neal Coffee Company)로 변경하였다.

이후 수년간 맥스웰하우스 커피는 경쟁자가 없는 존경받는 브랜드 명칭이 되었다. 훗날 이 회사가 사용한 "마지막 한 방울까지 맛있는(Good to the last drop)"이라는 문구는 성공한 광고 카피의 상징이 되었다.

브라질의 길을 따르다, 중남미 커피의 등장

브라질의 성공은 중남미 주변 국가들에게 자극을 주기에 충분하였다. 브라질의 등장을 지켜보던 중남미 국가들이 하나둘 커피 생산에 본격적으로 참여하기 시작하였다. 가장 브라질을 닮은 선택을 한 국가는 과테말라였다. 과테말라에 커피나무가 처음 심어진 것은 스페인 지배하에 있던 18세기 중엽이다. 당시 과테말라 산업의 중심은 코치닐(Cochineal)이라는 작은 벌레에서 채취하는 염료의 생산과 수출이었다. 그러나 1856년 합성 아닐린 염료가 발명된 후 코치닐은 수요가 사라졌다. 생존을 위해 변화가 필요하였다. 커피가 목화, 사탕수수와 함께 새로운 작물로 선택되었지만 수출이 어려워 크게 도움이 되지 못했다.

큰 변화가 시작된 것은 1873년 등장한 후스토 루피노 바리오스(Justo Rufino Barrios) 정권 때였다. 과테말라 서부의 태평양 연안 산악지대에서 커피 재배로 큰 부를 축적한 바리오스의 등장으로 커피 산업은 급격하게 성장하기 시작하였다. 1873년부터 1895년 사이에 커피 생산량이 5배 가까이 증가하였다. 문제는 생산방법이 반농민적·친자본적이라는 점이다. 사유재산 개념이 부족하던 농민들의 땅을 국유화한 후 커피 재배를 희망하는 자본가들에게 판매하는 방식이었다. 땅을 잃은 농민들은 자신이 경작하던 땅에서 노예처럼 일하든지 산악지대로 숨어들어 반군이 되었다. 노동에 혹사당해 죽든지 반군 대학살의 희생자가 되든지, 그들의 선택이 무엇이든 마지막엔 비참한 종말이 기다리고 있었다.

부족한 노동력을 채우는 길은 외국으로부터 이민자를 받아들이는 것이었다. 마침 비스마르크의 군국주의적 통치를 피해 해외 이주를 꿈꾸던 다수의 독일인들에게 과테말라는 꽤 좋은 정착지였다. 과테말라 정부는 이민자들이 정착 초기에 토지를 얻는 데 편의를 제공하였고, 소득에 대해서는 세금을 감면해주는 등의 혜택을 주었다. 이런 정책을 등에 업고 독일 이주자들은 빠른 속도로 과테말라의 커피농장을 접수해갔다.

브라질과 달리 과테말라에서 커피를 수확하여 가공하는 데는 상당한 자본이 필요하였다. 수확하는 방식도 브라질에서처럼 가지에 붙은 커피체리를 구분 없이 훑는 스트립피킹이 아니라 익은 체리만을 하나하나 골라서 따는 핸드피킹을 사용했다. 당연히 더 많은 노동력이 필요한 방식이었다. 핸드피킹으로 수확한 잘 익은 커피체리를 기계에 넣고 돌려 씨앗을 싸고 있는 과육을 제거한 후, 일정 시간 물에 담가 점액질을 제거하는 동시에 알맞은 수준의 발효를 유도하였다. 그리고 마지막 과정으로 햇빛을 이용하거나 기계를 사용하여 건조하였다. 건조된 커피생두 중 상처가 났거나 곰팡이가 핀 결점두들은 다시 골라냈다. 이처럼 모든 공정에서 기계를 이용하거나 많은 노동력을 투입해야 하는 만큼 생산과 가공에 적지 않은 자본이 필요한 가공법인 습식법을 통해 커피원두를 생산해냈다. 노동력은 여성이나 어린아이들을 활용하는 것으로 극복 가능했지만, 기계를 구입하는 것은 자본 없이는 불가능한 일이었다. 따라서 토착농민들은 점차 자본에 예속될 수밖에 없었다.

습식법으로 가공한 커피는 생두 상태가 깨끗할 뿐 아니라, 이 생두를 볶아서 내린 커피에서는 깔끔한 산미와 풍부한 향미가 느껴졌다. 1880년대에 세계 커피 시장을 장악하고 있던 브라질 커피와는 완전히 다른 품질의 커피였다. 과테말라 커피 생산과 수출을 주도한 것은 독일계 자본, 이들과 결탁한 스페인계 토착 지주들, 그리고 정부 관료들이었다. 토착농민들은 외국 자본에 의존하여 움직이는 대규모 커피농장에서 노예와 다름없는 삶을 살아야 했다.

중앙아메리카의 여러 나라들은 과테말라와 비슷한 과정으로 커피 산업을 발전시켰고, 결과 또한 유사하였다. 1880년대 전후로 자유주의 정권을 맞았던 멕시코의 경우, 독일이 아니라 이웃한 미국의 자본을 끌어들였다. 커피 산업은 미국 자본에 예속되었고, 현지인들은 낮은 수준의 임금노동자 신세로 전락하였다.

가장 비극적인 커피 생산 체제를 수립한 나라는 과테말라 남쪽의 엘살바도르였다. 엘살바도르에서는 국가에 의한 토지 강제 접수와 헐값 매각, 이를 이용한 권력자 측근 세력들의 커피농장 독점이 이루어졌다. 문제는 잦은 쿠데타로 인한 지배 세력의 교체였다. 지배 세력의 잦은 교체, 이에 따른 살상과 혼란의 반복은 엘살바도르 원주민들에게 평화로운 삶을 허용하지 않았다. 커피농장을 배경으로 시작된 이런 비극적인 역사는 엘살바도르 현대사에서 비슷한 패턴으로 수없이 반복되었다.

물론 모든 커피농장이 착취만을 일삼았다고 할 수는 없다. 지역에 따라 농장에 따라 차이는 있었다. 그럼에도 불구하고 숨길 수 없는 사실은 다수의 커피농장은 정권이나 외국 자본과 유착하여 원주민 출신 노동자들을 착취하였다는 점이다. 오랫동안 유지해 오던 공동체 중심의 생활 양식을 해체시키고, 모든 토지와 물질의 사유화를 촉진하였다. 임금노동이라는 낯선 제도가 동원되었고, 이것은 새로 탄생한 나라의 법으로 강제되었다.

결국 소수의 자본가를 위해 다수의 노동자가 희생해야 하는 시스템이 탄생하였다. 엘살바도르를 비롯한 많은 중남미 커피농장에서 착취를 상징하는 제도의 하나로 등장한 것이 '커피토큰'이다. 1808년에서 1826년 사이에 진행된 중남미 여러 나라의 독립 이후 많은 지역에서는 국가 단위의 새로운 화폐가 등장하였지만 완전한 신용을 얻지는 못한 상태였다. 국가권력에 대한 불신은 화폐에 대한 불신을 가져왔다.

이런 불안 속에 등장한 것이 '커피토큰'이다. 아시엔다(Hacienda) 혹은 핀카(Finca)라 불리던 커피농장에서 농장주의 필요에 따라 만들어 사용한 일종의 지역 화폐였다. 커피농장주들이 국가의 화폐가 아닌 독자적인 토큰을 발행하였는데, 각 농장의 토큰은 다른 농장에서는 사용할 수 없었다. 노동자들은 농장의 주인이 만들어놓은 농장 상점에서 토큰으로만 생활에 필요한 물품을 구입할 수 있었다. 토큰을 사용할 수 있는 곳이 토큰

커피토큰
19세기 후반 중남미 지역의 커피농장에서는 노동자들을 저임금의 굴레 속에 가두기 위한 방법의
하나로 농장 화폐인 커피토큰을 발행하는 것이 유행하였다.

을 발행한 농장으로 제한됨으로써 노동자들을 농장에 묶어두는 효과를
얻을 수 있었다. 농장주는 화폐를 발행하고, 자신이 발행한 화폐로 노동
력을 사고, 자신이 정한 가격에 생활필수품을 팔 수 있었다. 수요와 공급
의 원리가 아니라 농장주의 손바닥 안에서 경제가 움직였다. 토큰의 교
환 가치와 노동의 가치, 생필품 가격을 오로지 농장주만이 정할 수 있었
다. 노동자들의 삶이나 복지를 우선하는 농장주라면 농장은 천국일 수
있지만, 반대라면 노동력은 착취되고 지옥이 만들어질 수밖에 없는 구조
였다. 교통이 발달하지 않은 상태에서 다른 농장으로의 이주가 현실적으
로 어려웠고, 토큰 시스템이 갖는 폐쇄성으로 노동자들은 소속된 농장에
매인 삶을 살아야 했다.

　국민국가의 탄생이 늦었던 유럽 지역에서는 17~18세기 많은 지역에서
토큰 형식의 지역 화폐가 유행했다. 특히 영국에서는 다양한 토큰이 등
장하였다. 커피하우스에서 발행하는 토큰도 있었다. 물론 커피하우스 출

입을 편리하게 하기 위한 목적의 토큰이었다. 19세기 후반 영국이 지배하던 실론의 커피농장, 차 농장에서 발행한 토큰은 중남미 지역 커피농장에서와 유사한 목적, 즉 임금노동자들을 억압하고 착취하기 위한 목적으로 만들어졌다.

엘살바도르 남쪽에 위치한 니카라과의 커피 재배는 이웃 국가들에 비해 늦은 편이었다. 1860년대에 시작하여 점차 생산지역이 확대되었지만 불안한 정세로 인해 커피농장 어디에도 평화는 없었다. 커피농장 주변에서는 늘 저항과 박해로 인한 혼란이 끊이지 않았다.

1881년 8월 18일 이른 아침에 3,000명가량의 니카라과 중서부 지역 원주민들이 활과 화살, 단총을 들고 강제노동 폐지를 요구하며 인근 도시 마타갈파(Matagalpa)로 몰려왔다. "우리는 더 이상 가혹한 채찍을 견딜 수 없다. 우리는 더 이상 당신들에게 단 한 사람도 헛된 일을 하러 보낼 수 없다. 농장주들이 우리를 노예로 보며, 우리에게 멍에를 씌우려고 한다. 이제 우리는 더 이상 참지 않을 것이다." 밤이 되자 이들의 규모는 더 커졌다. 이들 원주민은 3일 동안 도시를 지배했다. 니카라과 19세기 역사에서 가장 치열했던 원주민 봉기이지만 잊힌 전쟁이다.

1857년에 시작된 30년 보수정권의 마지막 단계에서 발생한 이 사건은 원주민 토지를 강제로 수용하여 대규모 커피농장 체제로 나아가는 출발점이 되었다. 이 봉기를 야기한 것은 바로 직전인 3월에 공포한 전통적 농촌공동체의 해체와 토지 사유화를 규정한 새로운 법이었다. 이 법과 함께 커피농장 운영을 위한 노동력의 강제 동원 정책도 발표되었다. 원주민들에게는 두 가지 길만이 주어졌다. 땅을 잃고 대규모 커피농장에서 강제노동 수준의 임금노동자로 시달리며 살아가든지, 아니면 어디론가 사라지는 길 이외에는 없었다.

정부는 봉기에 참가한 원주민들을 무자비하게 진압하였다. 500명 이상의 원주민이 진압 과정에서 죽었고 그 이상이 진압 이후의 박해로 인해 죽었다. 이 봉기 이후에도 크고 작은 봉기가 일어나고 진압되는 역사가 반복되면서 5,000명 이상의 원주민이 전투에서 죽었고, 수없이 많은 사람이 실종되었다. 이 봉기는 식민지 지배자들에 이어 나라를 통치하던 권력자들에게 원주민 탄압의 구실을 제공하였다. 서구 문명을 전승한 권력자들은 '문명화'라는 명분 아래 '야만인'들을 제거하는 사명을 과감하고 자신 있게 추진하였다. 이런 비극적 진압에 반대하는 기독교 선교단체도 있었지만 모두 추방되었다.

중남미 지역에서 이루어진 원주민들에 대한 무차별적 폭력, 강제노동에 가까운 노동 착취의 결과물이 1880년대의 커피 생산 붐이었다. 20세기에 커피 산업을 본격화한 온두라스, 파나마 등 몇몇 예외적인 지역도 존재했다.

중남미 지역 전체 커피 역사를 보면 커피 산업의 성장 과정에서 폭력, 혼란, 착취 등 부정적인 모습이 비교적 적게 나타난 국가는 코스타리카뿐이었다. 코스타리카에 커피나무가 처음 심어진 것은 1779년이었고, 칠레를 비롯한 이웃 국가들로의 첫 수출은 1820년에 시작되었다. 재배가 본격적으로 확대된 것은 최대 커피 소비시장인 미국으로 수출하기 시작한 1860년부터였다. 이웃 중남미 국가들과 달리 인구가 적은 코스타리카는 비교적 정치가 안정적이었던 덕분에 소규모 농장 중심의 커피 재배가 지속될 수 있었다. 커피 재배를 희망하는 농민들에게 땅을 무상으로 나누어줄 정도로 코스타리카 정부의 평등주의적 의지가 강했다. 이런 정치·사회적 환경, 그리고 커피 재배에 적합한 토지 및 기후 덕분에 코스타리카에서는 외국 자본의 도움 없이 커피 산업이 성장할 수 있었다. 물론 적은 자본으로 추진하는 커피 산업이어서 속도는 매우 느렸다. 자본가들이 운영하는 커피 가공 공장과의 작은 마찰 또한 없었던 것은 아니지만 주변 국가들에 비하면 미약한 정도였고, 극복 가능한 수준이었다. 세계적으로 커피 소비가 크게 증가한 1880년대 들어 코스타리카의 커피 생산도 폭발적으로 늘어났다. 대부분의 커피는 여전히 작은 규모의 다수 커피농장에서 생산되고 있었다. 이는 지금까지 유지되고 있는 코스타리카 커피 생산 체제의 특징이다.

현재 중남미 지역에서 커피를 생산하는 나라는 16개국에 이른다. 이 국가들이 세계 커피 생산량의 60% 이상을 담당하고 있다. 이 가운데 국가 재정의 상당 부분을 커피 수출에 의존하고 있는 나라도 적지 않다. 커피 생산에 종사하고 있는 수천만 명의 이 지역 노동자들이 흘리는 땀 덕분에 세계인들은 적절한 가격에 커피를 즐기고 있다.

라틴아메리카 지역에서 커피 산업이 성장하는 과정에서 피해를 입은 것은 소규모 커피농가나 농민들만은 아니다. 커피 산업에 대한 의존도가 큰 여러 나라에서 커피농장을 확대하기 위해 숲을 개간하고, 커피를 실어 나를 도로를 만들기 위해 삼림을 망가뜨리고, 커피 생산량을 늘리기 위해 살충제와 비료를 남용하여 토양과 수질을 오염시켰다. 이런 자연 파괴는 이 지역에 사는 사람과 동식물뿐 아니라 지구의 생존 자체를 위협하고 있다. 커피와 자연환경, 어느 하나도 포기할 수 없다는 것이 아픈 현실이다.

고향 아프리카로 회귀한 커피나무

동물의 귀소본능처럼 1880년대에 시작된 제2차 커피 붐을 타고 커피 나무는 출생지 아프리카로 옮겨 심어지기 시작하였다. 아프리카인들 스스로 옮겨 심은 것이 아니라 서구인들의 자본주의적 욕망과 종교적 사명에 따른 이식이었다.

아라비카종 커피나무의 고향인 에티오피아의 커피 산업은 20세기 이전에는 의외로 부진하였다. 19세기 초반 제1차 커피 붐 시기에 에티오피아(당시는 아비시니아)는 커피 생산지로서의 이미지는 거의 없었다. 제2차 커피 붐이 일어난 1880년대에도 커피 생산은 오직 동쪽의 하라 지역 중심으로 이루어지고 있었으며 연간 생산량은 불과 50~60톤에 불과할 정도로 미미하였다.

『지옥에서 보낸 한 철』이란 시집으로 유명한 프랑스의 초현실주의 시인 아르튀르 랭보(1854~1891)가 당시 이 지역에 거주하며 하라 커피를 즐겼다. 랭보가 모카항을 통해 하라 커피를 프랑스에 수출한 것도 바로 이 시기였다. 물론 수출량은 매우 적었다. '바람구두 신은 사내' 랭보는 1891년 아디스아바바에서 생활하던 중 관절염을 얻었고, 커피가 유럽으로 들어가던 경로 그대로 모카와 알렉산드리아를 거쳐 마르세유에 도착하였다. 그곳에서 그는 짧은 생을 마감하였다.

유럽에 커피가 처음 수출되었던 17세기에도 그랬지만 19세기 말까지도 하라 커피는 여전히 모카커피로 포장되어 수출되었을 뿐 본연의 커피 정체성을 확보하지 못하고 있었다. 그러던 중 1901년 선교사들이 인도양의 레위니옹섬(부르봉섬) 커피와 카리브해 자메이카 블루마운틴 커피

커피를 사랑한 시인 랭보
프랑스가 사랑하는 초현실주의 시인
랭보는 1880년대에 에티오피아의 하
라에서 생활하며 커피를 즐겼다. 랭보
가 에티오피아에 거주하던 당시 커피
생산지는 하라가 유일하였다. 이 사진
은 1883년 하라에서 찍은 것이다.

를 에티오피아에 심기 시작했다. 1907년경에 상업적 커피 생산이 시작
은 되었지만 에티오피아가 본격적으로 세계 커피 시장에 진입한 것은 제
2차 커피 붐의 마지막 시기인 1920년대에 들어서였다. 나라 이름은 아직
도 에티오피아가 아니라 아비시니아(Abyssinia)였다. 유럽인 누구도 아비
시니아가 커피 생산 국가인지를 모르던 시절이다.

   에티오피아의 이웃 국가인 케냐에서는 19세기 후반까지 커피가 재배
되지 않았다. 케냐에 커피가 처음으로 이식된 것은 19세기 후반으로, 정
확한 이식 시기를 특정하기는 어렵다. 프랑스 천주교 신부들이 1893년에
레위니옹섬으로부터 부르봉종 커피를 옮겨 심었다는 주장, 혹은 영국인
들이 1900년 즈음에 옮겨 심었다는 주장 등이 있다. 열악한 내수시장과

농업 기술의 부족 등으로 인해 20세기 초반 내내 케냐 커피는 세계시장에 진출하지 못하였다. 케냐 커피 산업이 융성하면서 세계시장에 등장한 것은 1930년대에 이르러서다. 아프리카 로부스타종 커피 생산의 거인 우간다에 커피가 처음으로 심어진 것도 19세기 말과 20세기 초반 어디쯤이다.

1880년대 들어 아프리카에서 커피를 생산하는 데 관심이 컸던 나라는 독일이다. 1871년에 통일된 근대국가로 출범한 독일은 가장 뒤늦게 식민지 경영에 뛰어들었고, 커피 플랜테이션 경영을 위해 아프리카 동부, 정확하게는 커피 농업에 유리한 환경을 지닌 탄자니아를 대상으로 삼았다. 자본을 모아 대규모 커피 플랜테이션 농장을 만들고, 철도를 놓아 내륙 생산지에서 항구로의 커피 수송도 준비하였다. 아프리카 현지인들에게 임금노동의 가치를 알려주고, 커피농장의 노동자로 고용하였다. 1892년에 시작하여 1898년까지 독일은 이와 같은 노력을 다했으나 결국 실패하였다. 독일이 커피를 생산하기 시작할 즈음, 즉 1895년을 고비로 세계시장에서 커피 거래 가격이 하락하면서 독일의 커피 시장 진입이 어려워졌기 때문이다. 가격경쟁력에서 브라질 커피를 이길 수 없는 데다 임금노동의 가치를 모르는 현지 노동자들의 예측 불가능한 노동 자세와 이로 인한 낮은 생산성도 실패의 배경으로 작용하였다. 결국 독일은 큰 손실을 입은 채 동부 아프리카에서 커피 플랜테이션을 포기해야 했다.

20세기 초 유럽과 북아메리카를 넘어 지구촌 구석구석으로 번지기 시작한 커피 소비의 확대는 커피나무의 고향인 아프리카 동부 지역에서의 커피 재배를 촉발하였다. 에티오피아에서 출발한 커피나무가 예멘, 인도양, 인도, 자바, 카리브해, 중남미를 거쳐 다시 아프리카로 돌아온 것이다.

그러나 아프리카 커피가 경쟁하기에는 브라질, 중앙아메리카, 카리브해, 동남아시아 커피 생산 국가들의 경쟁력이 너무나 커져 있었다.

이렇듯 1880년대의 제2차 커피 붐 시기에도 아프리카 커피는 아직 아프리카 대륙을 벗어나지 못하고 있었다. 제2차 커피 붐 50년을 주도한 것은 브라질이었으며, 몇몇 중남미 국가들이 생산하기 시작한 마일드 커피의 도전이 미미하게 시작되었을 뿐이다. 20세기 초 세계 커피 생산 국가 지도에 아프리카는 없었다.

10

커피가 맞서 싸운 적들:
가격 폭락, 대용식품, 유해론, 찌꺼기

커피 가격 전쟁, 브라질을 지지한 미국인 커피 왕

1880년대에 시작된 커피 소비의 증가와 커피 가격 상승은 1890년대 후반까지 이어졌다. 공급 측면에서 보면 1880년대에 번진 커피녹병으로 인해 자바와 실론 커피가 사라진 자리를 새로운 '공룡' 브라질이 순식간에 차지해버렸다. 그리고 과테말라, 엘살바도르, 멕시코 등이 마일드 커피 생산에 나서면서 커피 생산량은 증가하고 있었다. 그런데 소비도 폭발하였다. 유럽과 미국이 산업화에 성공하면서 경제적 여유를 누리게 되자 기호품인 커피의 소비도 늘었다. 결국 소비의 확대가 생산의 증가를 앞섰다.

소비의 확대로 1895년 즈음에는 뉴욕 커피거래소에서 커피 도매가가 잠시 파운드당 14~18센트에 형성되었는데, 이는 사상 최고 수준이었다. 실시간으로 이런 정보를 접한 브라질을 비롯한 중남미 사람들은 앞다투어 커피나무를 심기 시작했다. 이때 심은 커피나무들이 4~5년을 지나 20

세기 시작 무렵부터 커피체리를 맺기 시작하였다. 파운드당 18센트까지 오른 커피 가격을 감당해야 했던 미국 소비자들에게 20세기 초반의 커피 생산 붐은 큰 축복이었다. 시어도어 루스벨트가 대통령에 취임하던 1901년에 세계 커피 생산량은 2,000만 자루(120만 톤)에 달했다. 이 중 70% 이상이 브라질에서, 나머지는 카리브해, 그리고 이제 막 생산을 시작한 몇몇 중남미 국가들에서 생산된 것이었다. 자바를 비롯한 동남아시아의 커피 생산은 거의 멈춘 상태였다. 생산이 확대되면서 전 세계의 커피 재고량도 나날이 늘어갔다. 1901년의 재고량이 1,130만 자루였고, 여기에 신규 생산량을 더하면 3,130만 자루나 되었다. 이는 전 세계 연간 커피 소비량의 두 배에 이르는 엄청난 양이었다.

브라질 커피 생산량의 폭증 소식은 세계 모든 커피 거래 시장에서 가격 폭락을 불러왔다. 1901년에는 뉴욕 커피거래소에서 생두 1파운드당 거래 가격이 6센트로 하락하였다. 낮은 커피 가격은 소비 국가에는 행복이지만 생산 국가에는 비극이었다.

19세기에서 20세기로 넘어가는 세기의 전환기에 인류가 경험한 커피 가격 폭등과 폭락은 한 번으로 끝나지 않았다. 이후 약 10년을 주기로 커피값이 폭락과 폭등을 반복하는 이른바 '붐 앤 버스트 사이클(Boom and Bust Cycle)'의 시작이었을 뿐이다. 커피 가격 불안이 소비자와 생산자 모두에게 가져올 불안감을 방지하기 위해 커피 생산국과 소비국 대표들이 참가하는 최초의 국제커피회의가 1902년에 뉴욕에서 열렸지만 양측 모두를 만족시키는 합의안을 도출하는 데에는 실패하였다. 낮은 가격을 원하는 미국과 유럽 국가들, 적정가격을 원하는 생산국 모두를 만족시키는 대안은 없었다.

높은 커피 가격으로 고통을 겪어본 적 있는 미국에게 자발적 가격 인상을 기대할 수는 없었다. 결국 브라질 정부는 1903년에 커피 생산 억제 정책을 발표하였다. 커피농장을 새로 일구면 에이커(약1,224평)당 180달러의 세금을 부과하기로 한 것이다. 중앙정부의 통제력이 강하지 않던 때에 이런 조치가 효과를 발휘할 리 없었다.

브라질과 미국이 커피 가격을 놓고 갈등을 보이던 때 등장한 인물이 헤르만 질켄(Hermann Sielcken)이다. 함부르크 출신인 질켄은 1868년 열여덟 어린 나이에 브라질로 이민을 떠났다. 커피 바이어로 일하던 그는 코스타리카를 거쳐 샌프란시스코에 정착한 후 미국 시민권을 얻었다. 이후 커피 무역으로 크게 성공하였고, 세상 사람들은 그를 '커피 왕(coffee king)'이라고 불렀다.

커피 가격의 낙폭이 커지고 브라질 생산자들의 고통이 심해지자 질켄은 독일과 영국의 은행, 그리고 브라질의 커피 무역상들로 신디케이트(syndicate, 공동판매 카르텔)를 구성하였다. 이 신디케이트는 브라질 정부와 협력하여 일정한 가격에 커피생두를 대량으로 구매하였고, 이를 일정 기간 비축하였다. 우리나라에서 오래전부터 시행해온 양곡 수매제도와 비슷하였다.

브라질 정부와 신디케이트가 공동으로 구매한 커피생두가 세계 여러 나라의 창고에 쌓이기 시작하였다. 커피 출하량과 재고량 통제를 통해 커피의 가격을 일정한 수준으로 유지하려는 시도였다. 이런 노력이 효과를 발휘하여 1910년부터 커피 가격은 조금씩 상승하기 시작했다. 그러나 이러한 상황에 불만도 터져 나왔다. 전 세계 커피 소비량의 절반가량을 소비하고 브라질 커피 수확량의 80% 이상을 소비하던 미국 시민들이

들고 일어섰다. 가격 하락에는 무심했으나 가격 상승에는 민감했던 것이다. 이 같은 여론을 빙계로 미국 정부가 질켄을 청문회에 세웠다. 청문회에 선 질켄은 이러한 미국 정부의 태도를 신랄하게 비판하였다.

> 나는 미국이 다른 나라의 행동 하나하나에 비판하고 간섭하는 것이 옳은 일인지 묻고 싶습니다. 우리나라가 남미에서 면직물 판매를 하고 있는데, 브라질 정부가 '우리가 조사를 좀 해야겠다'라고 말한다면 어떨지 생각해보십시오. 그런 식으로 행동하는 외국 정부나 정당이 있었다면 아마도 우리 미국은 이 나라에서 그들을 내쫓아버렸을 것입니다.

질켄은 "미국인들이 자신들의 물건은 최고의 값에 팔면서 남의 나라 물건은 최저 가격에 사는 것을 당연시"하면서, 반대로 "다른 나라가 이런 불합리한 거래에서 자국을 보호하려고 하면 그것이 마치 어떤 음모라도 되는 것처럼 공격하는 것"에 동의할 수 없다고 주장하였다.

질켄이 미국 시민이라는 점이 미국 정치인들을 더욱 화나게 만들었고, 미국 법무부장관 조지 위커샴(George Wickersham)이 질켄을 기소하면서 소송이 진행되었다. 소송이 시작된 1912년에 미국의 대통령은 윌리엄 태프트(William H. Taft)였다. 조선의 주권을 일본에 넘기기로 합의한 '태프트-가쓰라 밀약'의 미국 측 당사자로서 1905년 7월 일본 수상 가쓰라 타로와 회담을 하던 당시에는 전쟁성 장관이었고, 1909년에 시어도어 루스벨트에 이어 미국의 제27대 대통령으로 취임한 인물이다.

1913년 대통령 선거에서 공화당 후보 루스벨트와 태프트의 단일화 실패로 민주당 출신 우드로 윌슨이 어부지리로 대통령에 당선되었다. 1913

년 4월 법무부장관에 임명된 맥레이놀즈(James McReynolds)는 질켄에 대한 소송을 취하함으로써 미국과 브라질 간 커피 소송은 막을 내렸다.

이후에도 브라질 정부는 구매제도를 활용한 가격 안정 정책을 몇 차례 더 시도하였다. 1910년대 중반에 이르러 커피 가격이 안정되자 브라질의 커피 재배가 다시 활발해졌다. 브라질만이 아니라 중남미의 많은 국가들이 커피 재배에 적극적으로 참여하였다. 이때 심은 커피나무에서 본격적인 생산이 시작된 1920년대 초반에 커피 가격은 다시 하락하였다. 이렇게 붐 앤 버스트 사이클을 반복하면서 세계 커피 시장에서 브라질의 영향력은 차츰 약화되었다.

미국의 20세기 첫 전쟁은 커피 가격을 놓고 브라질과 벌인 커피전쟁이었다. 미국과 브라질이 총을 겨누는 전쟁을 한 역사가 없음에도 불구하고 불편한 관계를 지속해온 이유는 커피에 있었다.

성욕 억제제와 싸운 커피

존 켈로그(John H. Kellogg, 1852~1943)는 미국인의 아침 식탁을 점령한 시리얼 콘푸레이크를 개발한 인물이다. 1852년 2월 26일 미시간주의 타이론이라는 소도시에서 태어난 그는 인근 배틀크릭에 있던 한 요양소의 지도사로 사회생활을 시작했다. 사범학교와 의학교를 졸업한 자신의 학력을 잘 결합한 융합형 직업 선택이었다. 절제와 금욕을 강조한 제칠안식일예수재림교회에서 운영하는 요양소였고, 그도 신실한 교인이었다.

결혼은 하였으나 자신의 금욕주의 신앙을 실현하기 위해 신혼 첫날부터 각방을 쓰면서 금욕생활을 완벽하게 실천하였다. 당연히 아이를 낳지 않았지만 42명의 아이들을 키웠다. 모두 입양하거나 데려다 키웠다. 그런 켈로그가 자신의 종교적 신념에 충실하고자 성욕 억제 식품으로 개발한 것이 바로 콘푸레이크다. 그는 단백질이 들어간 육류 섭취가 성욕을 일으킨다고 보았기에 단백질이 들어가지 않은 옥수수 시리얼을 개발한 것이다. 요즘 동서양을 불문하고 아침 대용식으로 널리 소비되고 있는 시리얼이 성욕 억제용 식품으로 개발되었다는 것을 아는 사람은 거의 없다. 특히 시리얼을 즐겨 찾는 청년들은 알지 못하는 역사적 사실이다. 물론 과학적 근거는 없다.

켈로그는 시리얼을 1894년에 개발하고 1896년에 특허를 받았다. 우리가 동학농민전쟁, 청일전쟁, 을미사변, 아관파천을 겪던 암울한 시절이었다. 켈로그는 각성효과가 있는 커피를 "정신 이상의 원인" 또는 "몸에 해로운 마약"이라고 강하게 비판하였는데, 이런 주장이 비록 과학적인 근거는 없었지만 의사로서의 그의 명성을 타고 전국적으로 퍼져나갔다.

켈로그보다 2년 늦은 1854년, 링컨이 변호사 활동을 하고 있던 일리노이주 스프링필드에서 태어난 또 다른 인물이 있다. 찰스 W. 포스트(Charles W. Post, 1854~1914)다. 포스트는 일리노이대학을 중퇴한 후 농기계 개발 및 판매업을 하면서 심한 스트레스와 과로에 시달리곤 하였다. 당시에 대중에게 알려지기 시작한 새로운 질병인 신경쇠약증 증상이었다. 이후 텍사스로 이주하여 부동산 사업으로 돈을 번 포스트는 신경쇠약증을 치료받기 위해 켈로그의 요양소가 있는 미시간주의 배틀크릭으로 이주하였다. 그곳에서 커피를 증오하던 인물 켈로그와 극적 만남을 갖게 되었고, 이로 인해 그는 인생에서 최대의 변곡점을 맞게 된다.

포스트는 1895년에 식품회사를 창업한 후 첫 제품으로 포스텀(Postum)이라는 시리얼 음료를 내놓았다. 켈로그에서 개발한 캐러멜 커피 시리얼의 맛을 흉내낸 제품이었다. 커피를 증오한 켈로그가 시리얼에 커피 맛을 넣을 수밖에 없었던 것으로 미루어 당시 미국에서 커피 열풍이 얼마나 대단했는지 알 수 있다. 켈로그의 종교적 신념과 사업 성공욕이 결합한 제품이었다.

포스트의 음료 포스텀은 켈로그로부터 레시피 도용으로 고소당하기도 했지만 승승장구하였다. 곡물로 만든 커피 대용품인 포스텀의 인기는 시대적 상황과 사업가 포스트의 노력이 만들어낸 결과물이었다. 당시 미국에서는 자바와 실론 등 커피 산지에서 창궐한 커피녹병으로 인해 커피 가격이 일시적 상승과 하락을 반복하자 커피 소비자들의 불안 심리가 확산되고 있었다. 커피 가격이 상승할 때 포스트는 포스텀이 가진 가격 경쟁력을 앞세웠다. 커피보다 싼 가격으로 커피보다 건강에 좋은 음료를 마실 수 있다는 점을 내세웠던 것이다. 건강에 대한 미국인들의 관심이 높아질 때는 커피를 '마약 음료'라고 몰아세웠다. 과학과 의학 기술이 발달하면서 새로운 도시형 질병들이 발견되고, 이로 인해 사람들의 불안이 하루하루 커가던 시대였다. 포스텀은 이런 불안 심리를 이용하여 성공을 거머쥐었다.

포스텀이 성공한 데는 시대적 상황도 영향을 미쳤으나 좀 더 결정적 역할을 한 것은 그의 끈질긴 노력이었다. 특히 집요하게 계속 광고를 냈다. 포스트는 광고를 통해 커피가 심장병, 신경통, 신경쇠약 등 온갖 질병의 원인이라면서 커피 대신 포스텀을 마시면 이런 질병뿐 아니라 충수염(appendicitis, 맹장염)까지도 예방할 수 있다는 주장을 폈다. 충수염은

커피를 악마 음료로 비난한 1910년 포스텀 광고
시리얼 회사 포스트는 커피에 들어 있는 카페인이 지닌 효과를 '악마'로 표현하였다. 반면, 자회사의 시리얼 음료는 어린이의 두뇌 발달을 돕는다는 주장으로 성공하였다.

당시 미국인들을 가장 불안하게 했던 질병이었다. 카페인이 든 커피를 지속적으로 마시면 시력을 잃는다거나 혈액이 혼탁해진다는 광고를 반복하였다. 심지어 커피를 계속해서 바위에 떨어뜨리면 바위도 닳아 없어지는데 당신의 위장에 구멍이 생기는 것은 당연하다는 광고도 냈다.

물론 이런 네거티브성 광고만 한 것은 아니었다. 포스텀이 가진 장점도 내세웠는데 이 또한 허무맹랑하고 근거가 희박한 주장들이 다수였다. 포스텀이 손상된 뇌를 회생시킨다는 주장이 대표적이다. 손상된 피부나 모발 정도가 아니라 뇌를 되살린다는 솔깃한 광고 문구에 순간 현혹되지 않을 소비자는 많지 않았다.

그야말로 커피는 만병의 근원인 반면 포스텀은 만병에 예방과 치료 효과가 있다는 주장이었다. 육류 소비의 증가로 건강에 대한 걱정, 특히 소화장애에 대한 염려가 커지고 있던 당시 미국인들은 이 광고에 즉각적으로 반응했다. 과학적 사실과 무관한 가짜뉴스 수준의 주장이었지만 사람들의 마음은 흔들렸고, 포스텀은 날개 돋친 듯 팔렸다.

그런데 예기치 못한 사건이 벌어졌다. 커피유해론의 주인공 포스트가 충수염 진단을 받은 것이다. 그는 광고에서 커피를 마시면 걸릴 수 있는 질환의 하나가 충수염이라고 열렬하게 주장하였고, 자신의 제품인 포스텀을 마시면 절대로 충수염에 걸리지 않는다고 주장한 바 있었기에 난감하기 이를 데 없는 상황이 된 것이다. 커피유해론의 열렬한 지지자, 커피 대용품 포스텀 개발자로서의 자부심을 상실한 포스트는 충수염 수술을 받은 직후 불과 59세의 나이에 권총 자살로 생을 마감하였다.

그의 재산을 물려받은 마저리 메리웨더 포스트(Marjorie Merriweather Post)와 그녀의 두 번째 남편 에드워드 허턴(Edward F. Hutton)은 식품기업 제너럴푸드(General Food)를 창설하였다. 제너럴푸드는 1928년에 미국을 상징하는 커피기업 맥스웰하우스를 인수하였다. 커피유해론을 이용하여 성공한 회사가 커피 사업을 하게 된 아이러니한 일이었다. 성욕 억제식품으로 개발된 시리얼을 먹고 데이트하러 나서는 요즘 청년들의 모습만큼 아이러니한 역사였다.

커피유해론과 싸운 커피

커피가 음료로 등장한 이후 가장 오래 싸워온 상대는 커피유해론이다. 각성효과가 있는 커피는 건강에 반드시 해로울 것이라는 뜬금없는 주장,

혹은 과학적으로 살펴보니 커피가 건강에 해로울 수도 있다는 조심스러운 주장은 수없이 제기되고 사라지기를 반복해왔다. 그중에서도 커피에 함유된 카페인(Caffeine)이라는 성분의 정체가 알려진 이후의 싸움은 매우 힘겨웠다.

화학식 $C_8H_{10}N_4O_2$로 표기하는 카페인은 세계에서 가장 널리, 그리고 합법적으로 사용되고 있는 향정신성 중추신경계 각성 물질이다. 질소 원자를 함유한 알칼리성의 유기물질인 알칼로이드의 일종으로, 많은 식물에서 발견된다. 커피열매에서 카페인을 처음으로 발견한 사람은 1819년 독일의 과학자 프리들리프 룽게(Friedlieb Runge, 1794~1867)였다.

룽게의 발견 이후에도 카페인을 둘러싼 큰 논쟁은 없었다. 그런데 1900년대 초반 갑자기 논쟁이 벌어졌다. 당시 인기를 얻기 시작한 새로운 탄산음료 코카콜라도 연루되었기에 논쟁은 더욱 뜨거웠다. 콜라에도 커피 수준의 카페인이 함유되어 있다는 사실이 알려졌기 때문이다. 카페인의 유해성 논쟁에는 음료나 식품업자뿐 아니라 많은 과학자들도 가세하였다. 논쟁은 계속되었지만 명확한 답은 없었다. 그때나 지금이나 결론은 하나다. 적당한 양의 카페인 섭취는 무해하지만 지나치면 몸에 해롭다는 것, 그 이상의 새로운 이야기는 없었다.

이런 논쟁 끝에 탄생한 것이 디카페인 커피였다. 커피생두에서 카페인을 추출하는 데 성공한 것은 1906년 독일인 과학자 루트비히 로젤리우스(Ludwig Roselius, 1874~1943)였다. 커피를 즐기던 자신의 아버지가 갑자기 사망하자 카페인 과다섭취가 원인이라고 생각한 로젤리우스는 커피에서 카페인을 제거하는 일에 집중하였다. 이를 아버지에 대한 자신의 도리라고 생각한 까닭이다. 맛은 그대로인데 카페인이 없는 커피 생산이

1914년 신문에 실린 디카페인 커피 광고

커피 유해성 논쟁이 한창이던 1910년대에 디카
페인 커피가 등장하였다. 독일의 커피 회사인
'카페 하그(Kaffee Hag)'는 신경을 자극하고 수
면을 방해하는 카페인 성분을 95% 제거했다는
내용의 광고를 신문에 실었다.

그의 목표였다.

연구와 실험을 거듭해도 답을 찾지 못하던 로젤리우스는 우연한 사고
를 통해 커피에서 카페인을 제거하는 방법을 발견하게 된다. 커피생두를
배에 싣는 작업을 하던 중 실수로 박스 하나를 바닷물에 빠뜨리는 사고
가 발생하였는데, 이 박스에 들어 있던 생두를 로스팅하여 커피를 내렸
더니 카페인이 모두 사라진 것이다. 바닷물에 들어 있는 어떤 성분이 카
페인을 흡수했기 때문이다. 로젤리우스는 염분이 함유된 물로 커피생두
를 쪄서 카페인을 제거하는 방법으로 특허를 받았다. 오늘날까지노 이
방법으로 커피에서 카페인을 제거한다. 1910년대에는 이 특허 기술을 응
용한 다양한 디카페인 커피 제품이 경쟁적으로 등장하여 건강 염려자들
의 관심을 불러일으키는 데 성공하였다.

포스트가 선도했던 음해성 광고, 카페인이 유해하다는 주장에 가장 크게 반발하였던 인물 중 하나가 『티 앤 커피 트레이드 저널(Tea & Coffee Trade Journal)』의 편집장 윌리엄 우커스였다. 2022년에 발간 100주년을 맞은 『올 어바웃 커피』의 저자인 그가 앞장서서 포스트의 광고가 소비자를 기만하고 있다는 사실을 쉴 새 없이 지적하였지만 소용없는 일이었다. 예나 지금이나 우둔한 소비자에게는 재미없는 진실보다 재미있는 가짜뉴스가 더 잘 먹히기 때문이다. 커피유해론으로 가득한 광고 속에 커피 소비는 위축되고, 대용 음료 포스텀의 인기는 하늘을 찌를 기세였다.

카페인의 유해성 여부는 여전한 논쟁거리다. 보통 성인의 경우 하루 400mg 이하의 카페인 섭취는 건강에 해롭지 않다는 것이 과학자들의 일관된 주장이다. 하루에 드립커피 4잔, 콜라 10캔, 에너지 음료 2병 이하를 마시는 것은 해롭지 않다는 얘기다. 디카페인 커피에도 카페인이 전혀 없는 것은 아니다. 0.3% 정도의 카페인은 남아 있다. 카페인 제거 방법이 발견되고, 이 방법을 이용한 디카페인 커피 제품이 많이 등장하였지만 여전히 카페인이 들어 있는 커피를 찾는 소비자가 더 많다. 커피를 마시지 않는 이유는 한두 가지지만 커피를 마시는 이유는 수백 가지 이상이기 때문이다.

필요는 발명의 어머니, 에스프레소와 종이필터의 등장

커피라는 음료가 등장한 15세기 중엽부터 여러 세기 동안 커피를 만드는 방식은 단 하나였다. 주전자에 물과 커피가루를 넣고 끓인 후 찌꺼기를 제거하고 남은 액체를 마시는 방식이다. 이는 우리가 알고 있는 튀르키예식 혹은 아라비아식 커피 제조법으로 지금도 세계 여러 지역에서 사용되고 있다.

이런 전통적 방식에 변화가 시도된 것은 산업화 열기가 한창이던 19세기 초에 들어서였다. 프랑스에서 가장 활발하게 시도되었다. 포트에 담긴 끓는 물이 관을 타고 올라가 포트 위쪽에 놓여 있는 바스켓 속 커피 가루를 반복적으로 적시는 방식을 이용한 커피포트가 개발되었다. 중력을 이용한 방식인데, 끓는 물이 너무 오래 순환되면 커피가 과다 추출되어 맛이 없어지는 단점이 있었다. 19세기 내내 유럽에서는 이 방식이 조금씩 개량되면서 널리 유행하였다.

1840년대에 독일인 레프(Loeff), 영국인 네이피어(Napier)가 퍼컬레이터의 한 종류인 사이폰(Siphone)이라는 유리로 만든 진공식 커피 드립 도구를 개발하였다. 뜨거운 물이 순환하지 않도록 설계했기 때문에 깨끗한 커피를 내릴 수 있다는 장점이 있었다. 그러나 유리 제품의 특성상 깨지기 쉽다는 점과 커피 만드는 과정이 복잡하다는 점이 대중화를 막는 걸림돌이 되었다.

유럽에 비해 산업화와 커피 대중화가 늦었던 미국에서는 1865년에 매사추세츠주에 살던 제임스 네이슨(James H. Nason)이 미국식 커피포트인 퍼컬레이터(percolator)를 최초로 개발하고 특허를 받았다. 스팀의 압력을 이용한 방식이 아니라 뜨거운 물을 흘려보내는 방식이었다.

미국에 완성도 높은 퍼컬레이터가 등장한 것은 1889년이다. 일리노이주의 평범한 농부였던 핸슨 구드리치(Hanson Goodrich)가 요즘 커피메이커와 거의 같은 방식, 즉 스토브 열로 용기 하단을 가열하면 용기에 담긴

물이 튜브를 타고 올라가 중간에 설치된 거름망 속의 커피가루를 적시는 방식이었다. 프랑스 양철공 조셉 로랑의 커피포트와 같은 원리였다. 퍼컬레이터는 '가배 기구'라는 이름으로 20세기 초반에 우리나라에도 전해졌다. 1915년 3월 4일 순종이 백작 이완용에게 하사한 가배 기구가 바로 퍼컬레이터였다. 서구에서 스토브 대신 전기를 이용한 퍼컬레이터를 사용하기 시작한 것은 1920년대부터였다.

1880년대부터 1920년대까지 지속된 제2차 커피 붐이 만든 또 다른 혁신은 이탈리아에서 시작되었다. 1880년대 당시 카페에서 커피를 주문하는 경우에는 음식 주문처럼 일정한 시간을 기다려야 했다. 물을 끓이고, 원두를 갈고, 드립하는 데 최소한 5~10분 이상이 소요되었다. 손님이 많은 경우에는 30분 이상 기다려야 했다. 맛있는 커피를 맛보기 위해서는 불가피한 기다림이었다.

발명가들은 당시에 등장한 스팀 기계를 이용하여 커피 만드는 시간을 줄이는 방법을 찾는 데 몰두하였다. 셀 수 없이 많은 시도 끝에 1884년 이탈리아의 토리노(Torino) 사람 안젤로 모리온도(Angelo Moriondo, 1851~1914)의 발명품이 특허를 취득하였다. 스팀 기계를 이용하여 1.5기압으로 물을 커피가루에 투과하는, 지금 우리가 사용하는 에스프레소 기계와 매우 흡사한 방식으로 커피를 내리는 대형 기계였다. 이 기계는 토리노 지역의 상품 전람회에 출품되었지만 이후 널리 쓰이지는 않았다. 기계가 너무 크고 안전하지도 않았기 때문이다. 그래서 오직 특허 기록에만 남아 있을 뿐이다.

실용적인 에스프레소 기계를 발명한 것은 루이지 베제라(Luigi Bezzera)와 데시데리오 파보니(Desiderio Pavoni)였다. 1901년에 밀라노 출신 음료업자인 베제라가 포터필터를 장착한 간편한 형태의 에스프레소 기계를 개발하였고, 1903년에 사업가 파보니는 베제라의 특허를 이어받아 완전히 개량된 형태의 에스프레소 기계로 진화시켰다. 이 기계는 1906년 밀라노 박람회에 '에스프레소 커피(Cafeé Espresso)'라는 이름으로 출품되어 선풍적인 인기를 끌었다. 영어로는 '빠른 커피기계(Fast Coffee Machine)'였다. 그러나 그 인기가 밀라노와 그 주변 지역을 넘지는 못하였다.

1920년대에 밀라노를 넘어 유럽 전 지역에 에스프레소를 유행시킨 사람은 파보니의 경쟁자였던 빅토리아 아르두이노(Victoria Arduino)였고, 지금 형태의 자동 에스프레소 기계는 1930년대에 조반니 아킬레 가지아(Giovanni Achille Gaggia, 1895~1961)가 발명하였다. 1884년 모리온도의 첫 발명 이후 대중화까지 50년이 걸렸다.

이와 같이 유럽의 제2차 커피 붐 조성에는 이탈리아의 많은 기업인들이 기여하였다. 1895년에는 토리노에서 루이지 라바짜(Luigi Lavazza, 1859~1949)가 등장했다. 작은 식품점에서 커피를 팔던 라바짜는 저급한 로부스타 생두에 고급 아라비카 생두를 섞어서 강하게 볶는 방식의 블렌딩 커피를 시도하여 성공하였다. 미국에서 블렌딩 커피를 시도한 첫 사례가 맥스웰하우스였다면 이탈리아에서는 라바짜였다. 제2차 커피 붐 초기에 가족 기업으로 출범한 라바짜는 130년이 지난 지금 이탈리아에서 커피 시장 점유율 1위인 세계적 기업으로 발전하였다.

커피 역사에서 모두를 놀라게 한 혁신이 이루어진 것은 제2차 커피 붐이 중반에 접어든 1908년이었다. 지금 우리가 즐기는 종이필터를 이용한 이른바 '페이퍼드립 방식'이 등장한 것인데, 개발자는 독일의 평범한 주부 멜리타 벤츠(Melitta Bentz, 1873~1950)였다. 그 이전까지는 터키식으로

멜리타 벤츠가 개발한 초기 드립퍼

멜리타 벤츠는 종이필터를 이용해 커피 찌꺼기를
걸러내는 방식의 드립퍼를 1908년에 개발하였
다. 양철 용기에 구멍을 내고, 그 위에 종이를 올
려놓은 후 커피를 내리는 방식을 개발하여 커피
역사에 혁명을 가져왔다. (그림: 이다현)

커피가루를 주전자에 넣고 끓이든지, 퍼컬레이터를 사용하여 내리든지,
아니면 면직물의 하나인 융(Flannel)을 여과 도구로 사용하여 거르는 방
식으로 커피를 만들었다. 끓이는 방식은 찌꺼기가 남는 것이 문제였고,
융은 구하기도 어렵고 관리하기도 쉽지 않았다.

　벤츠는 이런 불편한 방식을 개선하여 커피의 역사를 바꾸었다. 아들의
증언에 따르면 커피를 좋아하던 벤츠는 아침마다 커피를 마시고 난 후
"커피잔 속에 남아 있는 가루 때문에 짜증을 내곤 하였다"고 한다. 특히
구리 용기에 붙어 있는 커피 찌꺼기를 제거하는 것이 힘들었다. 이 때문
에 매일 아침 부엌에서 고민하던 그녀가 임기응변으로 사용해본 필터는
아들의 공책이었다. 바닥에 못으로 구멍을 낸 주석잔 위에 공책 한 귀퉁
이를 찢어 접어서 올리고, 여기에 커피가루를 넣었다. 그리고 가루 위로
뜨거운 물을 천천히 부었다. 공책은 필터가, 구멍난 주석잔은 드립퍼가
된 것이다. 여과지 아래로 떨어진 깨끗한 커피는 마시고, 사용한 종이필
터와 젖은 커피가루는 버렸다. 매우 편리하게 깔끔한 커피를 즐길 수 있
는, 그녀의 표현대로 "완벽한 커피 즐기기(perfect coffee enjoyment)"가 이

렇게 시작되었다.

이후 양철공과 계약하여 만든 보다 정교화된 드립퍼와 종이필터를 1909년 라이프치히 무역박람회에 출품하였고, 1,200세트가 팔리는 대성공을 이루었다. 몇 번의 실험 끝에 고깔 모양의 필터가 완성되었고 이것은 더욱 인기를 끌었다. 회사를 설립한 멜리타 벤츠는 남편 휴고(Hugo), 아들 호르스트(Horst)와 윌리(Willy)를 직원으로 합류시켰다.

성공한 기업 멜리타는 1930년대 초에 주 5일 근무, 3개월 휴가, 크리스마스 보너스 지급 등 노동조건 개선을 시도한 첫 기업이 되었다. 2차 세계대전 중반에 잠시 나치에 호응하여 군대 물품을 만든 것을 사죄하는 의미로 전후에는 나치 강제노동 희생자들을 돕는 프로그램에 적극적으로 참여하여 기업 이미지를 개선하였다. 이렇게 출발한 가족 기업이 현재 4,000명 이상의 직원을 거느린 세계적 기업 멜리타그룹(Melitta Group)으로 성장하였다.

11

커피 앞에 나타난 세계대전, 마피아, 대공황

커피 없이 군인이 될 수 없다, 제1차 세계대전과 커피

미국의 커피 역사학자들이 하는 말이 있다. "전쟁이 지옥이라면, 커피는 미국 군인들에게 작은 구원이었다." "커피 없이 군인이 될 수 없다." 남북전쟁을 시작으로 두 차례의 세계대전, 한국전쟁, 베트남전쟁, 아프가니스탄전쟁에 이르기까지 미국이 참여한 모든 전쟁에서 미국 군인들은 커피를 들고, 커피와 함께 싸웠다. 커피는 위안과 용기를 주는 필수품이었다. 커피는 전쟁과 함께 세계를 바꾸었다.

제1차 세계대전 직전 유럽 국가들 대부분은 산업화를 통해 이룬 소비력 증대로 엄청난 커피 소비를 자랑하고 있었다. 유럽 최대의 커피소비국이었던 독일의 경우 전쟁 직전 국민 1인당 커피 소비량이 연 2.5~3kg으로 세계 최고 수준이었다. 전 세계 커피 거래량의 50%는 유럽에서, 나머지 50%는 미국에서 소비되었다. 당시 북미와 유럽의 커피 시장에서 팔리는 커피의 70% 이상은 브라질산이었다. 20세기 초 브라질의 커피 산업이 성장하면서 유럽의 이탈리아, 스페인, 포르투갈, 독일 등에서 브라질로 향하는 이민 행렬이 이어졌고, 이들에 의해 유럽 커피 소비시장과 브라질 커피 생산시장은 끈끈하게 연결되어 있었다.

1914년 7월 28일 시작된 제1차 세계대전은 커피 시장을 송두리째 흔들었다. 커피 소비 감소폭은 예상보다 훨씬 컸다. 유럽의 주요 국가 모두 참여한 전쟁으로 인해 소비가 위축되면서 생산지에는 커피 재고가 쌓여갔다. 독일의 영향력이 컸던 과테말라를 비롯한 중남미 커피 시장으로 가는 바닷길은 막혔다. 전쟁 시작과 동시에 유럽의 커피거래소는 문을 닫았다. 독일 함부르크항에 쌓여 있던 브라질 커피는 모두 독일 정부에 군수품으로 압류되었다. 커피 생산자들에게는 말 그대로 "비참했던 5년(quinquenio sinistro)"이 시작되었다.

그렇다면 유럽으로 들어가는 모든 커피 통로가 막혔을까? 아니었다. 미국을 통한 우회적 커피 유통 경로가 만들어졌는데, 전쟁 발발 이전에 비해 무려 250배 이상 많아졌다. 특히 유럽의 중립국가들을 통해 미국산 커피원두가 들어갔고, 이 중 적지 않은 양이 독일로 유입되어 독일 군인들의 전투 식량이 되었다. 커피 거래에서 드러나듯이 미국이 참전을 미루던 결정적 이유는 전쟁 특수라는 경제적 이득이었다. 미국은 경제적 이득을 위해 영국과 독일 사이에서 중립을 취했고, 수출되는 커피를 독일군이 마시는지 영국군이 마시는지는 미국의 기업가들에게 관심거리가 아니었다.

전쟁은 유럽 투자자들의 중남미 지역 커피 생산지에 대한 투자를 위축시켰다. 그 결과 중남미 지역의 커피 생산량은 감소하였고 커피 재고량도 바닥이 났다. 전쟁이 길어지면서 소비시장과 생산시장이 함께 무너져 내리는 징조가 보였다. 유럽 국가들 내에서의 커피 거래는 국가가 통제하였고, 커피는 군대에 우선 보급되었다. 일반인들은 커피를 접하는 것이 점점 어려워졌다. 지구상에 남은 유일한 커피 소비대국은 이제 미국뿐이었고, 세계 커피 시장에서 미국의 힘은 더욱 막강해졌다.

전쟁은 전쟁 상황에 적합한 커피의 유행을 가져왔다. 유행의 주인공은 물에 녹는 가용성 커피(soluble coffee), 즉, 인스턴트커피였다. 이 커피는 역사적으로 많은 발명가들이 개발에 성공한 바 있다. 1881년 프랑스의 알퐁스 알레(Alphonse Allais), 1890년 뉴질랜드의 데이비드 스트랭(David Strang), 1901년 일본인 사토리 카토(Satori Kato) 등이 주인공이었다. 일본계 화학자로 미국 시카고에서 일하던 사토는 자신이 개발한 제품을 1901년 범아메리카박람회에 내놓아 큰 관심을 끌었고, 2년 후에는 '커피 농축물과 그 제작 과정'으로 특허를 취득하였지만 상업화에는 이르지 못했다. 인스턴트커피의 상업화에 성공한 인물은 조지 콘스탄트 루이 워싱턴(George Constant Louis Washington, 1871~1946)이라는 미국인이었다. 1910년 'Red E Coffee'라는 브랜드로 판매를 시작하였는데 "완벽하게 소화되는 커피"라는 이점을 내세워 커피 시장 진출에 성공하였다. 1914년 초에는 『뉴욕타임스』에 "커피를 마실 때 더 이상 소화불량을 무릅쓰지 마세요"라는 광고를 실었고, "역겨운 신맛과 기름내를 제거한 깨끗하고 완벽한 커피"를 내세운 광고 덕분에 판매도 활발하였다.

전쟁을 관망하던 미국은 1917년 4월 드디어 참전을 선언하였다. 미국의 참전과 함께 미국산 인스턴트커피가 연합국 군대에 보급되기 시작하였다. 전쟁이 끝나갈 무렵인 1918년 10월쯤에는 미군에서 하루에 34만 파운드의 생두를 로스팅하였으며, 매일 3만 7,000파운드의 인스턴트커

워싱턴 커피 광고

왼쪽은 1차 세계대전이 발발하기 전인 1914년 2월 23일에 『뉴욕타임스』에 게재된 광고로, "역겨운 신맛과 기름내를 제거(removes the disturbing acids and oils)"했다는 표현이 눈에 띈다. 오른쪽은 1919년 6월 22일 『뉴욕트리뷴』에 실린 광고이다. "전쟁에 나갔다가 집으로 다시 돌아왔다(Went to War! Home Again)"는 슬로건에 눈길이 간다.

피를 미국 군대에서 소비하였다. 당시 미국 전역에서 생산되는 인스턴트 커피 양이 6,000파운드에 불과하였다는 것을 생각하면 엄청난 소비량이었다. 이런 커피 소비에 맞추기 위해 미국은 전선에서 멀지 않은 프랑스에 커피 로스팅 공장을 세워 직접 운영하기도 하였다. 미국에서 로스팅되고 그라인드되어 공급되는 커피가 유럽까지의 긴 운송 시간으로 인해 산패되고 불쾌한 맛을 내는 것을 막기 위한 방법이었다.

인스턴트커피는 막대형, 태블릿(정제)형, 캡슐형, 기타 여러 모양으로 시도되었고, 최종적으로는 봉투에 1/4파운드를 담는 것으로 규격화되었다.

전쟁터에서 군인들은 인스턴트커피 가루를 주석잔에 넣고 뜨거운 물을 부어 젓기만 하면 쉽고 편하게 커피를 마실 수 있었다. 계속되는 참호형 전투와 독일군이 시작한 화학전으로 야외에서 커피를 끓이기 어려운 상황에서 인스턴트커피는 시의적절한 해결책이었다. 군인들 사이에서는 커피라는 단어 대신 창업자의 이름을 붙여 '컵 어브 조지(Cup of George)'라는 별칭이 유행하였다. 조지 워싱턴은 이렇게 군인의 친구가 되었는데, 미국의 초대 대통령이 아니라 인스턴트커피 창업자의 이름이었다. 마실 때 느끼는 편안함, 마신 후의 각성효과, 만들기 쉬운 편리함은 전쟁터의 군인들에게 없어서는 안 될 요소들이었다. 고향을 떠난 군인들의 향수를 달래주기에 커피만 한 음료는 없었다. 물론 맛은 형편없었다.

브라질은 전쟁 초기에 중립을 선언한 상태였다. 그러나 전쟁이 길어지고, 해상봉쇄로 커피 무역에 차질이 빚어지기 시작하였다. 무역이 지속적으로 감소하면서 브라질 정부의 재정이 어려워지던 때에 브라질 무역선이 독일 잠수함의 공격을 받아 침몰하는 사건이 반복되었다. 결국 1917년 10월 미국에 이어 브라질 정부가 남미 국가로서는 유일하게 참전을 선언하였다. 전쟁이 끝나고 브라질 정부는 독일로부터 전쟁 중 발생한 커피 무역선 피해 보상금을 받았고, 이를 기반으로 브라질의 공업화가 시작되었다.

전쟁이 끝나자 인스턴트커피의 인기는 하루아침에 땅에 떨어졌다. 편리성보다는 향과 맛을 중시하기 시작했기 때문이다. 전쟁을 통해 미국의 참전 군인들은 커피 맛에 반쯤은 중독된 채로 일상에 복귀하였다. 전쟁에서는 이기고 돌아왔지만, 그들 모두는 전쟁 물자에 불과하던 커피의 포로가 되어 있었다. 아침 식탁이나 일터를 가리지 않고 커피 없이는 살

수 없는 새로운 미국인들이 대거 등장한 것이다. 이처럼 제1차 세계대전은 미국을 확고부동한 커피 소비와 무역의 중심 국가로 만들었다.

어부지리로 탄생한 마일드 커피, 콜롬비아 커피의 등장

지금은 커피의 부드러운 맛을 강조하는 보통명사로 쓰이는 용어가 '마일드 커피'로, 마트에서 판매하는 인스턴트커피 박스나 포장지 어디에서나 볼 수 있다. 세상 모든 커피가 마일드 커피인 듯하다. 그런데 이 단어가 미국과 브라질 사이의 커피전쟁에서 탄생되었다는 흥미로운 사실을 아는 사람은 거의 없다.

실론 커피와 자바 커피가 멸종하면서 세계 커피 생산시장을 좌지우지하게 된 브라질과 세계 커피 소비시장의 중심이 된 미국 사이에는 1880년대부터 커피 가격을 둘러싼 갈등이 반복되었다. 가격이 상승하면 생산국 브라질이 웃고 소비국 미국은 울었다. 높은 가격에 혹한 브라질 사람들이 너나없이 커피나무를 심었고 몇 년이 지나면 생산과잉으로 가격이 하락했다. 이번에는 소비국 미국이 웃고 생산국 브라질은 울어야 했다.

이런 갈등을 지켜보던 중앙아메리카 국가들이 19세기 후반부터 하나둘 커피 재배를 확대하기 시작하였고, 이들이 미국에 커피를 수출하기 시작한 것은 1900년대 초반이었다. 초기에는 생산량도 적었고, 가격경쟁력에서도 브라질 커피와 상대가 되지 않았다.

그런데 1910년대에 접어들면서 변화가 일었다. 1900년대 초에 시작된 커피 가격 하락, 즉 버스트 사이클이 끝나고 커피 가격이 상승하기 시작하였다. 제1차 세계대전 초기에 하락하였던 커피 가격이 전쟁 중반에 군대용 커피 소비가 확대되면서 회복의 조짐을 보이더니 1917년 미국의 참전을 전후하여 다시 상승하기 시작하였다. 1918년 1월 8일 미국 대통령 우드로 윌슨이 "민주주의를 위해 세계를 안전하게 지키겠다"는 의회 연설을 행한 그날 뉴욕 커피거래소에서는 커피 가격이 폭등하였다.

1912~1913년 세계대전 발발 직전에 커피 재배를 본격화하였던 콜롬비아는 전쟁이 끝나갈 무렵부터 커피 재배 면적을 폭발적으로 넓혀갔다. "콜롬비아인들이여, 커피를 심지 않으면 죽음뿐이다"라는 슬로건이 등장할 정도의 커피 재배 열풍이 불었다. 반면 브라질은 전쟁이 끝나면 커피 값이 급등할 것을 기대하고 커피 수출을 통제하였다. 그리고 커피 재배를 억제하는 정책으로 커피 가격의 하락을 막고 있었다. 커피를 애호하는 미국인들의 불만은 또다시 브라질을 향했다.

커피 생산시장의 빅브라더 브라질에 대한 반감이 쌓일 만큼 쌓인 미국인들은 브라질 외에 다른 나라 커피에 눈길을 돌렸다. 브라질과 미국 사이에 깊어지는 커피 갈등의 틈새를 시의적절하게 파고든 나라가 바로 콜롬비아였다. 브라질과 미국이 싸우면 싸울수록 콜롬비아산 커피의 미국 수출량은 증가하였다. 1914년에 4,100만kg 수준이던 것이 1919년에는 5,480만kg으로 증가하였다. 1914년에 개통된 파나마운하 덕분에 캘리포니아 지역으로의 커피 수출이 편리해진 점도 하나의 요인이었다. 같은 기간 브라질 커피의 미국 수출량은 3억 3,700만kg(미국 수입량의 3/4)에서 2억 5,900만kg(1/2 수준)으로 격감하였다.

콜롬비아뿐 아니라 과테말라를 비롯한 중앙아메리카 지역 커피의 생산량도 서서히 증가하였다. 과테말라 커피 시장을 지배하고 있던 독일인들 중 전쟁을 지지하던 사업자들의 재산이 동결되고, 더러는 추방되면서 생긴 빈 자리를 미국인 커피업자들이 채웠다. 콜롬비아 이외에 과테말라를 포함한 이들 중미 국가들에서 미국으로 들어가는 수출량이 1919년에 7,100만kg에 달하였다. 19세기 초 노예혁명 이후 100년 이상 커피 생산과 수출이 중단되었던 카리브해의 아이티도 다시 커피 수출을 시작하여 1919년 기준 2,100만kg을 미국에 수출하였다.

미국인들이 브라질산 커피 의존도를 낮추고 점차 중남미산 커피를 선호하게 된 것이 온전히 브라질과의 커피전쟁 때문만은 아니었다. 커피의 질이 중요한 요인이었다. 산토스항에서 수출되는 브라질산 커피에 비해 중남미 지역 신생 커피생산국의 커피 맛이 더 우수하였다. 세계 커피 생산시장을 장악하고 있던 브라질이 오랫동안 커피 품종 개선에 적극적이지 않았던 것이 문제였다. 운송이 편리한 지역에서 관습적으로 커피를 재배했을 뿐 더 좋은 토양과 기후 조건을 찾는 노력을 기울이지 않았다. 전쟁터 군인들에게 보급하는 커피가 고급일 필요도 없었다.

전쟁이 끝나고 일상으로 돌아온 군인들이나 일반 시민들에게 더 이상 브라질 커피의 맛은 환영받기 어려웠다. 반면에 중남미 신생 국가들의 커피는 적절한 토양과 기후에서 재배되었기 때문에 미국 소비자들의 높아진 입맛을 바로 사로잡았다. 그들은 이 새로운 맛을 "마일드"라고 표현하여 브라질산 커피, 일명 '산토스 커피'와 구분하였다. 이제 세계에는 두 종류의 커피가 존재했다. 질 낮은 브라질 커피 혹은 산토스 커피와 고급스러운 마일드 커피였다.

커피 생산지의 다양화는 미국 소비자들에게 선택의 기회를 가져다주었다. 1차 세계대전에서 승리하면서 미국의 경제력이 급성장하여 소비력이 커진 점도 미국인들이 커피를 골라 마시는 시대를 만드는 데 기여하였다. 군대에서 마시던 획일적 맛의 인스턴트커피는 전쟁과 함께 사라졌다. 생산지나 품종을 묻지도 따지지도 않고 커피를 마시던 시대와는 작별하고 맛과 향이 좋은 '마일드 커피'를 찾는 시대가 열린 것이다. 콜롬비아 커피를 마셔본 미국인들 입에서 "브라질 커피와 달리 이 커피는 뭔가 부드럽다"는 표현이 널리 확산되었다. 점점 다양한 마일드 커피가 미국으로 흘러들어왔고, 미국인들은 커피를 골라가며 마시기 시작하였다. 마일드 커피를 상징하는 커피의 대표가 다름 아닌 콜롬비아 커피였다.

아라비카 커피 생산량 세계 2위의 커피 국가 콜롬비아는 이렇게 탄생하였다. 브라질과 미국 사이의 커피전쟁 속에서 어부지리의 주인공이 콜롬비아였고, 친구 따라 강남 간다는 속담에 어울리는 나라들이 과테말라를 비롯한 중앙아메리카의 신흥 커피생산국들이었다.

마일드 커피의 유행 속에서 한 단계 더 고급인 명품 커피들도 등장하였다. 자메이카 블루마운틴, 하와이 코나, 코스타리카 따라주 커피 등이다. 18세기 이래 차를 마시던 영국 왕실에서조차도 이들 명품 커피를 찾기 시작하였고, 이 소문을 접한 세계 모든 지역의 커피 마니아들이 명품 커피에 환호하기 시작하였다.

커피 재배지역의 다양화와 소비자 취향의 다변화는 여기에서 그치지 않았다. 오랫동안 커피 생산을 포기했던 여러 지역에서 커피 생산을 재개하도록 자극하였다. 대표적인 사례가 자바 커피의 부활이었다. 인도네시아인들 스스로의 판단에 따른 커피 재배의 부활이 아니라, 식민 지배자인 네덜란드 자본에 의한 커피농장의 부활이었다. 한 세대 만에 커피 품종은 바뀌었다. 병충해와 기후변화에 약한 아라비카종 대신 병충해에 강할 뿐 아니라 면적당 생산량도 많은 로부스타종이었다. 생산된 커피는 네덜란드를 통해 유럽으로 수출되었고, 네덜란드 커피 시장에서는 브라질산 아라비카 커피의 수입량을 추월하였다. 지금도 네덜란드 커피 시장에서는 이런 역사를 갖고 있는 로부스타종 커피로 만든 인스턴트커피가 유행하고 있다.

인도네시아를 시작으로 생산이 증가하기 시작한 로부스타종 커피가 미국에 상륙한 것은 1900년대 후반으로, 미국 시민들이 커피 가격의 일시적 폭등으로 고통받던 시절이었다. 뉴욕 커피거래소는 분석 결과 맛과 향이 형편없다는 이유로 1912년에 로부스타종 커피의 거래를 금지했다. 미국에 이어 브라질은 로부스타종 커피 재배 자체를 금지했다. 이런 견제 정책에도 불구하고 인도나 아프리카 등지에서 로부스타종 커피 재배지는 점차 확대되었다.

역사에는 필연, 우연, 그리고 그 중간에 속하는 어부지리의 결과물도 적지 않다. 콜롬비아 커피는 필연도, 우연도 아닌 어부지리의 결과로 탄생하였다. 브라질이 자국의 이익을 극대화하기 위해 커피전쟁을 벌이는 대신 커피 품종을 개선하기 위해 노력했다면, 미국이 브라질과 커피 가격에 쉽게 타협했다면 콜롬비아가 얻지 못했을 어부지리였다.

금주법이 탄생시킨 마피아와 커피 브레이크

18세기 프로이센에서 커피 로스팅은 국가만이 할 수 있었다. 커피 수입을 억제하여 외화 낭비를 막자는 목적과, 세금을 걷기 위한 목적이 결합되어 생긴 정책이었다. 이를 피해 불법 로스팅이 만연하였고, 또한 이것을 단속하기 위해 커피 냄새를 맡고 다니는 전문기술자 '스니퍼'까지 등장하였다.

　이와 비슷한 예로 우리나라에는 '술조사'라는 단속이 있었다. 사전에도 실린 이 말은 "몰래 담근 술과 관련된 행위에 대해 조사하는 일"을 일컫는다. 1966년부터 1977년까지 우리나라에서는 가정에서 술을 담그는 것이 불법이었다. 세무서에서 나오는 술조사원들이 시도 때도 없이 마을에 들이닥치기 일쑤였고, 술조사가 나온다는 소문이 돌면 사람들은 술항아리를 여기저기 숨기거나 땅에 묻기에 분주하였다. 아예 문을 걸어 잠그고 피신을 하는 경우도 많았다. 걸리면 술을 빼앗기는 것뿐 아니라 벌금이 만만치 않았기 때문이다. '양곡관리법'이 단속의 근거였다. 그러나 아무리 법으로 금지해도 제사나 차례 때 상에 올려야 할 술이고, 농사일에 지친 사람들에게 위로가 되는 술이었다. 관습과 의례를 하루아침에 법으로 다스리겠다는 무모한 짓이었다. 식량부족을 핑계로 무식한 정치인들이 벌였던 역사 속 촌극이었다.

　역사적으로 금주 운동이나 금주법 제정이 추진된 것은 한두 번이 아니다. 전쟁이나 곡물 부족이 공통된 원인이었다. 미국에서는 제1차 세계대전이 끝나갈 무렵 금주법(National Prohibition Act) 제정을 둘러싼 논쟁이 뜨거웠다. 다수당이던 공화당 소속 앤드루 볼스테드(Andrew Volstead) 의원이 주도하여 통과시킨 법에 대해 민주당 출신 윌슨 대통령이 거부권을 행사하였다. 이를 의회가 1919년 10월 28일에 재의결함으로써 1920년 1월에 법이 시행되었다. 와인과 맥주를 포함해서 0.5% 이상의 알코올이 함유된 모든 주류의 제조, 판매, 수입이 금지되었다. 전쟁으로 인한 곡물 부족을 극복하겠다는 선의로 출발한 금주 운동이었다. 여기에 적대국인 독일의 음료인 맥주에 대한 반감, 경건한 삶을 강조하는 기독교 근본주의자들의 주장, 심지어는 과음으로 가정폭력을 일삼던 남편들에 대한 주부들의 불만 등이 결합하여 금주법을 탄생시켰다. 노동자들의 과음으로 생산성이 떨어진다고 생각한 산업자본가들도 이 법을 지지하였다.

금주법의 시행과 함께 재즈의 시대, 광란의 1920년대가 시작되었다. 그러나 법은 법이고, 현실은 현실이었다. 몰래 술을 만드는 밀조, 몰래 술을 거래하는 밀매가 성행하였고, 이를 둘러싼 갱단들의 폭력이 도시를 어지럽혔다. 유명한 알 카포네의 마피아 전성시대가 도래한 것이다. 술은 불법이었는데 술꾼은 거리에 넘치던 이상한 시대였다. 술은 불법인데 음주운전이 증가하였고, 술은 불법인데 알코올 중독 사망자는 폭발적으로 늘어난 불가사의한 시대가 미국의 1920년대였다.

금주법으로 이익을 본 것은 마피아만이 아니었다. 코카콜라, 포도주스 웰치스, 그리고 커피가 술 대용품으로 각광을 받게 된 것이다. 코카콜라는 겨울철 매출을 늘리기 위해 산타클로스가 콜라 마시는 장면이 담긴 광고를 시작하였다. 이 광고로 코카콜라 매출은 급증하였고, 빨간 옷을 입은 산타클로스 이미지는 대중화되었다. 성찬식용 와인은 예외적으로 제조와 유통을 허용하여 기독교 인구의 증가를 가져온 것도 흥미로운 결과였다. 이승만 대통령 시절 크리스마스 이브에 교회등록증을 지닌 사람에게만 야간통행금지 조치를 적용하지 않자 등록 기독교인 수가 증가하였던 것과 비슷한 일이다.

술이 없는 세상에서 코카콜라와 광고 경쟁, 시장 경쟁을 격렬하게 벌인 것은 다름 아닌 커피였다. 결과적으로 콜라와 커피의 대중화 속도가

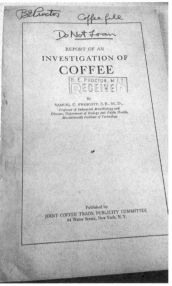

1924년에 발표된 프레스콧의 커피 보고서

커피 유해성 논쟁이 활발하던 1924년에 MIT의 식품과학자 프레스콧 교수가 커피는 안전한 음료
라는 연구 보고서를 발표하였다. 전국커피로스팅업협회의 의뢰로 이루어진 이 연구 결과가 발표
되자 커피 소비는 폭증하였다. 왼쪽은 연구실에서 커피 실험을 하는 프레스콧 교수.

빨라졌다. 술집이 있던 자리에 카페가 등장하였고, 음식점의 디저트 목
록에 커피가 처음으로 오르게 되었다. 금주법으로 인해 생긴 술 시장의
공백을 대체한 식품 중 대표적인 것이 커피였다.

　커피의 소비를 확산시키는 데 과학자들도 동원되었다. 매사추세츠공
과대학(MIT)의 교수로서 식품과학 분야에서 명성이 자자했던 새뮤얼 C.
프레스콧(Samuel C. Prescott)은 전국커피로스팅업협회(National Coffee
Roasters Association)의 의뢰를 받아 3년간 커피의 유해성 여부를 연구한
끝에, 1924년에 그 결과를 발표하였다. 그는 커피가 "성인 대부분에게

안전한 음료"라고 과학의 이름으로 선언하였다. 커피유해론자들의 목소리를 잠재운 발표였다.

인간의 행동은 얼마든지 조작하고 통제할 수 있다는 이론을 정립하여 행동주의 심리학의 아버지로 불리는 존 B. 왓슨(John B. Watson)은 존스홉킨스대학의 교수직을 그만두고 1921년에 광고회사 JWT에 입사하여 행동주의 심리학적 기법을 광고에 적용한 것으로 유명하다. 이 회사에 입사한 지 2년도 되지 않아 부사장에 오른 왓슨은 자신이 맡았던 맥스웰하우스 커피 광고를 기획하며 '커피 브레이크(coffee break)'라는 개념을 대중에게 알리는 데 기여하였다.

'커피 브레이크'라는 용어가 처음 등장한 것과 관련해 몇 가지 이야기가 전해진다. 하나는 19세기 후반 미국의 위스콘신주에서 시작되었다는 주장이다. 마차를 만드는 공장에서 일하는 노르웨이 이민자들이 많이 살던 스토턴(Stoughton)이라는 도시에 담배농장이 생겼다. 수확 시즌에 일손이 필요했던 담배농장주들은 해결책을 고민하다가 마차공장 노동자들의 아내들에게 담배농장에서 일할 것을 요청하였다. 부인들은 오전과 오후에 한 번씩 집안일을 하러 집에 다녀오는 것을 허용한다면 담배 수확하는 일을 도울 수 있다는 제안을 하였다. 뜨거운 커피를 마실 수 있는 정도의 시간을 달라는 주장이었고, 이것이 받아들여진 것이 커피 브레이크의 탄생이라는 이야기다. 지금도 스토턴에서는 커피 브레이크 탄생을 기념하는 일명 '커피 브레이크 축제'가 열린다.

커피 브레이크를 공식적으로 제도화한 것은 1902년, 미국 뉴욕주 버팔로시에 위치한 라킨(Larkin)이라는 비누회사와 바콜로(Barcolo)라는 철물제작회사였다. 어느 회사가 먼저인지는 알 수 없지만, 이 두 회사가 종업원들에게 오전과 오후 지정된 시간에 정기적으로 커피를 마시며 휴식을 취할 수 있는 시간을 주었다.

영국의 티 브레이크(Tea Break)는 1900년대 초에 영국 정부가 심리학자 켄트(A. F. Stanley Kent)에게 산업 피로에 대한 조사를 의뢰하면서 이를 계기로 만들어졌다. 켄트는 산업 피로가 주는 재해 증가와 생산성 저하를 극복하기 위해서는 휴식 시간이 필요하다는 제안을 하였고, 이것이 티 브레이크 제도화로 이어졌다. 그리고 티 브레이크는 커피 브레이크로 발전하였다.

19세기 말과 20세기 초에 이렇게 등장한 커피 브레이크 개념이 왓슨의 맥스웰하우스 광고를 타고 미국 직장 문화의 한 부분으로 자리 잡으면서 1920년대의 커피 소비는 폭발적으로 증가하였다. 물론 당시 커피 브레이크라는 풍습이 요즘처럼 거의 모든 형태의 직장에 두루 적용되지는 않았다. 커피 브레이크가 완벽하게 미국 직장 문화가 된 것은 제2차 세계대전 직후인 1950년대 초였다. 1952년 범미주커피협회가 아래와 같은 광고를 대대적으로 전개하였다.

당신 스스로에게 커피 브레이크를 주세요. 그래서 커피가 주는 혜택을 누리세요.
Give yourself a Coffee-Break and Get What Coffee Gives to You.

커피 소비를 촉진하는 이 흥미로운 광고 바람을 타고 '커피 브레이크'는 대부분의 일터에서 노사 간의 협약문에 반드시 들어가는 용어가 되었다. 노동자들이 누려야 하는 작은 기본권의 상징이 된 것이다.

광고에 등장한 '커피 브레이크'

존 B. 왓슨은 맥스웰하우스 커피 광고를 기획하면서 '커피 브레이크(coffee break)'라는 개념을 대중에게 각인시켰다. 1950년대 커피 브레이크는 미국 직장 문화로 자리 잡았다. 1952년 범미주커피협회는 위와 같은 광고를 대대적으로 펼쳤다.

　　금주법의 영향, 그리고 커피 브레이크 광고 덕분에 1920년대 중반에 드디어 미국인 1인당 커피 소비량은 연 6kg을 넘어섰고, 18세기 유럽의 파리나 빈처럼 커피하우스가 미국 대도시를 점령하기 시작하였다. 대형 마켓에는 저렴한 커피원두들이 넘쳐났다. 미국인들은 사무실이나 공장에서 일을 하다 지치면 따뜻한 커피를 가득 담은 큰 머그컵을 들고 사무실이나 휴게실을 서성이면서 '커피 브레이크'라는 새로운 문화를 자유롭게 즐기기 시작하였다. 북유럽 국가에서는 커피 브레이크 이상의 일터 휴식 문화인 '피카(Fika)' 혹은 '휘게(Hygge)'의 중심에 커피가 자리를 잡았다.

　　제1차 세계대전의 종료 즈음부터 1920년대 후반까지 미국을 중심으로 한 커피 소비의 폭발적 증가가 이어졌다. 이 같은 커피 붐을 타고 커피 재배가 가능한 모든 나라들이 경쟁적으로 커피 재배를 확대해갔다. 중남미, 아프리카, 그리고 동남아시아 지역이 커피 생산을 확대하는 것만큼 커피 소비가 다시 늘어나는 선순환의 시간이었다. 법만능주의자들의 오만과 오판이 만든 금주법, 금주법이 초래한 1920년대 미국의 혼란 속에서 탄생한 것은 폭력 집단 마피아와 새로운 문화 '커피 브레이크'였다.

대공황의 여파가 남아 있던 1932년 선거에서 금주법 폐지를 공약으로 내건 민주당의 프랭클린 루스벨트가 대통령에 당선되었고, 이듬해에 금주법은 폐지되었다. 경제대공황을 극복하기 위한 재정을 확보하기 위해서는 술에서 이득을 취하는 주체가 마피아가 아니라 국가여야 한다는 여론이 강했기 때문이다. 자본주의 국가인 미국에서 술은 세금의 원천이기에 중요하였다. 술을 대하는 태도에서 여론, 마피아, 국가권력 간에 차이는 없었다.

커피를 무너뜨린 대공황, 대통령을 무너뜨린 커피

커피가 세계인의 대중 음료가 된 이후 생산과 소비가 균형을 이루어 소비자도 생산자도 행복했던 시절이 과연 있었을까? 없었던 것은 아니지만 역사적으로 많지 않았고, 그 시간이 길지도 않았다. 늘 커피는 생산과 소비의 불균형 속에서 생산자가 고통을 받거나 소비자가 불만을 갖는 상품이었다. 불만보다는 고통이 더 아프다는 것이 비극이었다.

자연재해와 인간의 탐욕이 더해진 결과 커피 생산량은 초과 아니면 부족 상태였고, 이로 인해 커피값은 늘 불안하였다. 인류 역사상 커피의 생산과 소비 불균형이 가장 극심했던 시기는 제2차 커피 붐이 끝나가던 1920년대 후반부터 1940년대 초반까지, 즉 경제대공황부터 제2차 세계 대전 중반까지의 10여 년이었다.

1920년대 '광란의 시대'에 폭발적으로 유행하였던 것이 재즈 음악만은 아니었다. 자본주의의 상징인 주식시장도 뜨거웠다. 전문가가 아니라 일반 대중들도 주식시장에 투자해서 돈을 버는 쉬운 길을 택하였고, 힘겨운 노동은 기피하였다. 자본가들도 정상적으로 생산 시설에 투자하는 힘든 길보다는 주식으로 투기하는 쉬운 길을 선택했다. 팔 수 있는 모든 것을 팔아 주식에 투자하는 데 남녀노소, 자본가와 노동자, 고학력자와 저학력자가 따로 없었다. 열광의 도가니였다.

이런 광란의 시간은 하루아침에 끝나게 되는데, 바로 1929년 10월 24일 목요일이었다. 모두가 '검은 목요일'이라고 부르게 된 이날 잘 나가던 미국의 주식값이 급락하였다. 주가 붕괴가 월요일까지 이어졌고 회복 불능 상태로 접어들었다. 계속 하락할 것이라는 소문에 매도 주문이 늘고, 이는 다시 주식 가격을 하락시키는 악순환이 시작된 것이다. 대공황의 시작이자, 1880년대에 시작되어 50년간 지속된 제2차 커피 붐의 종말이었다.

대공황 초 2개월 사이에 주가는 40% 이상 하락하였고 경제 전반에 불신 풍조가 확산되었다. 1933년에는 주가가 80% 이상 폭락하였다. 소비도 생산도 얼어붙었다. 일자리가 사라졌고, 이는 소비 하락을 부추겼다. 은행도 신용을 잃었다. 미국의 건실한 은행 다수가 고객들의 현금 인출 요구로 문을 닫았다. 은행이 얼어붙자 투자가 이루어지지 않았고, 이는 다시 생산 감소로 이어졌다. 생산 감소와 물가 하락의 악순환이 지속되었다.

미국의 파산은 유럽 내 미국 자본의 회수를 초래했고, 이는 유럽 국가들을 차례로 대공황에 끌어들였다. 오스트리아, 독일, 영국, 프랑스가 순서대로 빠져들었다. 아시아의 일본도 대공황 영향권에 들어갔다. 대공황을 극복하는 방법으로 선택한 길은 나라마다 달랐다. 독일, 이탈리아, 일본은 전체주의 체제 강화와 해외 팽창정책을 선택함으로써 선한 이웃 나라들을 괴롭혔다.

대공황이 커피에 준 영향은 무엇보다도 컸다. 커피 최대 소비국이었던 미국의 불황은 브라질과의 커피 수입 계약해지 사태를 불러왔다. 계약해지로 커피생두는 항구마다 쌓여갔고, 가격은 추락했다. 아무리 가격이 떨어져도 구매를 원하는 곳이 없었다. 대공황 직전 세계 커피 생산량의 70% 이상을 점유하고 있던 브라질이었고, 브라질 재정의 70% 이상이 커피 판매 수익이었다. 한반도 전체 면적의 2.5배인 52만 7,000km²에 달하는 커피농장 전체가 위기에 빠졌다. 50만 개의 커피농장, 수백만 명의 커피 산업 종사자들이 지옥문 앞에 섰다.

브라질 정부는 커피값을 지키기 위해 외국 금융기관에서 자금을 빌려 커피원두를 수매하였고, 생산량을 줄이기 위해 커피나무 심기를 금지시키는 등 필사의 노력을 기울였지만 허사였다. '검은 목요일' 직후 커피 원두 거래 가격은 일시적으로 90% 이상까지 하락하였고, 이에 따라 브라질의 재정수입은 1929년 4억 4,500만 달러였던 것이 불과 1년 사이에 1억 8,000만 달러 수준으로 떨어졌다. 커피 산업은 완전히 붕괴하였고, 외국으로부터 들어온 금융 차관을 갚을 방법은 없어 보였다. 결국 국민 불만을 등에 업은 군부가 쿠데타를 일으켰고, 군부가 선택한 바르가스(Getúlio Dorneles Vargas)가 임시 대통령에 취임했다.

새로 출범한 바르가스 정부는 일명 '커피 방어' 정책이라는 비상조치를 내놓았다. 대표적인 것이 '희생 쿼터제(Quota do sacrificio)'로, 정부가 농장별로 배당한 양에 따라 커피생두가 수거되어 소각되었다. 1937년 한 해 동안에만 브라질은 무려 1,720만 자루, 그러니까 1억 3,200만kg의 커피를 불태웠다. 전 세계 1년 커피 소비량의 65%가 연기와 한숨 속에 사라졌다. 1931년부터 전쟁 특수로 커피 소비가 살아나기 시작한 1944년까지 브라질 커피 생산량의 무려 40%가 이렇게 소각되어 사라졌다. 지구촌 전체의 5년치 소비량이었다.

소각 이외에도 커피 소비를 확대하기 위한 모든 방법들이 동원되었다. 커피로 벽돌 모양의 연료를 만들어 기차 연료로 사용하고, 커피를 이용해 기름, 가스, 와인, 나아가 플라스틱까지 만드는 기술을 개발하였지만 커피 소비를 획기적으로 확대하거나 커피 가격을 안정시키지는 못했다. 커피 시장에서 갑이었던 브라질은 완벽한 을의 나락으로 떨어졌다.

심지어 이런 사례도 있었다. 이탈리아와 브라질의 축구클럽 간에 선수 트레이드가 논의되고 있었다. 이탈리아는 자국 선수를 보내고 브라질 선수를 받는 조건으로 일정량의 커피를 보내줄 것을 요구하고 나섰다. 브라질은 당연히 수용하였고, 자국 축구선수와 함께 커피가 이탈리아로 향하는 배에 실렸다. 이런 소식이 조선의 신문에 해외토픽으로 전해졌다.

커피 산업의 붕괴는 중남미 대부분의 국가들에서 정치적 불안을 야기하는 배경이 되었다. 일자리를 잃은 배고픈 노동자들에게 두려움은 일시적이었다. 변화를 갈망하는 대중들과 이를 이용한 정치가들이 만났을 때 불만과 불안은 부추겨졌고 결과는 쿠데타, 폭력과 학살, 그리고 보복의 반복이었다.

커피 산업이 국가 경제의 중심이던 엘살바도르에서 노동자들의 하루 임금은 커피 1~2파운드 가격인 12센트에 불과하였다. 가난한 농민들에게 공산주의가 매력적인 이념으로 다가온 것은 자연스러운 결과였다. 1932년 엘살바도르 대학살의 배경도 커피 산업 붕괴였고, 이후 보복의 역사는 반복되었다. 이웃한 과테말라, 니카라과, 온두라스 등에서도 유사한 일들이 벌어졌다. 커피 산업에 대한 의존도가 높은 반면, 자작농이 부족한 사회구조가 만들어낸 결과였다.

반면에 커피 자작농의 비중이 높고 이들이 참여하는 커피 생산자협회의 역할이 컸던 코스타리카와 콜롬비아의 커피 산업은 상대적으로 혼란을 적게 겪으면서 대공황의 공포 속에서도 조금씩 성장하였다. 콜롬비아의 미국 커피 시장 점유율이 1937년에 이르러 25%를 돌파하였다. 한편 아프리카의 케냐가 아라비카종 커피 생산을 확대함으로써 아프리카 커피가 200년 만에 다시 세계시장에 영향을 미치기 시작하였다. 1935년에는 히틀러와 동맹 관계를 형성한 이탈리아의 독재자 무솔리니가 에티오피아를 침략하여 1941년까지 전쟁을 벌였다. 그 배경의 하나가 커피생산국에 대한 욕심이었다.

1930년대 대공황 직후 미국의 커피 유통 질서와 소비 패턴의 변화는 미국식 자본주의의 본질을 가장 잘 보여준 사례였다. 제품의 질보다는 과대광고와 가격 인하 경쟁이 중요했고, 모든 경제주체는 공정한 경쟁보다는 기업합병 등을 통한 경제 권력화를 지향했다. 대공황을 겪으면서 미국 커피 산업계에서는 에이 앤 피(A&P), 맥스웰하우스, 그리고 체이스 앤 샌본(Chase & Sanborn)이라는 세 개의 거대 공룡만 살아남았다. 이 세 기업이 차지하는 시장 점유율이 40%였고, 나머지 60%의 시장을 놓고 5,000개 이상의 소규모 기업들이 생존경쟁을 벌여야 했다.

급격한 커피 가격의 변동, 그것은 상승이든 하락이든 준비되지 않은 약자에게는 고통의 징후이고 여유 있는 강자에게는 기회의 징후라는 것이 역사의 교훈이다. 약자들의 고통이 지나치게 커지면 그들에게서 세상을 바꿀 용기가 폭발한다는 것 또한 커피 역사가 주는 교훈이다.

12

아메리카노와 인스턴트커피를 탄생시킨
제2차 세계대전

커피 같지 않은 커피 '아메리카노'의 탄생

1930년대 중반 미국은 프랭클린 루스벨트 대통령의 등장과 수정자본주의 정책 채택으로 세계 대공황의 충격에서 조금씩 회복되고 있었다. 국가가 시장경제에 적극적으로 개입하기 시작한 것이다. 자유방임주의를 버리는 대신 국가가 세금을 걷어서 일자리를 만들고, 국민들의 일상적인 삶에 관여하였다. 보호무역 정책을 채택해서 자국 산업 보호에 국가가 앞장섰고, 나아가 사회보장법으로 국민의 일상적 삶을 안정시킨 덕에 소비는 회복되고 경제도 서서히 살아나기 시작하였다. 커피 소비도 증가의 길로 들어섰다.

문제는 충분한 내수시장을 갖지 못한 신흥 산업국들이었다. 식민지를 갖고 있지 못했고 소비시장이 작았던 독일, 이탈리아, 일본이 차례로 민족주의로 무장한 독재정권을 탄생시켰고, 이들은 식민지 개척으로 자국의 경제를 살리고자 하였다. 1935년 10월 이탈리아의 무솔리니가 에티오피아를 공격하여 이듬해에 수도 아디스아바바를 잠시 점령하였다. 1939년 9월 1일에는 히틀러가 국경을 넘어 폴란드로 진격했다. 미국, 영국, 프랑스 등 자신들만의 블록을 만들며 보호무역을 추진하던 나라들과의 충돌은 불가피하였다. 불과 21년 만에 다시 세계대전이 시작된 것이다. 커피 시장은 유럽에서 시작된 세계대전으로 다시 혼란에 빠졌다. 전쟁 소식으로 커피생두의 거래는 줄어들고 가격은 추락하기 시작했다.

히틀러는 전쟁 시작 1년 전에 이미 커피 수입을 제한하기 위해 커피 광고를 중단시켰고, 이 영향으로 1939년 1월에는 커피 수입량이 40% 감소하였다. 전쟁 직전에 이르러서는 군대 보급용으로 전국의 커피생두와 원두를 국가가 몰수하였다.

독일의 전쟁 도발에 가장 충격을 받은 커피생산국은 중앙아메리카의 과테말라였다. 전쟁 발발 당시 과테말라에 거주하는 독일인이 5,000명 규모였고 대부분이 커피농장이나 커피 가공시설을 운영하고 있었다. 이 나라의 커피 무역 또한 독일인들이 주도하고 있었다. 전쟁 초기에 들려온 히틀러 군대의 승전 소식에 과테말라에 거주하는 독일인들 중 다수가 히틀러를 지지하였다. 그때나 지금이나 곧 후회하게 되는 성급하고 무식한 선택을 하는 인간은 많았다. 히틀러주의자들은 전쟁 중반 이후 미국에 체포되고 구금되었다. 이는 전쟁 이후 이 지역 커피 산업의 주도층에 변화를 가져오는 계기가 되었다.

전쟁 발발로 유럽으로의 커피 수출이 어려워진 상황에서 커피 시장으로 유일하게 남은 것은 이웃 국가 미국이었다. 커피 수출이 어려워진 것은 중남미 모든 국가가 같았다. 중남미 14개 생산국과 미국이 참여하는 미주커피회의가 1940년 6월 10일에 소집되었고, 긴 논의 끝에 미주커피

협정(Inter-American Coffee Agreement)을 맺었다. 결론은 생산국별로 수출량을 할당하는 것이었다. 세계 커피 소비량의 50% 이상을 차지하던 미국이 수입할 1,590만 자루 중 브라질이 60% 가까이, 그리고 콜롬비아가 20%를 조금 상회하는 분량을 수출하는 것이 핵심 내용이었다.

미주커피회의 기간에도 전쟁은 확대되었고 커피 가격은 계속 하락하여 파운드당 5.75센트까지 내려갔다. 1941년에 발효한 이 협정 덕분에 전쟁 기간 미국 내의 커피 가격은 안정을 유지할 수 있었고 중남미 커피 생산자들도 최악의 상태는 면할 수 있었다. 미국인의 1인당 연 커피 소비량이 7.5kg으로 역대 최고 수준에 오른 것이 전쟁이 한창이던 1941년이었다. 역사적으로 라틴아메리카 지역과 미국의 관계가 가장 좋았던 때가 아이러니하게도 제2차 세계대전 기간이었다. 전쟁과 커피가 가져다준 희한한 선린우호관계였다.

1941년 12월 7일 일본의 진주만 습격으로 미국의 참전이 본격화되면서 커피 가격이 불안해졌다. 군의 커피 수요 증가, 그리고 선박을 이용하는 커피 무역에 대한 불안감이 더해져 커피 시장의 미래는 더욱 불투명해졌고, 이는 커피 가격의 급등으로 이어질 조짐을 보였다. 이에 미국이 선택한 방법은 일반인에 대한 커피 배급제였다. 커피 배급제는 두 가지 이유에서 시작되었다. 첫째는 기호품을 모든 시민에게 공평하게 배급하기 위함이고, 다른 하나는 부족한 물품인 커피를 군대에 우선 배정하기 위함이었다. 1942년 11월에 시행된 커피 배급제는 유럽에서 전세가 연합국에 유리하게 전개되기 시작한 1943년 7월까지 유지되었다.

국가는 배급제를 선택하였고, 미국 국민들은 커피를 연하게 마시는 습관을 선택했다. 적은 양의 커피에 많은 양의 물을 섞어서 마시는 방식인데, 전쟁 기간 동안 이 묽은 커피에 익숙해진 미국인들은 전쟁 이후에도 이 커피를 마셨다. 아메리카노의 탄생 배경이다.

전쟁에 이긴 미국은 패전국 독일, 이탈리아, 일본에 군대를 보냈고, 이들에 의해 새로운 커피 문화의 씨앗이 뿌려졌다. 이탈리아에 주둔한 미국 군인들은 이탈리아의 쓴 에스프레소에 적응하지 못했다. 이들에게는 에스프레소와 함께 뜨거운 물이 제공되었고, 미군들은 원하는 만큼의 물을 섞어 마셨다. 이를 본 이탈리아 바리스타는 이 커피를 "아메리칸 커피"로 불렀다. 물론 "커피 같지 않은 커피"라는 승전국 군인을 향한 조롱의 의미도 담겨 있었다.

전쟁터에서 일상으로 돌아온 미국 군인들은 묽은 커피를 선호했다. 당시 미국에서 개발되어 인기를 끌던 커피메이커는 원두 가루로 묽은 커피를 내리는 기계였다. 이 묽은 커피는 이때까지 그냥 '커피'로 불렸다. 묽은 커피에 '아메리카노'라는 이름을 붙인 것은 훗날 '스타벅스'였다.

1982년 스타벅스에 합류한 텀블러 세일즈맨 하워드 슐츠는 1983년 이탈리아 출장에서 에스프레소를 활용한 커피음료를 판매하는 카페 문화를 경험하였다. 잠시 스타벅스를 떠났던 슐츠는 1987년에 스타벅스를 인수한 후 본격적인 카페 사업을 시작하였다. 드디어 스타벅스에서 스페셜티 커피원두로 만든 에스프레소에 물을 부어 만든 묽은 커피를 선보였다. 이 묽은 커피에 '아메리카노'라는 고유 명칭이 붙여진 것은 1990년대 조반이었다. 더 이상 '아메리칸 커피'도 '묽은 커피'도 그냥 '커피'도 아닌 '아메리카노'가 정체성을 얻은 것이다. 스타벅스의 세계 진출로 아메리카노는 세계인이 공통으로 사용하는 커피의 대명사가 되었다. 물론 이탈리아를 포함한 에스프레소 문화의 본고장 유럽에서 커피의 대명사는 여전히 에스프레소이기는 하다.

에스프레소 유행이 살린 로부스타종 커피

1920년대 후반 세계 대공황이 초래한 원두 가격의 폭락으로 가장 큰 피해를 입은 것은 커피 생산의 공룡 브라질이었다. 브라질 정부는 커피 재고량을 조절하기 위해 어마어마한 양의 생두를 불태우고 바다에 던졌다. 이 와중에도 관리들의 눈을 피해 생두를 몰래 숨기고, 바다에 던져진 커피를 몰래 건져서 파는 사기꾼들도 있었다. 가격 변화가 심하고, 그래서 미래가 불투명한 커피 시장이 만든 해프닝이었다.

대공황이 아직 진행 중이던 1932년에 코나커피 생산이 본격화된 하와이의 빅아일랜드 서부에서는 커피 생산 시기에 맞추어 학기제가 조정되기도 하였다. 수확 시기인 8월부터 11월까지를 방학으로 정하여 어린이들이 편하게 커피생두 피킹(손으로 따는 일)에 참여할 수 있게 한 것이다. 1969년까지 유지된, 미국 어디에도 없었던 "코나커피방학"이었다.

커피 소비의 거인 미국인들이 대공황으로, 그리고 커피 생산의 공룡 브라질이 원두 가격 폭락으로 고통스러워하는 동안에도 유럽에서는 새로운 커피 문화가 탄생하였다. 1920년대와 1930년대에 유럽의 커피 소비문화에서는 남과 북이 명확히 나뉘었다. 독일, 덴마크, 네덜란드, 스웨덴, 노르웨이, 핀란드 등 북유럽 국가들은 이른바 품질이 최상급인 마일드 커피를 선호하였다. 1인당 커피 소비량도 점차 증가하여 1인당 소비량 국가별 순위에서 이들 북유럽 국가들이 대부분 명단 상위를 차지하였다. 이런 모습은 식민지하의 조선 언론에도 보도될 정도였다. 1933년 『조선중앙일보』는 1인당 커피 소비 순위에서 스웨덴, 덴마크, 노르웨이, 네덜란드가 1위에서 4위까지를 차지한다고 보도하였다(1933년 4월 3일 자, 「珈琲이야기」).

북유럽 대부분의 국가에서는 커피를 내릴 때 미국인들이 즐겨 쓰는 퍼컬레이터(일종의 커피메이커) 방식이 아니라 드립식을 사용하였다. 미국처럼 몇 개의 대기업이 엄청난 양의 생두를 독점 수입한 후 대량으로 볶고 획일적으로 포장하여 마켓 선반에 올려놓는 일은 없었다. 유럽의 소비자들은 미국과 달리 브랜드 명성이나 판촉 전략에 이끌려 원두를 구입하지 않았으며 소비자의 취향에 따라 원두를 선택하고 맛을 즐겼다. 향이나 맛에 따라 선호하는 커피를 골라서 즐기는 고급스러운 커피 문화였다.

1930년대에는 이탈리아를 상징하는 두 개의 커피기업이 새로운 기술로 급성장을 하였다. 1933년에 이탈리아를 상징하는 커피기업 일리(Illy)가 등장했다. 창업자는 헝가리 출신 이탈리아 기업가 프란시스코 일리(Francisco Illy, 1892~1956)로, 일리는 세계 최초로 자동 에스프레소 기계 일레타(Illetta)를 발명하여 세상에 내놓았다. 식품화학자였던 그의 아들 어니스트 일리(Ernest Illy)는 2차 세계대전 이후 사업을 이어받아 '일리'라는 커피 브랜드를 세계화하였다.

1895년에 토리노에서 작은 식품점을 시작한 루이지 라바짜는 1927년에 기업 명칭을 'Lavazza'로 정하고, 브라질 여행을 다녀온 후 다양한 커피를 섞는 이탈리아식 블렌딩을 창안하였다. 이어서 커피원두를 포장하는 데 두 겹으로 된 내유성 종이를 사용함으로써 원두의 맛과 향을 잃지 않게 하는 새로운 기술을 개발하여 인기를 끌었다.

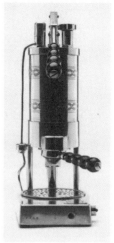

조반니 아킬레 가지아와 에스프레소 머신
왼쪽 사진에서 모자를 들고 서 있는 사람이 조반니 아킬레 가지아다. 그는 오늘날 널리 사용되고 있는 에스프레소 기술을 창안했다. 오른쪽은 1947년에 발명한 에스프레소 머신이다.

　에스프레소 역사에서 중요한 인물은 밀라노의 카페 운영자 조반니 아킬레 가지아(Giovanni Achille Gaggia)이다. 1936년에 스팀 압력 대신 뜨거운 물 압력을 이용하는 기술을 발명한 데 이어 1938년에는 부드러운 크레마층을 만들어내는 "Lampo"라는 이름의 기계를 개발하여 특허를 얻었다. 가지아는 1947년에 드디어 바리스타가 손잡이를 잡아당기면 스프링이 피스톤을 움직이는 방식으로 압력을 손쉽게 8~10기압으로 높이는 기술을 발명하였다. 일정한 맛과, 일정한 양의 커피를 안정적으로 내리는 기술로, 지금도 널리 사용되고 있는 에스프레소 기술이다.

　이렇게 시작된 이탈리아 북부 지역의 에스프레소 문화가 라틴 계열인 프랑스, 포르투갈, 스페인 등 남유럽 지역으로 전파되었다. 이어서 스위스, 크로아티아, 불가리아, 그리스 그리고 대륙을 넘어 오스트레일리아로 퍼져나갔다. 고급 아라비카종 커피에 저급 로부스타종 커피를 혼합하여 강하게 로스팅하고, 빠른 속도로 내려 마시는 새로운 문화가 출현한 것이다. 로스팅을 강하게 해서 거의 숯 색깔이 나는 원두를 만들고, 기계를 이용하여 커피 내리는 시간을 확 줄인 새로운 커피의 세계였다. 대부분의 카페에서 에스프레소 머신을 사용하여 갈색 크레마(거품)가 형성되는 새로운 음료를 판매하기 시작했다.

로부스타종 커피는 카페인 함량이 높고 맛이 부드럽지 않다는 이유로 커피 애호가들에게 외면당해왔던 싼 커피의 상징이었다. 그러나 아라비카종 커피와 섞어 에스프레소를 만들면 강한 향과 진한 크레마를 형성하는 데 안성맞춤이었다. 미국에서는 한동안 수입 자체가 금지되었던 로부스타종 커피가 에스프레소가 유행하면서 다시 소비되기 시작하였다. 에스프레소의 유행과 함께 베트남과 인도네시아를 비롯한 동남아시아 국가들과 우간다를 중심으로 한 중부 아프리카 지역에서의 로부스타종 커피 재배가 확대되기 시작하였다.

등장 초기에는 기계로 내린 에스프레소 그대로 진하게 마시는 것이 일반적이었다. 무솔리니 시절에는 출근길에 스탠드바 형식의 카페에서 선 자세로 급히 마시고 일터로 향하는 문화가 등장하였다. 에스프레소에 다양한 첨가제를 넣어 마시기 시작한 것은 2차 세계대전 이후였다. 요즘 카페처럼 에스프레소에 뜨거운 물을 타서 제공하는 아메리카노 문화는 2차 세계대전 이후 미국에서 등장하여 세계로 퍼져나갔다. 한동안 유럽 카페에는 아메리카노도 없었고, 미국식 대형 기업에서 제공하는 획일화된 원두도 없었다. 그들은 이윤이 아니라 커피를 지향하였다.

에스프레소는 유럽 커피 문화의 상징이다. 같은 양이라면 다른 커피에 비해 에스프레소의 카페인 함량이 상대적으로 많은 것이 사실이다. 그러나 보통 에스프레소는 28g 정도의 소량을 '데미타세(Demitasse)'라고 하는 작은 전용잔에 담아 마신다. 큰 머그잔에 200~300g 정도를 담아 마시는 아메리카노나 드립커피 한 잔에 함유된 카페인 양과 비교하면 큰 차이가 없다. 에스프레소 한 잔에는 64.5mg 수준의 카페인이 들어 있다. 우리나라 식품의약품안전처가 권고하는 카페인 하루 최고 섭취량은 성인 기준으로 400mg, 청소년은 몸무게 1kg당 2.5mg이다. 몸무게 50kg 청소년의 경우 125mg, 에스프레소 2잔 정도는 안전하다. 안전하지만 매우 쓰다는 것이 함정이기는 하다.

아라비카종과 로부스타종을 섞어서 강하게 볶은 후 빠르게 내려서 마시는 에스프레소 커피의 인기, 그리고 제2차 세계대전이 다시 촉발시킨 인스턴트커피 시장의 활성화가 로부스타종 커피 재배의 확산을 가져왔다. 지금은 전 세계 커피 소비시장의 40% 가까이를 차지하고 있다.

커피 역사 속 무솔리니와 히틀러의 흔적

20세기 세계 역사에 비극을 만든 독재자 두 명을 꼽자면 단연 이탈리아의 총리로서 파시즘을 창시한 베니토 무솔리니(Benito Mussolini, 1883~1945)와 독일 나치당의 당수이며 총통이었던 아돌프 히틀러(Adolf Hitler, 1889~1945)일 것이다. 이 두 독재자는 커피 역사에도 등장한다.

교사 출신인 무솔리니는 히틀러와 비교 불가할 정도로 지적인 인물이고 많은 업적을 남겼다. 고대 로마의 유적을 대규모로 발굴하였고, 오랜 두통거리였던 마피아를 대대적으로 단속하여 무력화시켰으며, 이탈리아를 축구 강국으로 만든 것 등을 그의 치적으로 꼽을 수 있다. 그리고 커피 역사에서도 그의 업적을 몇 가지 찾을 수 있다. 그러나 국가를 떠나서는 인간과 영혼의 가치도 존재하지 않는다는 신념으로 파시즘 체제를 만든 죄악이 그의 모든 업적을 지웠다.

무솔리니가 커피 역사에 남긴 첫 업적은 바리스타의 탄생이다. 1938년 에스프레소를 만드는 사람을 일컫는 단어 '바리스타'가 등장하였다. 이전까지는 영어 표현인 '바맨(barman)'으로 불렸으나, 독재자 무솔리니가 추진한 모든 용어의 이탈리아어화 정책에 따라 '바리스타'라는 단어가 탄생한 것이다. 지금의 전 세계 바리스타들이 명칭에서는 무솔리니에게 신세를 지고 있는 셈이다.

무솔리니가 커피 역사에 남긴 두 번째 업적은 '모카포트'의 발명이다. 알루미늄으로 만든 가정용 에스프레소 도구인 모카포트는 무솔리니의 알루미늄 산업화 정책의 산물이다. 1933년 알루미늄 공장을 운영하던 알폰소 비알레티(Alfonso Bialetti, 1888~1970)가 모카포트를 발명하면서 이탈리아에서 제대로 된 홈카페 문화가 시작되었다. 아프리카의 커피 원산지 에티오피아를 침략하여 아프리카 커피를 다시 유럽에 유행시킨 것도 무솔리니였다.

카페의 나라 오스트리아에서는 19세기 후반인 1889년 4월 20일 역사적인 인물이 태어났다. 바로 아돌프 히틀러다. 그는 오스트리아 북부 국경에 접한 마을 브라우나우 암 인(Braunau am Inn)에서 6남매 중 넷째로 태어났다. 그의 아버지는 아들이 공무원이 되기를 원했으나 정작 히틀러

커피가 모이는 공간

커피가루가 담긴 바스켓

물이 담기는 곳

무솔리니가 탄생시킨 모카포트

무솔리니의 알루미늄 산업 진흥정책의 결과 탄생한 것이 가정용 에스프레소 도구인 모카포트이다. 모카포트의 탄생은 홈카페 문화를 확산하는 결과로 이어졌다. 오른쪽 그림은 모카포트에 커피가 내려지는 구조이다. 아래에서 열을 가하면 끓는 물이 바스켓에 담긴 커피가루를 적신 후 관을 따라 상부 공간에 모이게 된다.

는 그림을 그리고 싶어했기 때문에 초등학교 입학 초부터 갈등을 빚었다. 수천 년 반복되어온 교육 문제에 관한 부모와 자식의 갈등에서 히틀러도 예외는 아니었다. 그의 아버지가 히틀러의 희망을 존중했다면 세계 역사는 바뀌었을 것이고, 히틀러라는 이름은 훗날 정치사가 아니라 미술사 책에서 만났을 수도 있다. 히틀러는 열한 살 무렵 당시 오스트리아의 수도인 린츠로 이사하여 기술학교에 입학했지만 역시 적응하지 못하였다. 1903년 열다섯 살이 되던 해에 아버지가 사망하자, 어머니와 함께 예술의 도시 빈으로 이주하였다.

화가의 꿈을 이루기 위해 빈으로 이주했지만 이주하던 해 말에 어머니

마저 세상을 떠났다. 히틀러는 훗날 뮌헨으로 떠나기까지 청소년 시절을 빈에서 지내면서 노숙인 생활을 하기도 하였다. 어린 히틀러는 그곳에서 생계를 위해 그림을 그리는 힘겨운 시간을 보내야 했던 생계형 예술가 지망생이었다.

히틀러가 당시 빈에서 화가를 꿈꾸며 드나들었던 곳이 바로 카페였다. 커피를 마시기 위해서가 아니라 자신이 그린 그림엽서를 팔아 하루하루 삶을 이어가고, 자신의 꿈인 화가의 길을 찾기 위해서였다. 그러나 히틀러의 인생을 뒤틀리게 만든 안타까운 일이 벌어졌다. 히틀러가 빈 국립미술아카데미 입시에서 두 번이나 실패하고 만 것이다. 그의 입학을 거절한 이 아카데미의 학장은 유대인이었다.

이후 제1차 세계대전이 벌어지자 그는 군에 입대했다. 전쟁 중에 여러 개의 메달을 받았으나 부상을 두 번(1916년과 1918년) 입기도 했다. 이후 그는 빈을 떠나 뮌헨으로 이주하였고, 반유대주의 정당인 독일노동당(나치당)에 가입하여 정치인으로 활동하면서 인류 역사에 큰 상처를 남겼다. 그가 국립미술아카데미에 입학하였거나, 그가 출입하던 카페에서 그의 솜씨를 알아본 누군가를 만나 지원을 받았거나, 빈의 커피숍 문화에 빠졌었다면 인류 역사는 다른 방향으로 흘러갔을지도 모를 일이다.

2011년 '빈 커피하우스 문화(Wiener Kaffeehauskultur)'가 유네스코 세계무형문화유산으로 등재되었다. 오스트리아의 빈은 프랑스의 파리와 함께 19세기 유럽 커피 문화를 상징하는 대표적인 도시, 구스타프 클림트와 에곤 실레를 탄생시킨 미술의 중심지가 틀림없다. 하지만 가난하고 어린 생계형 예술가 지망생 히틀러를 품을 정도로 따뜻하지는 않았다.

좋은 국가 이미지가 탄생시킨 네스카페

인스턴트커피는 20세기 초에 최초로 발명되었지만 세계인의 입맛을 사로잡기 시작한 것은 제2차 세계대전 중이었고, 그 계기를 만든 것은 브라질이었다. 브라질은 세계 커피 공급량의 50% 이상을 차지하고 있었고, 커피 판매 수익으로 자국 재정의 70% 이상을 충당하고 있었다. 이런 경제구조를 지닌 브라질에게 대공황이 초래한 세계적 소비 감소는 엄청난 위기였다.

새로운 커피 제품을 개발한다면 이 위기를 극복할 수 있을 것이라는 희망을 품고 브라질의 대형 은행들은 믿을 만한 기업을 찾아 나섰다. 브라질과 커피전쟁을 치르고 있는 미국, 미국과 경제 공동체를 이루고 있던 영국이나 프랑스 등 서유럽 기업들은 믿을 수 없었다. 결국 찾아낸 것은 스위스의 식품회사 네슬레였다. 1815년 나폴레옹 몰락 후 열린 빈회의에서 영구 중립을 인정받으며 연방국가로 재탄생한 스위스는 제1차 세계대전에서도 중립을 유지하였고, 훗날 제2차 세계대전에서도 중립을 유지하여 자국민을 보호하는 데 성공하였다. 그리고 스위스가 선택한 중립 노선은 브라질의 신뢰를 얻었다.

네슬레는 커피와는 무관한 기업이었다. 1866년에 창립된 식품회사로 연유, 초콜릿, 이유식 등을 생산하는 기업이었다. 커피와는 무관한 식품회사 네슬레가 새로운 커피 제품의 개발 의뢰를 받은 것은 기업 이미지보다는 국가 이미지 덕을 본 것이 분명하였다. 국가 이미지가 기업과 상품의 경쟁력에 얼마나 중요한 영향을 미치는지를 보여준 대표적 사례가된다.

무려 7년간에 걸친 개발 노력 끝에 1938년 화학자 맥스 모겐탈러(Max Morgenthaler) 박사가 이끄는 네슬레 연구팀은 '네스카페(Nescafé)'라는 이름의 신제품을 세상에 내놓았다. 커피액을 뜨거운 용기 안에서 분사시켜 수분은 증발하고 커피 방울이 급속히 분말로 바뀌게 만드는 방식이었다. 물에 녹는 분말형 커피의 탄생이었다. 상품명 '네스카페'는 '네슬레의 커피'라는 단순한 의미를 담고 있다.

1901년에 상업화에 성공한 조지 워싱턴의 인스턴트커피와는 달랐다. 워싱턴의 커피는 단순 건조와 과립화 과정을 거친 제품이어서 녹는 데 시간이 많이 걸리고, 완전히 녹지도 않는 문제가 있었다. 반면에 '네스카페'는 빠른 시간에 완벽하게 녹는 커피였다.

'네스카페'의 출시에도 불구하고 이듬해에 시작된 제2차 세계대전으로 인해 네슬레의 기업 이익은 크게 감소하였고 위기를 맞았다. 그러나 미국과 영국 등 연합국 군대에서 인스턴트커피 소비가 확대됨에 따라 네슬레의 수익은 폭발적으로 증가하였다. 전쟁 종료 후에는 세계인들이 '네스카페'의 편리함과 맛에 빠져들었고, 네슬레는 세계적인 기업으로 성장하기 시작하였다.

네스카페 개발을 발판으로 한 네슬레의 성장은, 전쟁이 많은 나라와 사람들에게 고통을 주고 피해를 주지만 어떤 나라나 기업 혹은 사람들에게는 기회를 주기도 한다는 것을 보여준다. 6·25전쟁으로 일본이 전쟁 특수를 누린 것이나, 베트남전쟁으로 우리나라가 경제성장의 발판을 마련한 것도 전쟁이 만들어준 기회로 볼 수 있다.

제2차 세계대전의 덕을 본 것은 '네스카페'뿐이 아니었다. '네스카페'의 재료로 쓰인 로부스타종 커피가 인기를 얻기 시작한 것이다. 그동안

1948년 네스카페 광고

이 광고는 '네스카페와 함께라면 언제나
커피 시간(ANY TIME is coffee time with
NESCAFE)'이라는 내용으로 폭발적인 인
기를 끌었다. 중립국 스위스가 지닌 긍정
적 이미지 덕분에 식품기업 네슬레는 세
계적인 커피기업으로 성장할 수 있었다.

커피인들로부터 저급한 커피라는 비난과 함께 외면받아오던 로부스타종
커피가 분말화 과정을 거치면서 쓴맛이 사라진 것이 결정적 요인이 되었
다. 로부스타종 커피의 소비가 유럽과 미국 시장에서 확대되면서 이 품
종을 주로 재배하던 많은 중부 아프리카 국가들에는 경제 회생의 길이
열렸다. 한동안 그 이익이 생산 농민들이 아니라 독재자들에게 돌아간
것은 안타까운 일이었다.

　인스턴트커피의 개발을 의뢰하였던 것은 브라질이었다. 그러나 그 이
익은 개발을 맡았던 스위스 기업, 그리고 인스턴트커피의 재료를 생산하
는 많은 아프리카 국가들에게 돌아갔다. 물론 이탈리아를 비롯한 남부
유럽 국가에서 새롭게 등장한 에스프레소 커피의 재료로 로부스타종 커
피가 소비되기 시작한 것도 이런 변화를 가져오는 데 기여하였다. 이런

변화를 지켜본 베트남, 인도네시아 등 동남아시아 국가들이 로부스타종 커피 재배에 본격적으로 나서기 시작한 것도 이즈음이다.

제2차 세계대전을 계기로 시작된 인스턴트커피와 로부스타종 커피의 성장은 500년 동안 유지되어온 커피의 이미지를 바꾸었다. 유럽과 북아메리카를 넘어 세계 대부분의 지역과 국가에서, 그리고 일부 상류층만이 아니라 모든 계층의 사람들이 커피를 소비하면서 커피는 차별적 이미지를 벗고 대중적 이미지를 입게 된 것이다. 그 출발은 인스턴트커피 '네스카페'의 등장이었다.

제2차 세계대전 이후 커피 문화에 영향을 끼친 두 가지 요소는 단연 '네스카페'로 시작된 인스턴트커피 기술의 발달과 로부스타종 커피 재배의 확대였다. 서로 연결된 이 두 가지 현상으로 인해 커피는 20세기 후반에는 지구촌 모든 사람이 즐기는 소비재가 될 수 있었다. 커피를 생산하고 가공하기 위해 땀을 흘리지만 정작 커피를 마시지는 못했던 커피생산국의 노동자들도 즐길 수 있는 음료가 된 것이다.

3부

커피와 문화

13

커피 제1의 물결, 편의주의가 망친 커피의 품위

편의주의가 탄생시킨 인스턴트커피 전성시대

커피 전문가들은 제2차 세계대전 이후 커피의 역사를 '제1의 물결', '제2의 물결' 그리고 '제3의 물결'이라는 세 시기로 나누어 설명한다. 커피 전문가 티머시 캐슬(Timothy Castle)과 트리시 로드갭(Trish Rothgeb)이 나눈 방식이다. 구분의 기준은 커피의 품질, 커피 제조방식, 기타 몇 가지 요인들이다.

제1의 물결은 제2차 세계대전 종전부터 스타벅스가 출현한 1980년대 말까지이고, 이 시기는 질 낮은 커피와 상품 커피(commodity coffee)로 상징된다. 커피가 귀중품(novelty)으로부터 생필품(commodity)으로 옮겨간 시기를 말한다. 소비자들이 커피 원료의 생산지나 음료의 형태를 묻지도 따지지도 않고 마시게 된 시대, 누구나 어디에서든지 표준화된 커피를 싼 가격에 구입하는 것이 가능하게 된 시대였다. 미국의 경우 폴거스, 맥스웰하우스, 그린마운틴 커피 등이, 유럽에서는 네슬레가 커피 소비시장

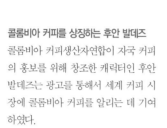

콜롬비아 커피를 상징하는 후안 발데즈
콜롬비아 커피생산자연합이 자국 커피
의 홍보를 위해 창조한 캐릭터인 후안
발데즈는 광고를 통해서 세계 커피 시
장에 콜롬비아 커피를 알리는 데 기여
하였다.

을 지배하였고, 이들 대형 커피 회사들이 만든 인스턴트커피가 세계 여
러 나라로 스며들기 시작하였다.

커피의 질에는 관심이 없고 오직 이윤 창출에만 몰두하는 거대 자본이
만든 상품이 되어버린 커피가 시장을 지배했다. 특히 미국인들이 마시
는 커피의 맛은 획일화되었고, 사용하는 커피원두는 저렴한 브라질산으
로 거의 통일되었으며, 소비자의 선택 기준은 커피의 맛이나 향이 아니
라 오직 광고였다. 미국식 실용주의와 편의주의가 커피를 덮치면서 수백
년 지속되어온 커피의 품격은 지속적으로 떨어졌다.

이렇게 브라질 커피가 지배하는 미국 커피 시장에 콜롬비아 커피가 갑
자기 두각을 나타내기 시작하였다. 맛도 차이가 났지만 좀 더 중요한 계
기는 TV 광고였다. 1960년 콜롬비아 커피생산자연합(Federacion National
de Cafeterosde Colombia)에서 만들어낸 후안 발데즈(Juan Valdez)라는 가
공의 인물이 등장하였다. 작은 노새와 함께 서 있는 콧수염을 기른 농부

발데즈는 등장하자마자 선풍적인 인기를 끌었다. 특히 광고에 약한 미국인들 사이에서의 인기는 하늘을 찌를 지경이었다. 발데즈의 이미지를 타고 콜롬비아 커피는 브라질 커피와는 구별되는 최고급 커피의 상징으로 등극하였다. 제대로 된 커피 블렌딩에는 콜롬비아 커피를 넣는 것이 상식이 되었다. 그러나 콜롬비아 커피의 인기가 높아졌다고는 하지만 생산량이나 수출 규모에서 커피 제1의 물결의 주인공은 여전히 브라질이었고, 콜롬비아는 조연이었다.

제1의 물결 후반기에는 인스턴트커피와 함께 원두커피가 유행하였다. 원두커피를 내리는 커피메이커는 중류층 가정의 필수품이 되었는데 제1의 물결과 제2의 물결을 연결해준 기계였다. 자동화된 가정용 커피메이커를 상품화하여 시장을 지배한 것은 빈센트 마로타(Vincent Marotta)라는 인물이었다. 1972년 그는 자신이 개발한 커피메이커에 미스터커피(Mr. Coffee)라는 이름을 붙여 판매했고, 이는 커피메이커 시장에 돌풍을 일으켰다. 1973년에는 뉴욕 양키즈의 전설적 야구 선수 조 디마지오(Joe DiMaggio)를 광고모델로 세운 덕분에 1974년까지 불과 2년여 만에 100만 대 이상이 팔렸다. 디마지오는 1954년 1월 배우 마릴린 먼로와 결혼하여 여론의 주목을 받았으나, 먼로의 스커트-브로잉(skirt-browing) 사진을 둘러싼 다툼 끝에 1년도 되지 않아 헤어졌다. 당시 미스터커피에 사용되던 커피원두는 대부분 저급하고 저렴한 생두 몇 가지를 섞어서 만든 획일화된 제품이었다. 커피메이커로 내리는 커피를 우리나라 사람들은 커피(인스턴트커피)와 구분하여 원두커피라고 불렀다.

40년 가까이 지속된 인스턴트커피와 커피메이커 전성시대에 미국인들 중에는 심지어 커피가 나무에서 수확하는 열매의 씨가 아니라 공장에서 만들어지는 제품으로 아는 사람이 많았다. 펜더그라스트의 표현대로 미국 소비자들은 편리함 앞에서 커피의 품질 따위는 과감하게 버렸다.

요즘 웬만한 커피 애호가들은 최상의 맛과 향을 지닌 커피를 찾아다닌다. 이에 맞추어 웬만한 카페는 최고급 수준의 커피를 상징하는 스페셜티 커피를 취급하고 있으며 인스턴트커피를 메뉴에 올리는 카페는 없다. 그러나 실제 세계 여러 대륙에서 생산되는 커피생두의 50% 이상은 인스턴트커피 제조에 사용되고 있다. 1990년대 이후 제1의 물결이 잔잔해지기는 하였지만 완전히 사라진 것은 아니다. 세계 많은 지역의 커피 문화 속에서 제1의 물결이 남긴 흔적은 지금도 찾아볼 수 있다.

커피 제1의 물결의 흔적이 가장 강하게 남아 있는 나라는 영국이다. 영국은 현재 인스턴트커피의 천국이다. 영국의 경우 커피 시장에서 인스턴트커피가 차지하는 비중이 75% 이상이다. 최고급 차와 최고급 커피를 즐길 것 같은 영국 이미지에 어울리지 않지만 사실이다. 영국이 200년 이상 지켜오던 차 문화에서 인스턴트커피 문화로 바뀐 계기는 역시 제2차 세계대전이었다. 전쟁터에서 제공되는 인스턴트커피의 맛과 편리함에 사로잡힌 영국인들이 전쟁 후에도 그 매력에서 빠져나오지 못한 것이다. 18세기 중엽 커피보다 만들기 편리한 차를 선택하였던 영국인들이 이번에는 차보다 만들기 편리한 인스턴트커피를 선택한 것이다. 영국인들의 인스턴트커피 사랑은 여기서 그치지 않았다. 스파게티 소스의 풍미를 더하기 위해 소스에 인스턴트커피 가루를 섞는 나라가 영국이다. 포르투갈, 스페인, 인도 등에서는 인스턴트커피를 뜨거운 물이 아니라 뜨거운 우유에 타서 마시는 문화를 만들었다. 이들 나라 역시 인스턴트커피의 소비 비율이 높은 나라에 속한다.

우리나라는 잘 알려진 대로 '커피믹스(coffee-mix)'라는 이름의 인스턴 트커피 종주국이다. 1976년 동서식품이 커피, 설탕, 커피화이트너(크리머) 를 섞어서 1회분씩 포장하여 뜨거운 물만 부으면 마실 수 있는 제품을 세계 최초로 개발하였고 '맥심'이라는 이름으로 출시하였다. 카페와 스페 셜티 커피의 유행에도 불구하고 커피믹스 소비 덕분에 우리나라는 인스 턴트커피의 소비 비중이 높은 나라에 속한다. 인스턴트커피 소비 비율이 가장 낮은 나라는 이탈리아다. 1% 미만이며, 프랑스도 10% 미만이다. 에스프레소나 에스프레소 기반 음료가 발달한 나라들이다.

커피나무, 아프리카 평화의 식물로 재탄생

1880년대부터 1920년대까지 세계적인 커피 붐이 지속되었고, 그 영향 으로 에티오피아, 케냐, 탄자니아 등 아프리카 중동부 고산 지역에 아라 비카종 커피를 재배하는 농장이 하나둘 생겨나면서 커피농가가 증가하 기 시작하였다. 그럼에도 불구하고 제2차 세계대전까지 아프리카 커피가 세계시장에서 차지하는 비중은 2%를 넘지 못할 정도로 미미하였다.

로부스타종 커피의 고향인 중부 아프리카의 프랑스와 벨기에 식민지 국가들을 중심으로 로부스타종 커피의 재배가 서서히 확대된 것은 1960 년대 이후였다. 당시 시작된 독립의 열기와 함께 이 지역 커피 산업은 활 성화되기 시작하였다. 독립을 이룬 아프리카의 많은 나라들이 커피 재배 를 국가 경제의 출발점으로 삼는 전략을 선택하였다. 아이보리코스트(현 재의 코트디부아르), 카메룬, 콩고, 세네갈, 가봉, 우간다, 앙골라 등이 대표적이다.

　아프리카 서부 지역의 커피 생산 리더였던 코트디부아르는 1970년대에 브라질과 콜롬비아에 이어 세계 3위의 커피생산국 지위에 오르기도 하였다. 이렇게 된 데에는 커피 농부의 아들로 태어난 초대 대통령 펠릭스 우푸에-부아니(Félix Houphouët-Boigny)의 영향이 컸다. 2023년 현재도 코트디부아르는 로부스타 생산량에서 세계 7위를 차지하고 있다. 우간다의 경우에도 1962년 독립과 함께 로부스타 생산이 급증했지만 1970년대 중반에 시작된 이디 아민(Idi Amin)의 독재 아래서 커피 산업은 붕괴하기 시작하였다. 1990년대에 회복되기 시작한 우간다의 커피 산업은 성장을 거듭하여 이제 베트남, 브라질, 인도네시아, 인도에 이어 세계 5위의 로부스타종 커피생산국이 되었다.

　아프리카의 많은 지역은 1990년대까지 잦은 내전을 벌이며 비극적인 역사를 이어가고 있었다. 내전은 다양한 요인들에 의해 촉발되었지만, 공통적 배경의 하나는 가난이었다. 이런 시대적 흐름 속에 등장한 것이 커피 산업, 특히 로부스타종 커피 재배였다. 1990년대 후반부터 시작된 세계적인 커피 소비의 확대, 즉 제3차 커피 붐의 시작에 따라 아프리카의 많은 빈국들이 커피 생산과 수출을 국가 주력 산업으로 선정하기 시작한 것이다. 에티오피아와 케냐가 있는 아프리카 동부에서 시작한 커피 생산은 서부로 남부로 점차 확대되고 있으며, 매년 10% 내외의 성장세를 보인다. 우간다, 르완다, 탄자니아, 콩고민주공화국, 코트디부아르, 말라위, 잠비아, 남수단, 시에라리온, 카메룬, 토고 등이 대표적이다.

　2022년 기준으로 세계 커피 무역에서 아프리카 커피가 차지하는 비중은 12% 정도이다. 세계커피기구(ICO)의 통계에 따르면 2021년 2월부터

2022년 1월까지 1년간 커피 수출량에서 아프리카 18개국이 차지하는 비중은 전체 1억 2,462만 자루 중 1,445만 자루로 전체의 11.6%였다.

아프리카 지역의 커피 산업 성장은 매우 긍정적인 의미를 갖는다. 커피 산업이 만든 일자리의 증가, 이로 인한 생계 불안으로부터의 해방은 국가 내 분열과 갈등을 해소하는 데 기여하고 있기 때문이다. 아프리카 지역에서 내전을 경험하고 있는 국가 수와 내전으로 인한 사망자 수가 최근 들어 급격하게 감소하고 있는 것은 희망적이다. 특히 커피 재배 국가에서 그런 변화가 뚜렷하다는 것도 흥미롭다. 커피가 모든 것을 설명할 수는 없지만 커피로 인한 일자리 증가가 평화를 향한 작은 변화를 만드는 데 기여하고 있는 것은 사실이다.

아프리카뿐 아니라 동남아시아에서도 커피 산업은 역사적으로 의미 있는 역할을 담당하였다. 대표적인 나라가 베트남과 인도네시아다. 1857년 프랑스 선교사들에 의해 시작된 베트남 커피 농업은 19세기 후반 커피녹병이 번지면서 거의 멈추었고, 20세기 들어서는 반복되는 전쟁으로 인해 커피 산업의 성장이 어려웠다. 이후 1986년 개혁·개방을 내건 도이모이(Doi Moi) 정책을 실시하면서 커피 산업이 급성장하여 베트남은 현재 세계 2위의 커피생산국이 되었다. 인도네시아 역시 19세기 후반의 커피녹병, 20세기 전반기의 잦은 전쟁을 극복하고 1950년대 이후 성장을 지속하여 현재는 세계 4위의 커피생산국이 되었다.

커피는 이렇듯 개인에게 위안을 주는 기호음료이면서 동시에 어떤 민족이나 국가에는 최소한의 평화를 가져다주는 화해의 씨앗이기도 하다. 최근 북한에서도 커피가 유행하고 있다. 커피와 함께 한반도에도 평화가 찾아올까.

신속함의 매력, 커피자판기의 등장

1938년 네스카페가 촉발한 인스턴트커피 바람은 8년 후인 1946년 미국의 맥스웰하우스가 경쟁 제품을 출시하면서 커피 시장에 열풍을 몰고 왔다. 인스턴트커피는 무엇보다도 특별한 도구 없이 간편하게 마실 수 있다는 점, 로부스타종 커피원두를 사용하여 생산 가격을 낮출 수 있다는 점이 장점으로 작용하였다. 더 이상 좋은 원두를 사용할 필요도, 또 복잡한 도구나 기계를 이용하여 만들 필요도 없이 뜨거운 물만 있으면 어디서나 쉽게 커피를 마실 수 있었다. 1953년에 미국 커피 시장에서 맥스웰하우스 인스턴트커피는 네스카페를 앞지르기 시작하였다.

1947년에 처음 등장하여 1950년대에 유행한 커피자동판매기(Vending machine)는 인스턴트커피의 소비를 더욱더 촉진하였다. 편리함을 유난히 좋아하는 미국인들의 취향에 잘 어울리는 것이 자동판매기였다.

인류가 물건을 자동적으로 판매하는 기계를 처음 만든 것은 놀랍게도 2천 년 전이었다. 1세기경(기원전이라는 설도 있음)에 헤로 알렉산드리아(Hero Alexandria)라는 그리스의 수학자 겸 엔지니어가 신에게 바치는 성수(holy water)를 공평하게 나누어 주기 위해 동전을 넣으면 그 무게만큼 자동으로 물이 나오는 기계를 발명하였다고 한다. 동전을 기계에 넣으면 동전이 레버와 연결된 팬 위에 놓이고, 그 무게에 의해 레버가 당겨져서 열린 밸브 사이로 일정한 양의 성수가 흐르는 방식이었다. 경사를 따라 동전이 내려가는 동안만 물이 나왔고, 이를 이용해 성수를 공평하게 나누는 방식이었다.

헤로 알렉산드리아의 자동판매기 원리가 상품 판매에 이용되기 시작한 것은 1800년대였다. 1822년 영국의 서적상 리처드 칼라일(Richard Carlile, 1790~1843)이 자동 신문판매기를 발명하였다. 1867년에는 사이먼 데넘(Simon Denham)이 최초로 완전 자동판매기를 개발해 우표를 판매하였고, 이 기계의 특허를 취득하였다. 1883년에는 퍼시벌 에버릿(Percival Everitt)이 한층 현대화된 우편엽서 자동판매기를 개발하여 자동판매기의 대중화를 가져왔고, 이 기계는 기차역과 우체국 등에 설치되었다. 1888년에는 토머스 애덤스(Thomas Adams)가 풍선껌을 판매하는 자동판매기를 개발하여 뉴욕의 지하철역에 설치하였고, 1893년에는 독일의 초콜릿 제조업자 스톨버르크(Stollwerck)가 무려 1만 5,000대의 초콜릿 자동판매기를 독일 전역에 설치하였다.

음료를 자동판매기에서 판매하기 시작한 것은 코카콜라였다. 처음에는 컵에 부어주는 방식이었고, 이어서 병에 담긴 콜라를 팔았다. 얼음을 이용해 차가운 콜라를 제공하는 자동판매기가 설치된 것은 1937년경이었다. 경쟁 기업인 펩시콜라도 자동판매기를 이용한 사업에 뛰어들었다.

커피자동판매기가 처음 발명된 것은 1947년이었다. 물에 녹는 인스턴트커피의 대중화가 가져온 발명품이었다. 미국 필라델피아에 있던 러드 −멜리키안(Rudd-Melikian)이라는 회사 제품이 시초였다. 미국인들이 커피자동판매기 등장을 환영한 것은 당연히 맛보다는 시간과 편리성 때문이었다. 불과 몇 초라는 빠른 시간에 커피를 마실 수 있다는 편리함이 매력적이었던 것이다. 최초의 커피자동판매기에 붙여진 이름이 '퀵 카페(Kwik Kafe)'였던 이유다.

당시 커피자동판매기는 지금 사용되는 방식과 같은 원리를 사용했다. 받침 위로 내려온 종이컵에 커피와 뜨거운 물이 내려오는 방식이었다.

커피자동판매기가 등장한 것은 1947년이고 이름은 퀵 카페(Kwik Kafe)였다. 커피 브레이크의 보편화와 함께 커피자동판매기는 급속도로 보급되었다.

단 5초 만에 커피 한 잔이 만들어졌다. 1948년 한 해에 미국 전역에서 자동판매기를 통해 소비된 커피는 25만 잔이었다. 1955년에는 미국 전역에 6만 개 이상의 커피자동판매기가 설치되었고 참여 기업도 많아졌다. 인스턴트커피를 사랑하는 나라 영국에도 같은 해에 3만 5,000개 이상의 커피자동판매기가 설치되었다. 인구 비례로 보면 미국보다 많은 숫자였다. 이 숫자는 지속적으로 증가하였다.

커피자동판매기 소식은 우리나라에도 곧바로 전해졌다. 1948년 11월 30일 자 『자유신문』은 「자동코-히판매기」라는 제목의 기사에서 "돈을 넣으면 코-히가 틀림없이 나오는 기계"가 미국에서 제작될 예정이라는 소식을 전하였다. 커피자판기가 실제로 서울 거리에 등장한 것은 이로부터 30년이 지난 1978년 3월이었다.

1952년에 라틴아메리카를 기반으로 한 커피소비촉진기구인 범아메리카커피사무국(PACB)이 광고를 통해 '커피 브레이크(coffee break)' 문화를 확산시킨 것도 자동판매기 커피의 유행을 키웠다. 커피 작가 마크 펜더그라스트에 따르면 PACB는 연 광고비 200만 달러를 투자하여 커피브레이크 캠페인을 벌였고, 이 캠페인 이후 실시한 조사를 보면 일터의 80%가 커피 브레이크를 제공하고 있었다. 커피 브레이크에 가장 유용하고 인기 있는 것이 자동판매기였고, 사무실이 있는 건물의 복도와 공장 담벼락마다 자판기가 설치되었다.

인스턴트커피의 유행, 자동판매기의 보급과 반비례하는 것은 커피의 질이었다. 모든 인스턴트커피를 만드는 방식은 네슬레가 개발한 가열 농축을 통해 분무건조하는 방식이었다. 문제는 진공상태에서 200℃ 가까이 가열하므로 열에 의해 향미가 손실된다는 점이었다. 그런데 신기하게도 인스턴트커피를 마시면서 이런 문제점을 지적하는 사람은 거의 없었다.

1950년대는 TV 전성시대였다. 커피가 TV 광고의 꽃으로 등장하였다. 미국에서 이를 주도한 것은 맥스웰하우스였다. 코카콜라와 맥스웰하우스, 둘은 TV 광고의 최강 라이벌이었다. 인스턴트커피의 유행에 따라 미국에서 로부스타종 커피의 거래가 허용된 것, 자동판매기에서 지폐를 사용할 수 있게 된 것 모두 1960년에 이루어진 일이었다. 이런 분위기는 1980년대까지 지속되었다. 커피자동판매기의 성능, 인스턴트커피 제조법, 그리고 커피 광고의 수준은 갈수록 높아졌고, 커피의 품질은 점점 떨어지는 흥미로운 곳이 1950~1980년대 미국이었다. 커피 제1의 물결 시대에 벌어진 일이었다.

커피 산업에 위기가 없었던 것은 아니다. 커피보다 더 편리하게 마실 수 있는 기호음료인 콜라가 소비자의 입맛을 사로잡기 시작한 1960년대 중반에 이르러 커피 소비가 위축되었다. 미국인의 하루 커피 소비량이 고점이었던 1962년의 3.12잔에서 1967년에는 2.86잔으로 떨어졌다. 청소년층을 중심으로 한 콜라 소비의 확대가 가져온 커피 소비 감소였다.

인스턴트커피에서도 맛을 향상시키기 위한 노력이 없었던 것은 아니다. 1964년에 맥스웰하우스는 냉동건조법을 발명하였다. 미국 인스턴트커피 시장의 50%를 점유하고 있던 맥스웰하우스에서 최초의 냉동건조 커피 '맥심(Maxim)'을 내놓았다. 액상 커피를 얼려 수분을 제거하는 획기적인 방식이었다. 수분을 제거하고 남은 커피를 농축한 후 작은 입자로 분쇄하기 때문에 커피 고유의 맛을 꽤 오래 유지할 수 있었다. 게다가 분무건조를 이용한 커피보다 물에 더 잘 녹았기 때문에 매우 깔끔한 식감을 느낄 수 있었다.

물론 미국의 인스턴트커피, 자판기 커피, 커피메이커 문화가 이탈리아나 프랑스식의 에스프레소 문화를 원천적으로 봉쇄할 수는 없었다. 에스프레소를 제공하는 커피하우스들이 뉴욕이나 샌프란시스코 등 일부 도시에는 남아 있었다. 유럽의 커피 문화를 느끼고 싶은 문화예술인, 보헤미안, 히피들은 여전히 이런 커피하우스들을 드나들었다. 소형 에스프레소 머신도 등장하였다. 그러나 그 무엇도 미국에서 인스턴트커피, 자판기 커피, 커피메이커가 주는 편리함과 신속함의 벽을 감히 넘을 수는 없었다. 실용주의의 나라 미국이었으니까.

14

커피 제2의 물결, 스페셜티 커피가 일으킨 파문

커피 상식에 도전, 스타벅스의 등장

인스턴트커피의 전성시대를 의미하는 커피 제1의 물결을 잠재우고 새로운 물결인 제2의 물결을 일으킨 것은 미국에 등장한 '스타벅스'였다. 물론 새로운 카페가 하나 등장하자마자 커피 문화에 새로운 물결이 일어난 것은 아니었다. 그 나름의 도전과 혁신이 축적되어 만든 새로운 물결이었다.

스타벅스는 1971년 3월 30일에 샌프란시스코대학(University of San Francisco)의 동창생인 제리 볼드윈(Jerry Baldwin)과 고든 바우커(Gordon Bowker) 그리고 바우커의 친구인 제브 시글(Zev Siegl)에 의해 창립되었다. 창립 당시 건물 임대료는 월 137.50달러였고, 창업비용으로 세 사람이 각각 1,500달러씩 투자하고 은행에서 5,000달러를 대출받았다.

기업명 '스타벅스'는 허먼 멜빌의 소설 『백경(Moby Dick)』에 나오는 일등 항해사 이름인 '스타벅'에서 착안한 것이다. 옛날 옛적 커피를 배에 가득 실은 무역상들이 험난한 파도를 뚫고 소비자들을 향해 항해하던 멋진 모습을 연상시키는 이름이었다. 인어 모양의 로고는 매력적인 목소리로 사람을 유인하는 그리스 신화 속 바다의 신 사이렌(siren)이다. 이처럼 스타벅스는 멋진 맛으로 소비자들을 매혹시키겠다는 각오와 기대가 담긴 이름과 로고로 출발하였다.

제리 볼드윈은 샌프란시스코 출신으로 같은 지역에 있는 샌프란시스코대학에 입학하였고, 고든 바우커는 워싱턴주 출신으로 시애틀에서 고등학교를 졸업한 후 샌프란시스코대학에 진학하면서 둘의 만남이 시작되었다. 친구 사이였던 바우커와 시글이 대학 졸업 기념으로 미동부와 유럽 여행을 기획했고, 샌프란시스코에서 볼드윈이 여행에 합류하면서 셋의 인연은 시작된다. 이들은 여행 후 바우커의 고향인 시애틀에 자리 잡았다. 볼드윈은 영어, 시글은 역사 교사가 되었고, 바우커는 광고회사의 카피라이터로 사회생활을 시작하였다. 다른 길을 가던 이들을 결합시킨 것은 커피였다.

이들 세 명이 첫 직장을 포기하고 시애틀에 커피원두 판매점을 열게 되는데, 이 판매사업은 샌프란시스코 버클리에 있던 로스팅 회사 피츠 (Peet's Coffee and Tea)의 영향이 컸다. 네덜란드 이민자 알프레드 피트 (Alfred Peet)가 1966년에 세운 피츠커피&티는 미국에서 처음으로 최상급의 생두만을 엄선한 후 강하게 로스팅하여 소비자들에게 공급하는 회사로, 지역 내에서 큰 명성을 얻었다. 대형 커피기업들이 생산하여 유통업체를 통해 공급하는 커피에 익숙해 있던 미국의 소비자들 입맛에 대한 도전이었다. 피츠는 개업 초기부터 젊은 소비자들에게 큰 인기를 얻으며 빠르게 성장하였다. 스타벅스는 이 회사에서 제공하는 원두를 받아서 판

스타벅스 창업에 영감을 준 피츠커피

피츠커피는 알프레드 피트가 버클리에 세운 로스팅 회사로 출발했고, 스타벅스는 피츠커피가 제
공하는 스페셜티 커피의 맛과 향으로부터 영감을 얻어 창업하였다. 이 사진은 1966년경 버클리
매장의 모습이며, 안경 쓴 인물이 알프레드 피트이다. 오른쪽 위는 피츠커피 로고이다.

매하였고, 출발은 비교적 순조로웠다.

혁신 기업인 피츠커피가 성공을 거두게 된 배경에는 새로 등장한 개
념인 '스페셜티 커피(specialty coffee)'의 영향도 있었다. 1974년에 에마
크누첸(Ema Knutsen)이 『티 앤 커피 트레이드 저널(Tea & Coffee Trade
Journal)』에 기고한 글에서 처음 사용한 이 용어는 "최상의 향미를 지닌
커피(beans of the best flavor)"를 설명하면서 등장하였다. 생산시나 품종,
그리고 등급 수준과 무관하게 대량 생산되어 거래되고 있던 상품으로서
의 커피(commodity coffee)와 차별화된 커피를 의미하였다. 낯설지만 뭔
가 다르다는 느낌의 스페셜티 커피에 대한 관심의 확대가 피츠커피의 성

공을 가져왔다.

1982년에는 미국 스페셜티커피협회(SCAA)가, 1988년에는 유럽 스페셜티커피협회(SCAE)가 출범하였고, 스페셜티 커피는 이들 협회에서 정한 엄격한 기준의 심사에서 100점 만점에 80점 이상을 받은 커피생두에만 부여되는 명예로운 명칭으로 발전하였다. 두 협회는 이후 통합되어 스페셜티커피협회(SCA)라는 이름으로 세계 커피 시장에 영향을 미치기 시작하였다. 이런 개념의 등장과 유행으로 기존 커피와는 명확히 다른 고품질의 원두를 공급하는 피츠와 스타벅스의 인기는 급상승하였다.

스타벅스는 창업 10년이 조금 지난 1982년부터 자신들의 원두를 이용하여 커피음료를 판매하기 시작하였다. 이 해에 텀블러(커피 용기) 세일즈맨 하워드 슐츠(Howard Schultz)가 이 회사의 판매와 마케팅 담당자로 합류하였다. 슐츠는 1983년에 이탈리아 밀라노 일대를 방문할 기회를 얻었고, 이곳에서 처음으로 이탈리아식 커피 바 문화와 카페라떼라는 음료를 접하였다. 귀국한 슐츠는 스타벅스에서 이탈리아식 커피 바 문화, 에스프레소, 멋진 바리스타 그리고 우유를 이용해 만든 새로운 커피음료를 판매할 것을 제안하였다. 그러나 이탈리아 커피 바의 도입에 스타벅스 창업자 중 당시 남아 있던 볼드윈과 바우커가 반대하였다. 이유는 간단했다. 다방 문화가 발달하지 않았던 미국에서 커피를 마시는 장소는 집이나 직장이지 이탈리아의 커피 바와 같은 제3의 장소는 아니라고 판단했기 때문이다. 그 나름 미국의 전통을 지키자는 입장이었다.

이 같은 의견 차이로 스타벅스를 그만둔 슐츠는 1986년 4월 시애틀 다운타운에 '일 지오날레(Il Gionale)'라는 카페를 열었다. 카페 운영을 시작한 이듬해 1987년에 피츠의 매각 소식이 전해졌다. 스타벅스 창립자 중

마지막까지 남아 있던 볼드윈이 피츠를 인수하면서 스타벅스를 매각할 결심을 하였고, 슐츠는 이 기회를 놓치지 않았다. 1987년 3월 슐츠는 필요한 자금 380만 달러를 확보해 스타벅스를 인수한 뒤 자신이 만든 일 지오날레라는 이름을 포기하고 스타벅스라는 이름을 유지하였다. 이렇게 스타벅스를 인수한 슐츠에 의해 세계 커피 역사의 새로운 페이지가 만들어지기 시작하였다. 커피 제2의 물결이 다가왔다. 생각보다 강하고 큰 물결이었다.

커피를 갈아 황금을, 스타벅스의 신화

인수 당시 슐츠의 스타벅스 커피 맛은 사실 호불호가 갈리는 상태였다. 나쁜 것은 아니었지만, 그렇다고 누구나 좋아할 정도의 뛰어난 맛도 아니었다. 따라서 맛을 내세워 사업이 성공적으로 안착하기는 어려웠다. 인수 첫해부터 손실이 생겼다. 첫 수익이 난 것은 3년이 지난 1990년이었다.

슐츠는 1991년 주위 사람들의 비웃음을 견뎌내며 더운 로스엔젤레스에 뜨거운 커피를 파는 매장을 열었다. 가능하면 품질이 우수한 커피생두를 구입하였고, 공정 무역을 통해 적정한 가격으로 매입한 생두를 일정량 사용함으로써 커피 생산 농가에 대한 도덕적 책임감을 실천하였다. 이런 과감한 도전을 계기로 스타벅스의 명성은 미국 전체로 퍼져나가기 시작하였다. 1991년 말에는 매장 수가 100개를 넘었고, 1992년 6월에는 주당 17달러의 공모가로 기업공개를 단행하였으며, 시가 총액이 2

억 7,300만 달러에 달했다. 3개월 후에 주가는 33달러를 넘었고 기업 가치는 4억 2,000만 달러로 상승했다. 5년 전 인수할 당시 비용의 110배에 달하는 어마어마한 규모였다.

1993년에는 주위의 우려 속에서도 워싱턴 DC에 매장을 열면서 동부 지역 문화와 성공적으로 결합하였다. 이를 지켜본 잡지 『포춘(Fortune)』은 커버스토리에 슐츠를 싣고 "스타벅스는 커피를 갈아 황금을 만든다(Howard Schultz's Starbucks grinds coffee into gold)"고 표현하기에 이른다. 그리고 이는 카페 주인 슐츠가 미국을 대표하는 기업가의 위치에 올라서는 계기가 되었다. 이후 확장을 거듭한 스타벅스는 1996년에 미국 내 매장 수 1천 개를 돌파하였고, 같은 해 8월 해외 첫 매장을 열었다. 장소는 도쿄였다. 새로운 것에 대한 접근에 조심스러운 태도를 지닌 차의 나라 일본에서 미국식 쓴 커피를 팔겠다는 모험이었다.

일본에 이어 1999년 1월 베이징에 중국 1호점을 열어 차의 종주국 중국 사람들의 입맛에 도전장을 내밀었다. 일본에서는 시작과 함께 신화 수준의 성공적 스토리를 만들어 냈지만 중국에서의 성장세는 일본에 비해 매우 더뎠다. 스타벅스는 1999년 7월 27일 서울의 이화여자대학교 앞에 한국 1호점을 열었다. 당시 스타벅스는 전 세계 12개 국가에 2,300여 개의 체인을 가지고 있었으며 서울 1호점이 그중 하나였다.

한국에서도 스타벅스는 등장과 함께 성공 신화를 쓰기 시작하였다. 스타벅스의 등장은 한국인의 커피 취향뿐 아니라 문화 자체에도 적지 않은 파동을 일으켰다. 음식물을 들고 걸어 다니거나, 음료를 마시며 거리를 걷는 것을 천박하게 여겼던 문화에 변화가 시작된 것이다. 1990년대 말부터는 거리를 걸으며 커피를 마시는 것이 젊음의 상징, 하나의 유행이 되었다. 특히 스타벅스 로고가 새겨진 컵이나 텀블러를 들고 다니는 것은 첨단 유행이었다. 낯설던 테이크아웃 문화가 스며든 것이다.

스타벅스는 예술적으로 볶은 최상의 커피를 마신다는 심미적 감성, 공정 무역을 통해 구입한 커피를 마심으로써 커피 생산자를 도울 수 있다는 윤리적 의식, 그리고 재생 펄프로 만든 컵을 사용함으로써 환경보호 운동에 동참한다는 사회적 책임감 등의 요소를 내세워 소비자들에게 다가가는 데 성공하였다.

2023년 현재 스타벅스는 전 세계 83개국에 36,170개의 매장을 운영하고 있다. 고용된 종업원만도 40만 명이 넘는다. 2022년 1년 매출은 322억 5,000만 달러를 기록하였다. 세계 최대의 커피하우스 체인이다.

스타벅스를 매각하고 피츠커피를 운영하던 스타벅스 창업자 볼드윈은 2000년경 커피업계를 떠나 아내와 함께 와인 사업을 시작하였고 현재도 운영 중이다. 볼드윈과 마찬가지로 교사 출신이었던 시글은 커피업계를 떠나 세계를 무대로 기업 운영 컨설팅 활동을 활발하게 하고 있다. 마지막으로 광고 카피라이터 출신 바우커는 2008년까지 피츠커피의 이사회 멤버로 활동한 후 은퇴하였다.

이들 세 명의 친구들이 커피라는 바다에 던진 작은 돌이 잔물결을 일으켰고, 그들의 사업을 이어받은 하워드 슐츠는 잔물결에 모험이라는 큰 돌을 던져 엄청난 파도를 만들었다. 우리가 커피 제2의 물결이라고 부르는 파도다. 스타벅스에 의해 시작된 커피 제2의 물결은 커피를 하나의 음료에서 향유하는 문화로 만들었다. 과거에 비해 더 높은 수준의 커피 원두, 더 맛있는 커피의 향과 맛을 즐기는 문화 소비자들이 커피 제2의 물결의 주인공이다. 가정이나 직장이 아닌 제3의 장소, 즉 카페가 커피 문화를 공유하고자 하는 사람들이 만나는 장소로 각광받기 시작하였다. 이 새로운 문화의 개척자가 바로 스타벅스였다.

스타벅스가 출발과 함께 바로 성공 신화를 쓴 것은 아니었다. 성공하기까지 불가능해 보였던 모험을 해야만 했다. 미국 전통과 충돌하는 이탈리아식 카페 문화를 받아들이는 모험, 더운 땅 로스앤젤레스에서 뜨거운 커피를 파는 모험, 그리고 값비싼 고급 생두를 사용하는 모험이었다. 지금은 상식이지만 한 세대 전에는 분명 모험이었다. 용기 있는 사람에게 모험과 상식은 결코 멀리 있지 않다는 것을 보여준 행동이었다.

표준화 욕망에 대한 저항과 도전들

커피 세계에서 자주 들리는 표현이 있다. 하나는 "커피 다 똑같지. 뭐 특별한 거 있어?"라는 냉소적 표현이고, 다른 하나는 "커피 맛은 이래야지!"라는 독선적 표현이다. 첫 번째 표현을 즐겨 쓰는 사람은 다양한 커피가 세상에 존재한다는 것을 알지 못하거나, 그런 얘기를 들었지만 게을러서 시도해볼 생각을 하지 않는 사람이기 십중팔구이고, 두 번째 표현을 자주 쓰는 사람은 커피 맛에도 뭔가 표준적인 것이 있다고 믿어서 자신이 생각하는 표준적인 맛을 세상에 강요하는 사람이다.

첫 번째 부류의 사람들이 많던 시대가 제1의 물결 시대였다. 대형 로스팅 업체들에서 공급하는 표준화된 인스턴트커피가 지배하던 시대다. 네덜란드 출신 이민자 알프레드 피트가 1960년대 초 미국에 정착하여 목격한 "세계에서 가장 부자 나라 사람들"이 마시는 "세계에서 가장 형편없는(lousiest) 커피"였다. 두 번째 부류의 사람들이 많던 시대가 제2의 물결 시대였다. 스타벅스가 몰고 온 커피의 표준화 시대다. 스타벅스 커피가 모든 커피 맛의 비교 대상이고, 모든 커피 매장은 스타벅스 매장과 비교되는 그런 시대였다. 스타벅스가 등장한 지 한 세대 이상이 지난 지금도 그 시대가 저물었다고 할 수는 없다.

그런데 제2의 물결 중간 어느 단계에 이르자 수많은 도전자들이 등장하였다. 바로 커피 제3의 물결이다. 스타벅스가 주도한 표준화된 커피 문화를 넘어서겠다는 새로운 도전으로 시작된 제3의 물결을 상징하는 첫 번째 특징이자 유일한 특징은 커피에는 "표준화된 규칙은 없다(no rules)"는 정신이다. 규칙이 없다는 것은 다양성이 인정된다는 의미이며, 다양성이 인정된다는 것은 지배자가 없다는 의미다. 커피 생산자의 다양성, 커피 소비자의 다양성, 커피를 만드는 바리스타의 다양성, 커피 만드는 방식의 다양성, 커피를 즐기는 장소의 다양성 등이 인정되는 문화 속에서 만들어지는 최고급 수준의 커피가 바로 제3의 물결 커피인 것이다.

커피에서 제3의 물결은 표준화나 규칙을 거부하고 다양성을 인정하는 흐름이지만, 다양성 속에서도 포기할 수 없는 공통적인 요소가 있다. 그것은 최고급 커피를 제대로 만들고, 소비하고, 즐기고, 감상하고자 하는 소비자와 생산자가 함께 이끄는 새로운 커피 문화라는 점이다. 생산지와 생산 농장에 따라 다른 커피 고유의 맛을 얻기 위해 로스팅 강도를 다르게 설정하는 것은 물론이고, 새로운 드립 도구들을 이용하여 여유롭고 정교하게 드립하는 방식을 선호한다. 에스프레소 머신을 이용하더라도 지금까지 없던 새로운 맛을 창조하기 위해 제3의 물결 바리스타들은 고민하고, 고민의 결과를 세계 각지에 있는 바리스타들과 나누는 것을 꺼

리지 않는다. 런던 커피페스티벌, 월드바리스타 챔피언십과 같은 국제적 행사는 이들의 고민이 접속해 새로운 문화를 싹 틔우는 장이다. 이들은 표준의 가치를 믿지 않고 표준을 만들려고 하지도 않는다.

제3의 물결은 표준 관리자 스타벅스를 극복하고자 하는 시도, 스타벅스가 만든 스페셜티 커피의 산업화에 대한 저항에서 출발하였다. 시장의 확대에 따른 스타벅스의 대형화는 스타벅스가 만든 초기의 특별함을 유지하기 어렵게 만들었다. 커피 이외의 음료 비중이 늘고, 음료 이외의 상품 판매 비중이 확대되는 등 커피가 중심에서 조금씩 멀어져갔다. 스타벅스 커피가 주는 특별함이 사라지기 시작하면서 커피의 세계에서 스타벅스를 향한 많은 비판이 제기되고 스타벅스를 넘고자 하는 움직임이 시작된 것이다.

스타벅스가 미국을 배경으로 제2의 물결을 일으켰듯이 제3의 물결도 미국에서 시작되었다. 21세기 세계 커피 문화를 선도하고 있는 미국에서 몇 개의 영향력 있는 로스팅 업체들이 제3의 물결 문화를 이끌었다. 저널리스트 와이스만은 이들을 음악계의 록스타(Rock Stars)에 비유해서 커피의 세계에 나타난 스타들이라고 표현하였다.

1995년에 더그 젤(Doug Zell)과 에밀리 맨지(Emily Mange)가 시카고에 설립한 로스팅 회사 인텔리겐치아(Intelligentsia)는 저프 와츠(Geoff Watts)를 바리스타로 받아들이면서 커피계의 혁명을 시작하였다. 와츠가 2000년부터 커피 생산지를 찾아다닌 수고가 인텔리겐치아의 성공을 열어주는 출발점이 되었다. 이들이 주도하여 만든 로스터스길드(Roasters Guild)는 미국에서 제3의 물결을 탄생시키는 인큐베이터가 되었다. 우리나라를 대표하는 커피기업 테라로사의 창업에 영감을 준 것도 인텔리겐치아

블루보틀, 인텔리겐치아, 스텀프타운, 카운터컬처의 로고
커피 제3의 물결을 이끌고 있는 대표적인 기업들이다. 스타벅스의 표준화에 반기를 들며 출발한
이들 선도적 기업들에 의해 커피 문화는 새로운 세계로 접어들었다.

였다. 인텔리겐치아는 2015년에 스텀프타운과 함께 피츠커피앤티(Peet's Coffee & Tea)에 인수되었다.

인텔리겐치아가 설립된 1995년, 노스캐롤라이나 더럼(Durham)에서 출발한 로스팅 업체인 카운터컬처(Counter Culture)는 2000년에 피터 줄리아노(Peter Giuliano)를 로스터 겸 바이어로 채용하면서 전국적으로 명성을 얻기 시작하였다. 줄리아노 역시 커피 생산지를 직접 방문했는데 그에게 영감을 안겨준 첫 여행지는 니카라과였다. 당시 미국 커피계에서는 미국스페셜티커피협회(SCAA) 소속 로스터들 중심으로 로스터스길드의 창립이 논의되고(2001년 출범), 보스턴 커피커넥션(Boston's Coffee Connection)의 조지 하월(George Howell)을 중심으로 케냐의 전통적 커피 경매와 유사한, 일종의 스페셜티 커피 콘테스트를 라틴아메리카에서 개최하는 행사를 기획하고 있었다. 이것이 훗날 중남미 지역, 그리고 최근 아프리카 지역으로까지 확대된 스페셜티 커피 올림픽 COE(Cup Of Excellence)의 시작이었다. 카운터컬처의 줄리아노는 이런 움직임의 주도자 중 한 명이었다.

1999년 오리건주 포틀랜드에서 출발한 스텀프타운(Stumptown)은 두에인 소런슨(Duane Sorenson)의 특별한 경영철학이 바탕이 되어 성장한 제3의 물결 리더 중 하나다. "세상에 좋은 커피를 구하는 데 비싼 금액은 없다"는 소런슨의 표현이 커피를 대하는 그의 태도를 드러낸다. 2004년 파나마의 커피 경매에서 하시엔다 라 에스메랄다 농장에서 출품한 게이샤(Geisha)가 파운드당 21달러라는 경이적인 낙찰가를 기록하여 세계 커피업계를 놀라게 한 적이 있다. 그런데 4년 후 스텀프타운의 소런슨은 경매에서 이 커피에 무려 200달러를 베팅하며 파장을 일으켰다. 그의 철학이 세상에 드러난 사건이었다. 이 회사는 2015년에 인텔리겐치아와 함께 피츠커피엔티에 인수되었다. 현재 피츠커피의 최대 주주는 JAB Holding Company이다.

제3의 물결을 상징하는 이들 3대 로스팅 회사 이외에도 최근에 급성장한 회사로는 샌프란시스코의 필즈(Philz), 샌타크루즈의 버브(Verve), 오클랜드의 블루보틀(Blue Bottle) 등이 유명하다. 블루보틀에서는 커피 내리는 일은 소비자의 취향을 따라 기계가 아니라 바리스타가 하고, 매장에서는 커피 마시는 일 이외의 일을 하지 못하도록 좌석을 없애든지 최소화하고, 번호 대신 주문한 사람의 이름을 호명함으로써 소비자에 대한 예의를 표시하는 등 새로운 커피 문화를 시도하고 있는데, 이와 같은 실험이 제3의 물결 정신을 잘 보여준다. 스타벅스도 과감한 투자로 제3의 물결에 합류하려는 움직임을 보이기 시작하였다. 스타벅스 리저브, 커피포워드 리저브 매장이 그런 노력의 일환이다.

스타벅스의 초기 정신을 이어받되 그 한계를 넘어서려는 미국의 제3의 물결은 공정 무역, 스페셜티 커피, 신선한 로스팅을 통한 표준적인 맛의 극복, 그리고 소비자와 공급자의 동행 등을 중심 가치로 하여 꾸준히 발전하고 있다. 인텔리겐치아나 스텀프타운이 대형화하고, 거대 자본과 결합함으로써, 그들이 비판하던 스타벅스를 닮아가고 있다는 비판이 제기되고 있지만 그들이 개척한 정신을 지지하는 세계 곳곳의 많은 로스터와 바리스타들이 뒤를 잇고 있다.

제3의 물결 커피는 지배적인 국가, 지배적인 기업, 지배적인 맛의 표준, 지배적인 메뉴나 제조방식 없이 지역별로, 카페별로, 바리스타별로 고유한 특징을 인정하는 것이 본질이다. 이들에게 공통적인 것은 최고 수준의 커피 맛을 유지하기 위한 노력과 커피 생산자들의 땀에 합당한 보상을 해주기 위한 합리적 거래 이 두 가지뿐이다.

15

커피 제3의 물결, 음료에서 문화로

커피의 고향, 이슬람 세계의 커피 문화

커피가 기호음료로 인류 역사에 등장하고, 처음으로 경작되고, 이슬람의 음료로 자리를 잡아가는 과정에서 가장 중요한 역할을 한 지역은 예멘과 튀르키예였다. 이들 지역에서 커피는 접대의 상징이고 우정과 공감의 표현이었다. 커피의 대명사 모카항이 있는 예멘, 유럽으로 커피를 전한 나라 튀르키예가 있는 이슬람 문화권의 요즘 커피 문화는 어떤 모습일까?

반복되는 내전과 이로 인한 대규모 난민 사태가 보여주듯이 중동 지역의 불안정한 정세는 지속되고 있다. 이로 인해 20세기 후반 세계적으로 커피 소비가 폭발적으로 증가했음에도 불구하고 커피 생산과 소비의 출발점이었던 중동 지역은 다른 어떤 지역보다도 커피 소비가 적었다. 인스턴트커피가 지배하던 커피 제1의 물결, 스타벅스가 지배하던 제2의 물결이 닿지 않았다고 느껴질 정도로 20세기 내내 중동 지역을 지배했던

1692년경 모카항의 모습

예멘은 동서양을 잇는 교통의 요지에 자리하고 있으며, 그 중심지인 모카항은 커피 무역을 독점하면서 유명해졌다. 커피가 음료로 발전하게 된 데에는 예멘의 역할이 컸다.

음료는 커피가 아닌 차였다. 그러던 것이 21세기 들어 스페셜티 커피에 대한 관심의 확대와 함께 변화의 조짐이 나타나기 시작하였다.

중동 지역의 커피 생산지는 과거나 현재나 예멘이 유일하다. 예멘에서 커피는 수백 년 전과 마찬가지로 대규모 농장보다는 소규모 농가 단위로 경작되고 있다. 비료나 농약을 거의 사용하지 않기 때문에 대부분 유기 농 커피로 분류할 수 있다. 봄과 가을 두 차례 수확한 커피를 전통적이고 자연친화적인 건식법을 이용해 가공한다. 즉 물로 세척하지 않고 햇볕에 말려 과육을 제거하는 방식이다. 대표적인 커피로는 수도 사나의 서쪽에 위치한 바니 마타르(Bani Mattar)에서 생산되는 예멘 모카 마타리(Mocha Mattari), 예멘 중부 지방에서 생산되는 고급 커피 이스마일리(Ismaili), 그리고 수도 사나의 서부 지역 일대에서 생산되는 사나니(Sanani) 커피를 들 수 있다. 2020년 국제커피협회(ICO) 통계에 따르면 예멘의 커피 생산량은 연 6,000톤 정도로 추정된다. 세계 커피 생산량의 0.1%에도 못 미치는 수준이다. 2015년의 내전 발발, 2017년의 콜레라 확산 등으로 인해 커피 산업의 부흥은 쉽지 않은 상태다.

대부분 자연 경작되고 수확과 가공이 수작업으로 이루어져 생두의 모양이 일정하지도 않고, 로스팅 후에도 원두 색깔이 균일하지 않다. 이런 특징 때문에 생두의 체계적 등급 분류조차 이루어지지 않고 있다. 국제적으로 '커피의 귀부인' 혹은 '커피의 여왕'이라 불리며 고급 커피로 인정받고 있는 것에 비해 관리는 비체계적인 상황이다.

예멘이 역사적으로 이슬람 문화권에서 커피 생산을 대표하는 나라였다면 커피 소비를 대표하던 나라는 튀르키예다. 17세기에 유럽 기독교 국가에 커피를 소개하는 관문 역할을 하였던 튀르키예는 일찍이 고유한 커피 문화를 발전시켰다. 볶은 커피원두를 아주 곱게 간 후 물과 적당량의 설탕을 섞는다. 그런 다음에 튀르키예식 포트인 '이브릭(Ibrik)' 혹은 '체즈베(Cezve)'라고 하는 자루 달린 용기에 넣고 여러 차례 넘치지 않게 끓인 후 작은 잔에 따라서 제공한다. 녹지 않은 커피가루가 잔 바닥에 가라앉기까지 잠시 기다렸다가 마시는 것이 예다.

이렇게 제공되는 튀르키예식 커피는 강한 바디감, 맛있는 향과 오래가는 아로마가 특징이다. 튀르키예인들은 커피를 마신 후 잔을 엎는데, 바닥에 남은 찌꺼기 모양을 보고 점을 치는 풍습 때문이다. 커피 찌꺼기로 점치는 풍습은 튀르키예에서 시작되어 17세기 말 즈음 프랑스 파리를 거쳐 오스트리아, 헝가리, 독일 등에서 유행하였다. 이렇게 즐기는 튀르키예식 커피는 다른 종류의 커피에 비해 카페인 함량이 낮다고 튀르키예

튀르키예의 전통 커피 세트
튀르키예에서는 전통 포트인 체즈베 또는 이브릭이라는 자루 달린 포트에 커피를 끓인 뒤 이를
작은 잔에 담아 설탕과 함께 내놓는다.

사람들은 믿고 있다.

튀르키예인들에게 커피는 오래전부터 우정, 사랑, 공감의 상징이었
다. 커피가 튀르키예인에게 얼마나 중요한 문화였는지는 그들의 속담에
도 남아 있다. "한 잔의 커피는 40년 우정을 만든다"는 속담이 그것이
다. 튀르키예어로 아침식사를 '카흐발티(kahvalti)'라고 하는데, 이 단어는
커피를 뜻하는 'kahve'와 이전을 뜻하는 'alti'가 합해진 '커피 마시기 전
(before coffee)'이라는 뜻이다.

청혼을 하기 위해 찾아온 예비 신랑에게 예비 신부가 커피를 대접하는
풍습도 오늘날까지 이어져오고 있다. 예비 신부가 커피에 소금을 타서
내놓으면 예비 신랑이 짠 커피를 다 마셔야 하는데 이 같은 행위를 통해
신부를 향한 자신의 인내심을 보여주는 것이라 한다. 유네스코는 2013년

에 이렇듯 특색 있는 튀르키예 커피 문화와 전통의 가치를 인정하여 세계무형유산에 등재하였다. 커피가 단순한 음료를 넘어 하나의 문화라는 것을 인정한 결과였다.

커피 문화가 가장 먼저 발달하였던 튀르키예는 20세기 들어 오스만제국의 붕괴와 함께 커피 소비시장으로서의 위상을 잃어버렸다. 이렇게 된 데에는 대부분의 이슬람 국가들이 그렇듯이 19세기 후반 인도로부터 전해진 차 문화의 영향이 적지 않았다. 그러나 무엇보다도 큰 영향을 미친 요인은 제1차 세계대전으로 인해 급격하게 오른 커피 가격이었다. 1922년 오스만제국의 멸망으로 예멘을 비롯한 커피 공급 지역이 튀르키예의 영향력에서 벗어나면서 튀르키예인들에게 커피는 점점 더 구하기 어려운 물품이 되었다. 이후 커피의 대용품으로 등장한 차가 국민음료의 자리를 차지하였고, 이 같은 음료 문화는 100년 가까이 지속되었다. 현재 차 소비량 순위에서는 세계 5위, 국민 1인당 차 소비량 순위에서는 세계 1위를 차지할 정도로 튀르키예에서는 지금도 차가 국민음료의 위치를 굳건히 지키고 있다.

이런 튀르키예에서도 21세기에 들어 커피 소비가 급격하게 증가하기 시작했다. 2010년 이후 연 15% 수준의 커피 소비 증가세를 보이고 있고, 카페 시장의 27%를 차지하는 스타벅스 매장 역시 매년 증가하여 2022년에 589개를 넘어섰다. 최근에는 매년 100개씩 증가하고 있다. 유럽 전체에서 영국 다음으로 많다.

현재 튀르키예에는 국제적으로 명성이 높은 커피 체인점들이 막대한 투자를 하고 있다. 스타벅스 이외에도 독일의 치보(Tchibo), 영국의 카페 네로(Caffe Nero), 오스트레일리아의 글로리아진스 커피(Gloria

Jeans Coffee) 등이다. 세계적 커피 브랜드뿐 아니라 엠오씨(MOC), 페데
랄(Federal), 페트라(Petra), 카흐베 듄예스(Kahve Dünyasi), 카흐베 디야리
(Kahve Diyari) 등 자국 브랜드들도 빠르게 성장 중이다.

1990년대부터 시작된 커피의 대유행 속에서 가장 관심을 끌었던 질문
중 하나는 "과연 차의 나라 영국, 일본, 중국, 인도, 튀르키예, 러시아 등
에서 커피가 차의 자리를 대체할 수 있을 것인지?"였다. 가장 먼저 영국
과 일본이 커피를 선택하였고, 이어서 중국, 러시아 순으로 커피가 차의
영역을 서서히 침식하기 시작하였다. 마지막 남은 나라가 튀르키예와 인
도였다. 이제 튀르키예도 차를 버리고 커피로 옮겨가는 첫 단추를 끼운
것이 분명하다.

튀르키예 커피의 영향을 받은 이슬람 지역의 커피 문화에는 공통점이
있다. 볶은 커피를 작은 용기에 물과 함께 넣고 끓인 후, 설탕을 넣어서
약한 불에 올려 거품이 생기게 한다. 이렇게 만든 커피를 손잡이가 없는
작은 잔에 따라서 마시는데, 매우 뜨겁기 때문에 컵에 적은 양을 따라 주
는 것이 보통이다. 다 마시면 또 따라주기를 반복한다. 한 번에 많이 따
르면 컵이 뜨거워서 잡을 수가 없기 때문이다. 커피의 쓴맛이 싫으면 함
께 제공되는 말린 과일이나 견과류 등과 함께 즐기면 된다. 나라마다 다
르지만 대부분 커피를 내릴 때는 샤프란, 시나몬, 카다멈, 클로브 등 향신
료를 조금씩 넣는다.

물론 커피 마시는 풍습은 나라마다 차이를 보인다. 예컨대 이집트 커
피는 거품층이 살아 있어야 한다. 거품층을 커피의 '얼굴(face)'이라고 표
현하는데, 커피가 바로 만들어졌다는 것을 보여준다는 의미에서다. 반면
에 레바논 커피는 거품이 없고, 양도 많다. 양은 많지만 아메리카노보다

는 진한 편이다.

이슬람권에서 커피 소비는 15세기에서 19세기까지 홍해 주변과 오스만제국을 중심으로 이루어졌다. 그런데 21세기 현재 중동 커피 소비의 중심은 아랍에미리트, 사우디아라비아, 쿠웨이트 등 페르시아만 주변으로 바뀌었다. 1999년에 중동 지역에서 처음으로 스타벅스가 문을 연 곳도 아랍에미리트의 두바이였다. 스타벅스로 상징되는 제2의 물결을 지나 스페셜티 커피 중심의 제3의 커피 물결이 가장 활발하게 일어나고 있는 곳 또한 두바이를 포함한 아랍에미리트이며, 이곳의 커피 시장은 매년 두 자릿수 수준으로 폭발적인 성장세를 보인다.

메카를 품고 있는 사우디아라비아에서도 커피는 손님 접대의 상징이다. 결혼 등 모든 행사에서 커피 대접은 기본이다. 커피는 작은 잔에 아주 조금씩, 보통 1/3 이하 정도 채우는 것이 격식에 맞다. 커피를 가득 채운다는 것은 빨리 마시고 가라는 친절하지 않은 태도를 의미한다. 사우디아라비아의 커피 시장 또한 연 10% 내외의 성장세를 나타내고 있다. 2019년 12월 제2차 중동커피회의가 제6차 국제커피초콜릿박람회와 함께 사우디아라비아의 수도 리야드에서 열렸고, 여기에 9만 명이 참석하였다.

차 문화가 발달한 쿠웨이트에서도 접대 음료는 이제 커피로 바뀌었다. 이 지역에서 커피는 가화(Gahwa)라고 부른다. 손님 앞에서 달라(Dallah)라고 하는 목이 긴 주전자에 끓인 커피를 핀잔(finjan)이라고 하는 작은 잔에 조금씩 부어서 대접한다. 쿠웨이트에서도 최근 커피 소비량이 폭발적으로 증가하고 있다.

이들 페르시아만 지역의 커피 문화를 주도하고 있는 이들은 이른바

MZ세대다. MZ세대는 1980년대 중반 이후 출생한 밀레니얼 세대(M세대)와 1990년대 중반 이후 출생한 Z세대를 통칭하는 표현이다. 이들은 생활의 독창성을 추구하고 미학적으로 돋보이기를 추구하는 경향이 두드러지는데 음료나 음식을 선택하고 소비하는 데서도 그런 특징을 드러낸다. 누구나 갈 수 있는 곳에서, 누구나 마실 수 있는 커피보다는 나만이 즐길 수 있는 독특한 공간에서 나만을 위해 만들어진 특별한 커피의 맛을 즐기는 것이다. 이들이 유행시킨 공간이 바로 스페셜티 커피를 제공하는 작은 커피숍, 이른바 부티크 커피숍(boutique coffee shop)이다. 두바이에 있는 알케미(Alchemy Dubai)나 매드 테일러스(Mad Tailors)가 바로 그런 곳이다. 작은 수영장과 식물원 또는 미술관에서 스페셜티 커피를 즐기는 곳인데, 커피와 함께 제공되는 사이드 메뉴의 독창성도 이들 작은 커피숍들이 추구하는 새로운 문화이다.

현재 중동 지역에서 거래되는 커피의 양은 연 30만 톤 내외로 추정된다. 이는 미국 소비량의 1/50에도 못 미치지만 성장 속도는 세계 평균 성장률의 4~5배에 이른다는 점에 주목해야 한다. 문명은 동에서 서로 이동한다는 아놀드 토인비의 주장이 맞다면, 21세기의 커피 문화 또한 다시 아랍 세계로 향할 것이다.

커피 정신의 고향, 이탈리아의 커피 문화

유럽에서 가장 먼저 커피가 전파된 곳은 지금의 이탈리아 북부 지역이다. 커피가 전파될 당시에는 베네치아 공화국이라 불렸으며, 동방무역의 중심지였고 르네상스가 꽃핀 곳이다. 1870년 통일 이탈리아 출범 이후 이탈리아의 영토가 되었다.

세계 커피 문화 특히 유럽 커피 문화의 뿌리는 이탈리아라고 해도 지나친 말이 아니다. 이탈리아인들의 커피 사랑, 자국의 커피 문화에 대한 자부심은 타의 추종을 불허한다. 지금도 세계 많은 나라의 카페에 설치된 에스프레소 기계 중 이탈리아 브랜드가 적지 않고, 가정용 에스프레소 머신 역시 이탈리아 제품이 다수를 차지한다. 세계적으로 영향력이 있는 커피원두 기업 중 일리와 라바짜가 이탈리아 기업이다. 커피를 좋아하는 사람은 어디를 가나 늘 이탈리아를 만나는 셈이다. 세계 유일의 커피 전문 대학 'Università del Caffé(Trieste 소재)'가 있는 나라 또한 이탈리아다.

이 같은 역사를 가진 이탈리아에 2018년 9월 7일 스타벅스 1호점이 문을 열었다. 에스프레소 머신의 고향 밀라노에서. 5년이 지난 지금 이탈리아에는 18개의 스타벅스 매장이 영업 중이다. 영국의 842개에 비하면 현저하게 적다. 프랑스의 205개, 독일의 152개 등에 비해서도 적다. 한때 단일 도시 서울이 뉴욕을 넘어 세계에서 가장 많은 스타벅스 매장을 가지고 있었던 적이 있다. 지금은 중국의 상하이가 1위를 차지하고 있다. 2022년에 1,000개 매장을 돌파하고 지속적으로 증가하고 있다. 이탈리아의 수도 로마에 2022년 4월 개장한 단 하나의 매장만 있는 것과 대조적이다.

이탈리아의 어떤 커피 문화가 이러한 독특함을 만든 것일까? 이탈리아를 여행하는 외국인은 어떻게 커피를 마셔야 자연스러울까? 이탈리아는 유럽에서 커피 정신의 고향이라고 불리는 곳이다. 이탈리아인들의 하루는 커피로 시작하여 커피로 마무리된다는 말까지 있다. 오래되고 익숙하여 변하지 않는 불문율 같은 커피 문화가 있고, 이를 즐기는 것이 이탈리아인들이다. 지역별로 약간의 차이는 있지만 차이점보다는 공통점이 더 많다.

이탈리아에는 흔히 '바르(bar)'라고 하는 소규모 커피집과 커피를 제공하는 음식점인 '카페'가 공존한다. 바르는 골목에서 흔히 만나는 작은 커피가게이고, 카페는 규모가 이보다 크고 멋진 레스토랑이다.

바르에서 카페(Caffè)라고 발음하는 커피를 시키면 적은 양의 진한 에스프레소 커피가 나온다. 우리나라 카페 메뉴에 있는 에스프레소는 따로 없다. 커피는 에스프레소다. 물론 관광지에 있는 바르에서 외국인이 에스프레소를 주문해도 알아듣는다. 아메리카노를 마시려면 '카페 아메리카노'를 주문하면 된다. 따뜻한 물이 별도로 나오기도 한다. 드립커피는 '카페 필트로(Caffè Filtro)'나 '카페 필트라토(Caffè Filtrato)'라고 하는데 이 음료를 제공하는 바르는 많지 않다. '카페 룽고(Caffè lungo)'는 물이 조금 더 들어간 에스프레소, 그러니까 에스프레소와 아메리카노의 중간 정도 되는 음료이고, '카페 리스트레토(Caffè Ristretto)'는 물이 조금 덜 들어간 아주 진하고 적은 양의 에스프레소다. '카페 마키아토(Caffè macchiato)'는 뜨거운 우유를 위에 살짝 얹은 에스프레소를 의미한다. 진한 더블 샷 에스프레소는 '카페 도피오(Caffè Doppio)'인데 이탈리아인들이 즐기는 방식은 아니다. 이탈리아 사람들은 두 잔의 에스프레소가 필요하면 가까운 바르에 두 번 간다. 카푸치노는 우리나라 카페 메뉴에 있는 카푸치노와 비슷하게 에스프레소 1/3, 뜨거운 우유 1/3, 우유거품 1/3로 된 부드러운 음료다.

카푸치노보다 뜨거운 우유가 많이 들어간 음료인 '라떼'를 원하면 정확하게 '카페라떼'라고 해야 한다. 라떼는 우유를 의미한다. 에스프레소에 코냑 등 알콜 음료를 가미하여 만드는 '카페 코레토(Caffè corretto)'는 북부 지방에서 추운 겨울철 저녁식사 후에 마시는 것이 보통이다. 요즘 여름 커피음료로 각광받고 있는 것은 '카페 사케라토(Caffè shakerato)'다. 에스프레소, 얼음, 설탕을 칵테일 제조용 셰이커에 넣고 흔들어서 만드는 계절 음료다. 아이스커피는 '카페 프레도(Caffè freddo)'라고 한다.

이탈리아인들은 우유가 들어간 커피음료를 오전 11시 이후에는 거의 마시지 않는다. 특히 식후에 카푸치노나 카페라떼는 마시지 않는다. 더운 우유가 소화에 나쁘다는 오래된 인식 때문이다. 우유가 들어간 커피음료는 아침식사용으로 마시는 것이 관례다. 물론 이탈리아인들은 커피를 식사 후에 마실 뿐 식사에 곁들이지도 않는다. 이탈리아인들은 커피음료를 테이크아웃으로 받아들고 나가는 행동을 하지 않는 편이다. 커피는 당연히 바르나 카페에서 대화를 하며 즐기는 사회적 음료이지 혼자 길거리를 걸으며 마시는 음료는 아닌 것이다.

바르에서 선 채로 마시지 않고 테이블에 앉아 편히 마시는 커피는 두 배쯤 비싸다. 자릿값과 봉사료를 지불해야 하기 때문이다. 커피와 함께 물이 담긴 작은 잔이 나오면 이것은 커피를 마시기 전에 입을 깨끗하게 헹군 후 커피 본연의 맛을 즐기라는 바리스타의 배려가 담긴 서비스다.

이런 이탈리아의 커피 문화를 경험할 수 있는 유서 깊은 커피하우스들이 이탈리아 도시마다 자리잡고 있다. 먼저 베네치아에는 1720년에 문을 연, 이탈리아에서 가장 오래된 '카페 플로리안(Caffè Florian)'이 있다. 도시의 중심 산 마르코 광장에 위치하고 있다. 북부 이탈리아에는 1895년

이탈리아의 카페 플로리안

베네치아 산 마르코 광장에 자리하고 있어 관광 명소로도 유명하다. 1720년에 문을 열었는데 지금까지도 운영되는 매우 유서 깊은 카페이다.

에 라바짜가 창업된 도시 토리노가 있다. 이곳을 상징하는 카페는 1763년에 문을 연 '카페 알 비세린느(Caffè Al Bicerin)'로, 시그니처 메뉴는 초콜릿, 커피, 크림이 합해진 음료 비세린느다.

수도 로마에는 이탈리아에서 두 번째로 오래된, 1760년에 문을 연 '카페 그레코(Caffè Greco)'가 스페인계단 가까이에 있다. 괴테, 스탕달, 키츠, 바이런, 마크 트웨인 등이 다녀간 곳이어서 유명하다. 이 외에도 1944년에 문을 연 이래 '그라니타 디 카페 콘파냐'라는 달콤한 음료를 제공하는 '타차도르 카페(Tazza d'oro Caffè)'나, 실내장식이 멋진 '산트 유스타치오 일 카페(Sant'Eustachio Il Caffè)'도 가볼 만하다.

이탈리아의 커피 수도는 나폴리다. 우리나라의 강릉에 비유된다. 커피 맛으로 보자면 나폴리가 단연 일등이다. 물론 맛보다 유명한 것은 정신이다. 이곳에서 '카페 소스페소(caffè sospeso)'라는 문화가 시작되었다. 제2차 대전 직후 어려운 시절, 돈이 있는 고객이 두 잔의 커피값을 지불하면 다음에 들어오는 손님 중 가난한 누군가가 커피값을 지불하지 않고 마실 수 있는 배려의 문화였다. 코로나19 팬데믹 시절 이런 커피 문화가 이 지역에서 다시 살아났다. 나폴리에도 유서 깊은 카페 '그랑 카페 감브리누스(Gran Caffè Gambrinus)'가 있다. 1860년에 문을 열었고 오스카 와일드, 헤밍웨이, 사르트르 등이 다녀간 곳이다. 축구선수 마라도나가 즐겨 찾았던 '바르 니로(Bar Nilo)'도 유명하다.

'프렌디아모 운 카페(Prendiamo un caffè)', 즉 '커피 한 잔 하자'는 말은 이탈리아 사람들의 일상을 상징하는 오래된 표현이다. 우리나라에도 '밥 한번 먹자', '소주 한 잔 해야지'라는 오래된 표현이 있지만 최근에는 '커피 한 잔 해야지'로 바뀌고 있다. 코리아, 적어도 커피에서만큼은 아시아의 이탈리아라는 표현이 어색하지 않다.

카페 문화의 고향, 프랑스의 커피 문화

'프랑스' 하면 오래된 거리와 매력적인 카페를 떠올리게 된다. 우리가 배운 역사 속의 프랑스나 현대 문화 속의 프랑스는 이렇게 로맨틱한 이미지를 갖는다. 프랑스를 가본 사람이든 아니든 구분 없이 프랑스는 멋진 거리와 즐비한 카페 풍경을 떠올리게 만드는 나라다.

커피 역사 속에서도 프랑스의 발자취는 아주 크고 명확하다. 특히 네

딜란드와 함께 커피 생산지역의 세계적 확산에 크게 기여한 나라가 프랑스다. 17세기 말까지 커피는 오로지 동부 아프리카와 에멘 지역에서만 생산되었다. 생산지역이 제한적이었기 때문에 생산량이 부족했고, 따라서 커피 가격은 비쌀 수밖에 없었다. 생산량의 부족이 커피의 대중화를 막고 있었다. 이런 한계를 허문 것이 네덜란드와 프랑스였다. 네덜란드가 실론, 인도, 인도네시아 등 유럽의 동쪽 지역에 커피를 옮겨 심는 데 기여했다면, 프랑스는 커피를 카리브해 지역과 중남미에 이식하는 데 주도적인 역할을 하였다. 인도양의 부르봉섬에 커피를 옮겨 심은 것도 프랑스다. 17세기 중엽 이후 유럽 대륙의 카페 문화를 발전시키는 데서도 프랑스는 선구적 역할을 했다. 지금의 프랑스 문화에는 프랑스 역사 속 커피와 카페 문화의 흔적이 적지 않게 남아 있다.

프랑스인들은 거칠고 쓴 로부스타 원두로 내린 커피를 선호한다. 우리가 흔히 즐기는 아라비카종 커피, 그중에서도 스페셜티 커피에 비해 가격이 저렴하고 향미도 약하다. 커피가 대중화된 19세기 후반에서 20세기 전반까지 프랑스의 식민지였던 아프리카와 동남아시아 국가들에서 쉽고 싸게 가져갈 수 있었던 커피가 로부스타종이었고, 이런 커피 맛에 익숙해진 것이 현재까지 이어진 것으로 보인다. 지금도 프랑스의 대표적인 원두 기업들은 아주 강하게 볶은 로부스타종 커피를 베이스로 하고 여기에 아라비카종 커피를 더하여 사용한다.

프랑스의 커피 문화는 카페 중심의 커피 문화다. 그리고 프랑스의 카페를 이야기할 때 반드시 등장하는 카페가 하나 있다. 파리에 있는 카페 '르 프로코프(Le Procope)'다. 1686년에 문을 열었고, 중간에 문을 닫았던 적도 있었지만 다시 문을 열어 지금도 성업 중이다.

르 프로코프는 세련된 공간미를 중시하는 프랑스식 커피하우스의 원형으로 볼 수 있다. 카페 르 프로코프는 처음부터 커피가 아닌 큰 건물과 멋진 인테리어로 고객의 관심을 끌면서 알려지기 시작하였다. 이후 혁명을 꿈꾸는 정치인들과 사상가들, 자유를 만끽하려는 문화예술인들이 모여들었기에 더욱 이목을 끌게 되었다. 이처럼 프랑스의 카페는 처음부터 사람을 만나고 대화를 나누는 곳이었지, 커피 자체를 즐기는 곳은 아니었다. 이런 르 프로코프의 전통은 지금까지 이어지고 있다.

그런데 카페 중심으로 이어져온 프랑스의 커피 문화가 최근에 크게 흔들리고 있다. 오래된 많은 카페들이 지난 20년 사이에 문을 닫았다. 무엇이 프랑스의 카페 문화를 흔들고 있는 것일까? 다음 세 가지를 원인으로 볼 수 있다.

첫째는 2008년에 발효된 금연법이다. 한 손에 담배를 들고 다른 한 손으로 커피 마시기를 즐기는 프랑스인들에게 카페에서의 금연은 받아들이기 어려운 심각한 변화였다. 금연법의 영향으로 카페에서 모닝커피를 마시는 문화는 점차 사라지고, 집에서 편하게 커피를 마시는 문화가 퍼지고 있다. 프랑스는 집에서의 흡연이 아직은 자유롭다.

둘째, 카페에서 지인들과 정치 이야기를 나누고 마을 소식을 접하는 문화가 사라진 것도 중요한 변화다. 카페에 마주앉아 떠들던 친구 역할을 손 안의 모바일 기기가 대신하고 있다. 수다를 즐기기 위해 더 이상 골목 카페를 찾아갈 이유가 없어졌다.

마지막으로 셋째, 프랑스의 신세대 카페 창업자들 사이에서 소비자들의 커피 취향에 맞추려는 노력이 나타나기 시작하였다. 소비자들의 다양하고 높아진 커피 취향에 맞추려는 움직임이고, 이것은 한 세대 이전에 시작된 세계적인 현상이었지만 프랑스가 외면해오던 현상이다.

프랑스의 커피 문화는 에스프레소 중심이라는 점에서는 이탈리아와 닮았다. 보통 커피생두를 볶는 8단계 중에서 일곱 번째가 프렌치 로스트이고 마지막이 이탈리안 로스트인 점도 두 나라 커피 문화의 닮은 점을 말해준다. 그러나 같은 점만큼 다른 점도 많다. 이탈리아인들은 죽으나 사나 에스프레소를 마시지만 프랑스인들은 보통 아침식사로 집에서나 카페에서 우유가 들어간 커피와 페스츄리 종류의 빵을 함께 즐긴다. 오후에는 카페에서 에스프레소를 마신다. 일반적으로 이탈리아에서는 선 채로 빨리 마시지만 프랑스에서는 서두르지 않는다.

외국인이 프랑스에서 카페를 잘 이용하려면 몇 가지 에티켓을 지키는 것이 좋다. 물론 이를 어긴다고 해서 크게 문제가 되지는 않지만 자연스럽지는 않다. 보통 프랑스식 카페에서는 테이크아웃으로 커피를 주문하는 경우가 많지 않다. 커피를 마신다는 것은 여유를 즐기는 것이기에 군이 커피를 받아들고 거리로 나서지 않는다. 프랑스에서 테이크아웃 커피를 즐기려면 유명한 프랜차이즈 카페를 찾는 것이 좋다.

프랑스의 카페는 대부분 음식을 제공한다. 따라서 커피만을 마시려면 테이블에 앉기보다는 바에서 주문하고 마시는 것이 어울린다. 이는 유럽의 많은 나라들이 공통으로 가지고 있는 카페 문화이기도 하다. 미국이나 우리나라에서 흔히 보는 카페라는 이름의 업소와는 다른 문화다. 프랑스에도 이탈리아식 에스프레소를 파는 간단한 커피 바가 없는 것은 아니지만 관광객들이 즐기기에 그리 낭만적이지는 않다.

아무리 큰 카페, 아무리 유명한 카페에 가더라도 우리나라 카페에서 보는 것과 같은 화려하고 복잡한 메뉴를 만날 수는 없다. 비교적 단순한 커피음료들이 있을 뿐이다. 보통 카페(Café)를 주문하면 진한 에스프레소가 나온다. 카페 누아르(Café noir)도 검은 커피 즉 에스프레소다. 연한 아메리카노를 마시려면 카페 알롱지(Café allongé)를 선택해야 한다. 우유나 크림이 들어간 커피를 마시려면 카페라떼를 닮은 카페오레(Café au lait)를 주문하면 된다. 에스프레소에 뜨거운 우유 거품이 올려진 카페 누와세트(Café noisette)나 카페 크렘(Café crème)은 카푸치노에 가깝다. 드립커피인 카페 필트레(Café filtré)를 제공하는 카페는 많지 않다.

오로지 커피 문화만을 기준으로 보면, 여전히 에스프레소 문화만을 고집하고 있는 이탈리아인들에 비해 전통에 대한 프랑스인들의 집착이 조금은 약한 듯하다. 오래된 카페 르 프로코프, 마고(Les Deux Magots), 플로레(Flore) 등도 유명하지만, 새로 생긴 파리의 카페 로미(Café Lomi), 아비뇽의 카페 오 브레질(Café au Bresil) 등에 젊은이들이 모여들고 있다.

2015년 시애틀 세계 바리스타 챔피언십에서 6위를 했던 프랑스 출신 샬럿 말라발(Charlotte Malaval)이 말했듯이 커피를 설명하는 데 "향미의 무한 다양성(infinite diversity of flavors)" 이상의 단어는 필요 없다. 이제 막 시작된 프랑스 커피 문화의 변화가 이 네 단어에 충실한 방향으로 나아갈지 아니면 전통에 묻히고 말지 궁금하다.

커피 유산을 보존해온 나라, 쿠바의 커피 문화

쿠바는 우리나라가 수교를 맺지 않은 몇 안 되는 나라 중 하나다. 현재 유엔 회원국 중 우리나라의 미수교국은 남·북한을 제외한 191개 유엔 회원국 중 시리아와 쿠바뿐이다. 쿠바 여행이 가능하고 쿠바와의 무역도 가능하지만 정식 외교 관계를 맺지 못한 상태다. 한때는 우리의 우방인 미국이 쿠바와 적대 관계였기에 우리나라도 쿠바와 수교를 맺지 않았다. 그러나 미국과 쿠바는 오랜 갈등 관계를 잠시 접어둔 채 2014년에 수교를 맺었다. 그럼에도 우리나라는 여전히 쿠바와 공식 외교 관계를 맺지 못하고 있다.

쿠바는 주쿠바 일본대사관에서 쿠바인의 외교 업무를 대행해주고, 한국은 주멕시코 한국대사관이 쿠바 관련 업무를 처리하고 있다. 왜일까? 답은 의외로 간단하다. 쿠바가 수교를 강력하게 거부하기 때문이다. 1988 서울올림픽, 2018 평창올림픽에도 쿠바는 불참하였다.

쿠바는 우리에게 신비한 이미지를 주는 나라이면서 동경의 대상이기도 하다. 쿠바가 동경의 대상으로 느껴지는 데는 여러 요인이 있지만 두 명의 역사적 인물이 미친 영향이 적지 않다. 첫 번째 인물은 미국의 노벨문학상 수상 작가 헤밍웨이다. 그가 소설 『노인과 바다』를 집필한 곳이 쿠바였다는 것이 주는 환상적 이미지가 남아 있다. 두 번째 인물은 아르헨티나 출신 혁명가 체 게바라다. 카스트로를 도와 쿠바의 독립을 성취시킨 로맨티스트 혁명가 체 게바라의 정취가 남아 있는 나라가 쿠바다.

쿠바를 신비한 나라로 만드는 데 기여하고 있는 헤밍웨이와 체 게바라를 관통하는 공통점이 하나 있다. 바로 커피다. 이 두 사람은 쿠바에 머무는 동안 쿠바 커피와 늘 함께했다. 두 사람 때문에 쿠바 커피가 유명해졌고, 커피 때문에 이 두 사람의 이미지에 커피향 같은 부드러움이 깃들게 되었다.

쿠바에 커피가 심어진 것은 1748년이었다. 호세 안토니오 게라버트가 산토도밍고, 즉 현재의 도미니카에서 가져온 커피씨앗을 아바나 근교에 뿌린 것이 쿠바 커피의 시작이었다. 초기에는 그다지 융성하지 않던 커피 재배가 18세기 말에 전기를 맞는데, 생도맹그(현재의 아이티)에서 발발한 노예혁명을 피해 도망온 프랑스인들과 아이티인들이 그 중심에 있었다. 투생 루베르튀르가 이끄는 혁명이 발발하기 전까지 아이티는 자바와 함께 세계 커피 생산을 양분하고 있을 정도였다. 노예혁명이 일어나자 커피농장을 경영하던 대부분의 백인들과 이들을 돕던 아이티인들이 쿠바와 미국 남부 뉴올리언스로 이주하였다. 이들이 쿠바로 가져온 커피 재배 기술로 쿠바 커피 산업은 획기적인 성장을 이루었다. 그 결과 1790년 1년 동안 1만 8,500톤의 커피를 생산하여 스페인 등지로 수출하였다. 19세기 초 쿠바는 세계 최대의 커피 생산 및 수출 국가가 되었고, 쿠바인들은 커피를 즐기기 시작하였다. 세계 커피 생산시장에서 쿠바의 위력은 1830년대 들어 저물기 시작하였다. 나폴레옹전쟁 이후 종주국 스페인 경제가 몰락하고 브라질을 비롯한 중남미 커피 생산 경쟁국이 등장하면서였다.

18세기 말에서 19세기 초에 만들어진 쿠바 남동부 지역의 커피농장은 아주 독특한 문화적 경관을 창출하였다. 지금도 남아 있는 당시 커피농장 시설과 고고학적 경관은 2000년에 유네스코 세계문화유산으로 등재되었다. 커피 관련 시설이나 경관으로 유네스코 세계문화유산에 등재된 최초의 유산이다. 세계에서 가장 많은 19세기 커피농장 유산을 보유한 국가가 바로 쿠바로, 현재 60개 이상이 잘 보존되고 있다. 커피와 관련된 유네스코 세계문화유산은 2011년에 콜롬비아 커피 문화 경관이 추가로 지정되어 지구상에 단 두 개뿐이다. 커피나무 원산지 에티오피아나 커피

유네스코 세계문화유산으로 등재된 쿠바 커피농장
쿠바 남동부의 커피농장은 고고학적 경관이 잘 남아 있어 2000년 유네스코 세계문화유산에 등재되었다.

음료의 기원지인 예멘에도, 커피 생산의 공룡 브라질에도 없다. 쿠바는 이런 의미에서 18세기 후반에서 19세기 초반의 커피 재배 문화를 보존하여 후대에 전해주고 있는 의미 있는 국가다.

비록 커피 생산에서 영향력은 잃었지만 쿠바의 커피 농업은 꾸준하게 유지되어왔다. 헤밍웨이가 체류하며 크리스털마운틴 커피를 즐겼던 1939년에서 1953년 사이에도, 체 게바라가 쿠바 혁명 전쟁을 이끌던 1956년부터 1959년까지도, 체 게바라가 혁명 성공 후 쿠바에 머물던 1962년까지도 쿠바 커피는 건재하였다. 당시 연 생산량이 44만 자루, 약 2만 6,400톤에 달하였다.

그러나 1962년 미국이 쿠바를 봉쇄한 이후 쿠바 커피는 세계 커피 시장에서 사라지기 시작하였다. 1965년 체 게바라가 쿠바를 떠날 즈음 쿠바 커피는 세상에서 완전히 존재 가치를 잃어버렸다. 이런 상태는 카스트로가 권좌에서 물러난 2008년까지 40년 이상 이어졌다.

2008년 이후 쿠바 커피는 다시 세상과 마주하기 시작하였다. 세계적인 커피 유행과 함께 회생을 시작하였지만 아직 미미한 것이 사실이다. 현재는 12만 5,000자루를 생산하여 연간 생산량에서 예멘이나 파나마를 앞서고 있지만 수출량이 많지는 않다. 국내 소비가 많기 때문이다. 쿠바 밖에서 쿠바 커피를 접하기는 쉽지 않다.

커피생산국으로서 쿠바가 지니는 위상은 이처럼 쿠바가 겪은 정치적 격랑에 따라 심하게 흔들려왔다. 그러나 커피소비국으로서 쿠바가 간직해온 커피 문화는 강렬하고 지속적이다. 브라질과 함께 중남미 국가 중에서 독특한 커피 소비 문화를 가지고 있는 나라가 쿠바다.

쿠바 커피 문화를 상징하는 커피는 이탈리아식 에스프레소다. 뜨겁고 진하고 적은 양의 에스프레소, 여기에 설탕을 넣어 빨리 마신다. 앉아서 오래 마시기보다는 서서 빨리 마시는 방식이다.

유럽에서 건너온 커피 문화가 원형에 가깝게 보존되고 있는 것이다. 19세기 유럽 대륙에서의 끊임없는 전쟁, 때마침 불붙은 중남미 커피 산업의 융성에 맞추어 유럽의 많은 나라에서 중남미로 이주 행렬이 이어졌다. 중남미 이민을 가장 장려한 나라는 이탈리아였고, 스페인과 독일이 그 뒤를 이었다. 당시 이탈리아인들이 전파한 이탈리아식 커피 문화가 여전히 유지되고 있는 곳이 바로 쿠바다. 60년 이상 미국의 영향이 차단된 유일한 중남미 국가였다는 것도 이탈리아식 커피 문화 보존에 긍정적 영향을 주었다.

그래서 아무리 더워도 쿠바에서 아이스커피를 찾는다거나 좁은 카페에 오래 앉아 버티는 것은 분위기를 깨는 일이다. 쿠바 커피 문화의 또다른 특징은 홈커피, 까사커피 문화다. 쿠바는 사회주의 등장 이후 커피 배급을 실시해왔다. 한 달에 1인당 100g 정도의 원두가 싼 가격으로 가정에 배급된다. 이로 인해 가정에서 커피를 만들어 마시는 문화가 발전하였다. 질 좋은 커피가 아니라는 함정이 있기는 하다. 이런 모습 역시 모카포트로 상징되는 이탈리아식 홈커피 문화를 닮았다.

지금 우리에게 알려진 쿠바 커피 중 가장 유명한 것은 헤밍웨이가 즐겼다는 커피, 바로 크리스털마운틴이다. 자마이카 블루마운틴과 같은 종의 커피이고 맛도 비슷하다. 그런데 이 커피의 생산량이 쿠바 커피 총생산량의 3% 수준에 불과하기 때문에 쿠바에서조차 접하기가 쉽지 않다.

2012년부터 쿠바 커피의 국내 직수입이 허용되었다고는 하지만 여전히 쿠바 커피는 우리 가까이에 없다. 헤밍웨이와 체 게바라의 휴머니즘 향기를 느끼며 커피를 마시고 싶어 하는 커피 애호가들에게는 아쉬운 일이다. 쿠바 커피 산업의 부흥, 우리나라와 쿠바의 수교, 이 두 가지가 함께 기다려지는 이유다.

마지막 남은 차의 나라, 인도의 커피 문화

인도와 커피, 커피와 인도. 오랫동안 어울리지 않는 단어들이었다. 인도는 오래된 차의 나라라는 이미지가 강한 탓이다. 차 생산량이 중국에 이어 세계 2위인 나라가 인도이고, 총 소비량 역시 중국에 이어 2위이니 그럴만하다. 그렇다고 1인당 차 소비량이 최고는 아니다. 1인당 차 소비량 1위는 튀르키예이고 중국은 19위, 인도는 27위에 불과하다. 차의 나라는 튀르키예다. 튀르키예는 중국에 비해 1인당 차 소비량이 5배, 인도의 10배 수준이다.

중국에 이어 튀르키예도 커피에 빠진 것을 보면 차 문화가 커피 소비의 확산에 큰 장애물이라는 속설은 더 이상 설득력이 없게 되었다. 아일랜드가 1인당 차 소비량에서 세계 2위이고 영국이 3위이지만 이들 국가의 1인당 커피 소비량도 꽤 높은 수준에 이르렀다. 일본이 1인당 차 소비량에서 세계 10위권 안에 들지만 아시아에서 가장 먼저 커피 대중화를 이룬 것도 이런 속설의 설득력을 낮게 만드는 사례다. 커피를 우리보다 먼저 즐기기 시작한 오스트레일리아, 독일, 캐나다, 스위스, 미국, 핀란드, 프랑스 등도 1인당 차 소비량에서 우리나라를 앞선다.

최근에는 세계인들 사이에 차의 나라 인도의 커피 산업과 문화에 대한 관심이 증가하고 있다. 특히 커피 산업 종사자들의 관심이 매우 크다. 최근 10년 중국의 커피 소비 증가가 세계 커피 원료 시장 가격을 흔든 것이 계기가 되었다. 만일 인구 대국 인도의 커피 대중화가 시작되면 커피 원료 시장은 다시 한번 요동칠 것은 뻔해 보인다. 세계 커피인들이 인도를 바라보며 느끼는 설득력 있는 우려다.

인도에서 커피 생산이 본격화된 시기는 1840년대였다. 인도를 지배하던 영국이 플랜테이션 산업의 하나로 커피 재배를 권장했기 때문이다. 그러나 커피 생산이 절정에 달했던 1870년대에 갑자기 커피녹병이 대유행하면서 인도의 커피 산업은 초토화되고 말았다. 이후에 커피농장은 대부분 차농장으로 바뀌었는데, 당시 인도 지배하에 있던 실론도 마찬가지였다.

20세기 접어들어 몇 차례에 걸쳐 나타났던 세계적인 커피 붐을 타고 인도 커피 생산은 점차 증가하였다. 현재 인도는 커피 생산량이 연 34만 2,000톤 수준으로 세계 7위다(국제커피기구 통계). 아시아에서 베트남과 인도네시아에 이어 세 번째이고 전 세계 생산량의 3.3% 정도를 차지하고 있다.

세계 커피인들이 인도를 주목하는 첫 번째 이유는 바로 인도 커피 생산량의 급격한 증가 추세에 있다. 최근 브라질, 베트남, 콜롬비아 등 커피 생산지 대부분에서 기후 이상으로 생산량이 큰 폭으로 감소했고, 이것은 커피생두 가격의 상승을 부채질하였다. 이런 세계적 위기 속에 인도는 생두 생산에서 최근 몇 년간 지속적으로 연 10% 이상의 증가세를 보인 유일한 생산국으로 기록되고 있다. 세계 커피 생산량의 감소와 거래 가격 상승 국면에서 세계의 많은 커피 산업 종사자들이 인도에 주목하는 이유다.

14억 이상의 인구, 세계 7위의 영토를 가진 인도의 중남부 지역 대부분은 커피 재배에 적당한 기후를 가진 커피벨트에 속한다. 커피벨트 지역만으로 보면 세계에서 브라질 다음으로 커피 재배에 유리한 곳이 바로 인도다. 따라서 인도의 선택이 향후 세계 커피 생산시장과 소비시장의 변화를 좌우할 가능성이 매우 높다.

인도 커피로 우리에게 알려진 것은 몬순커피 하나였다. 인도 서쪽 해안에서 몬순바람을 맞고 발효된 커피를 일컫는다. 산미는 낮고 바디감이 풍부한 것으로 알려져 있다. 그런데 최근에는 인도에서 다양한 맛과 향을 지닌 고급 커피가 적지 않게 생산되고 있다. 생강이나 계피 농장 주변에 있는 커피농장에서 생산된 인도 커피에서는 미묘한 매운맛이 느껴지고, 오렌지나 바닐라, 바나나 농장 주변의 커피농장에서 생산된 커피에서는 복합적 과일향과 단맛이 나기도 한다.

세계 커피인들이 인도에 주목하는 또 다른 이유는 커피 소비의 급격한 증가세에 있다. 새로운 커피 브랜드들이 등장하기 시작하였고, 젊은이들의 취향을 존중하는 스페셜티 커피 시장도 급격하게 확대되고 있다. 지난 40년간 인도 커피의 해외 수출을 위주로 사업을 하던 인도의 대표적 커피기업 알라나그룹(Allana Group)이 인도 국내 커피 소비시장에 진출하겠다고 선언한 것이 최근의 일이다. 몇몇 인도 국내 커피브랜드와 카페의 인기가 높아지기 시작한 최근의 흐름, 그리고 스타벅스의 인도 진출도 인도의 커피 소비 증가에 작용한 것이 사실이다. 게다가 팬데믹으로 인한 해외 유학생들의 귀국, 이들에 의한 서구 카페 문화의 전파도 커피 소비를 불러온 또 다른 배경이 되었다. 사교 장소로서 카페가 지닌 가치가 밀레니얼 세대를 중심으로 급속도로 확산되고 있는 것이다. 또한 팬데믹이 불러온 세계적 홈카페 문화는 인도에서도 나타나기 시작하였고, 커피 시장 확대에 기여하고 있다.

20년 전에 토종 커피체인점 '바리스타'가 문을 열었을 때 비싼 커피 가격과 강력한 차 문화의 벽을 넘지 못해 고전하였다. 이후 인도의 스타벅스라 불리며 1,500개 이상의 매장을 운영하고 있는 '커피데이'를 비롯하여 토착 카페가 하나둘 등장하면서 인도의 커피 문화가 성장하기 시작하였다. 이런 위기를 지켜보던 인도 차 사업자들이 2013년에 인도 정부를 찾아가 차를 인도의 국가 음료로 지정해줄 것을 건의한 바 있었으나 인

인도의 토종 카페들

인도의 커피 소비는 폭발적으로 증가하고 있다. 외국의 유명 프랜차이즈뿐 아니라 토종 커피 브랜드의 약진도 주목할 만하다. 세계의 커피인들이 인도의 커피 소비와 생산 증가를 예의 주시하고 있다.

도 정부는 단호히 거절하였다. 인도의 유망한 신산업에 지장을 주고 싶지도 않았고 새로운 세대의 커피 선호를 부정할 수도 없었기 때문이다.

최근에는 인도 커피 시장에 새로운 브랜드들이 넘쳐나고 있다. '커피데이', '바리스타' 등과 같은 프랜차이즈 카페 이외에도 제품 커피를 판매하는 '블루토카이', '서드웨이브커피', '도페커피', '슬리피아울' 등의 이름이 전혀 낯설지 않다. 아직은 인도의 커피 생산량 중 국내 소비 비중은 20%에도 미치지 못하지만 점차 증가하고 있다.

인도에는 커피 소비 증가에 한몫하는 독특한 커피레시피가 있다. 비튼커피(Beaten Coffee)라 불리는 달달한 커피로, 인스턴트커피 가루, 설탕, 물을 1 : 1 : 1 비율로 넣고 수백 번 저어서 크림화시킨 후 우유에 올려서 마시는 음료다. 인디안카푸치노라고 부르기도 한다. 최근 한류의 영향으로 세계인의 관심을 끌기 시작한 한국식 달고나커피와 매우 비슷하다. 드라마 〈오징어게임〉이 불러일으킨 한국식 달고나와 달고나커피의 유행으로 인도식 비튼커피 또한 인기를 얻고 있다. 여러 가지 요인이 결합하여 만든 인도의 커피 소비 증가는 희망이며 공포이기도 하다.

　차 소비국 이미지를 지니고 있던 대표적인 나라들이 한 세대 만에 영국을 시작으로 일본, 중국, 러시아, 튀르키예에 이어 인도까지 커피소비국으로 변하고 있다. 차 문화가 발달한 지역에 커피가 자리 잡기 어려울 것이라는 속설은 이제 통하지 않는다. 고기도 먹어본 사람이 맛을 알 듯, '차든 커피든 마셔본 사람만이 마시는 음료의 가치를 안다'는 새로운 속설이 만들어지고 있다.

커피보다 컵, 중국의 커피 문화

　커피라는 음료를 알고 난 후 그 문화를 받아들이는 데 가장 긴 공백이 있었던 나라, 그런데 커피 문화를 받아들인 후 가장 급격한 성장을 보이고 있는 나라, 바로 중국이다. 최근 몇 년 커피 소비 증가율이 연 15%로 세계 평균 2.2%의 7배 가깝다. 시장은 급속히 팽창하고 있으나 세계적인 커피 흐름에 참여하는 움직임은 여전히 느린 나라 역시 중국이다. 이래저래 쉽게 이해하기는 어려운 것이 중국의 커피 문화다.

　당연한 얘기지만 중국이라는 나라가 영토로 보나 민족 구성으로 보나 어떤 단일한 문화를 갖기는 어려운 측면이 있고, 커피도 예외는 아니다.

중국 안에는 세계가 녹아 있다고 해도 지나친 말이 아니다. 커피를 소비하지 않는 커피 생산지역이 존재하는 동시에, 블랙홀이 모든 질량을 흡수하듯 커피를 폭풍처럼 소비하는 지역이 존재한다. 예컨대 전자는 윈난성 같은 농산어촌이고 후자는 상하이 같은 대규모 상업 도시다.

수천 년 된 차향기가 혈류에 스며 있는 중국인들에게 커피는 여전히 낯선 문화고, 차가 친숙한 문화다. 스타벅스가 처음 들어온 우리나라에서 스타벅스 로고가 새겨진 컵을 들고 거리를 나서는 것이 서구 문화와 친숙하다는 것을 보여주는 상징이었듯이, 요즘 중국에서도 스타벅스나 코스타 커피를 마신다는 것은 서구 문화와의 친숙성을 보여주는 지위 과시 행위가 되었다. 물론 아직은 대도시 중심의 이야기이긴 하다. 사람 다니는 곳 어디나 스타벅스가 있는 한국과는 다르다.

중국에 커피가 처음 유입되고 카페가 등장한 것은 19세기 중반이다. 서세동점의 물결 속에 커피도 실려 있었다. 서구 문물의 집결지였던 상하이가 그 출입구였다. 1844년에 개항장 상하이에 커피가 최초로 수입된 것이 세관 기록으로 남아 있다. 당시 수입된 커피는 주로 서양인들이 이용하는 호텔이나 레스토랑에서 소비되었다.

서양 문화의 영향이 컸던 상하이를 비롯한 개항장이나 조차지를 중심으로 외국인이 이끄는 커피 소비가 이어진 것은 1930년대 초반까지였다. 당시 상하이에는 많은 외국인들이 있었고, 카페 문화는 일본이나 조선의 카페와 다르지 않았다. 기록에는 조선 여성들이 여급으로 고용된 카페도 있었다. 중국에서도 커피가 등장한 초기에는 루쉰魯迅 등 문화예술인들이 관심을 보였다. 그런데 1930년대 중반 이후 커피 문화는 급격히 위축되었다. 반복된 전쟁과 혼란, 폐쇄 지향적 대외 정책의 영향이었다. 물론 가난도 큰 영향을 미쳤다.

커피가 유입된 후 100년 가까이 지지부진하던 커피 소비가 확대되고 커피 문화가 꿈틀대기 시작한 것은 개혁·개방 정책의 결과였다. 엄격히 말하면 1990년대 후반이었고, 결정적인 계기는 1999년 베이징에 제1호점이 생긴 스타벅스의 상륙이었다. 그러나 중국의 스타벅스는 같은 해에 제1호점이 설립된 한국이나 3년 먼저 제1호점이 탄생한 일본처럼 시작과 함께 붐을 일으키지는 못하였다. 2008년 이전까지 서구식 호텔이나 외국인이 많은 관광지 밖에서는 커피 전문점을 발견하는 것조차 쉽지 않았다. 커피 소비는 가정에서 마시는 인스턴트커피가 이끌었을 뿐, 커피 전문점 문화는 전혀 생성되지 않았다.

중국의 커피 소비 증가와 커피 문화 성장에 결정적 계기가 된 것은 2008년 베이징올림픽이었다. 2008년부터 2018년까지 10년 동안 중국의 커피 소비는 1,000% 이상 증가하였다.

현재 중국의 커피 문화는 제2의 물결에 머물러 있다는 진단이 일반적이다. 즉, 스타벅스를 비롯한 몇몇 유명 커피 프랜차이즈에서 제공하는 획일화된 커피 소비가 중심인 문화다. 입과 코로 커피의 향과 맛을 즐기는 문화라기보다는 상품커피, 커피굿즈, 커피와 함께 제공되는 음식이나 카페 분위기를 즐기는 문화다. 수준 높은 커피, 개별 소비자들이 추구하는 개별화된 커피 맛을 제공하는 카페는 극히 소수에 불과하다.

중국의 커피 문화를 이끄는 것은 아직은 "커피보다는 커피가 담긴 컵" "커피가 주는 향미보다는 커피가 상징하는 지위"일지도 모른다. 서구의 물품을 소비할수록 사회적인 지위가 높아진다고 생각하기 때문이다. 그러므로 내가 마시고 있는 커피가 아니라 내가 앉아 있는 카페가 어디인지가 더 중요하다. 이런 특징들이 결합하여 스타벅스 중심의 대형 프랜차이즈 카페가 주도하는 중국식 커피 문화가 만들어졌다. 개별화된 맛을 추구하는 소형 카페 문화는 매우 초보적인 수준에 와 있다.

한마디로 말하면 오늘날 중국의 커피 문화는 '대형 브랜드 커피가 주도'하고 있다. 1호점 이후 10년간 더딘 성장을 보이던 스타벅스가 2008년 이후 급성장을 하고 있는 것이 대표적 사례다. 2022년을 기준으로 보면 매 15시간마다 중국 어디에선가 새로운 스타벅스 매장이 문을 열었다. 세계에서 가장 큰 스타벅스 매장은 상하이에 있고, 상하이는 1천 개가 넘는 세계에서 가장 많은 스타벅스 매장을 가진 도시가 되었다. 잠시 서울이 누렸던 지위였다. 중국 내 스타벅스 매장 수는 2022년 9월 6천 개를 넘어섰다.

2017년 10월 새롭게 등장한 중국 토종 커피 체인점 루이싱커피瑞幸咖啡 (Luckin Coffee)는 짧은 시간 동안 부침을 거듭하였다. 루이싱은 키오스크와 앱 중심의 첨단 주문 시스템으로 중국식 테이크아웃 키피 문화를 만들었다. 고속 성장을 거듭하여 2년 만에 4,500개의 매장을 거느렸던 루이싱은 2020년 4월 최고경영자의 분식회계 사건이 터지면서 붕괴 국면을 맞았고, 같은 해 6월 나스닥에서 퇴출되었다. 이후 회생 노력을 거듭한 끝에 2022년 4월 정상화의 길로 접어들었다.

대형 브랜드 중심의 카페 문화에서 벗어나 제3의 물결을 상징하는 '독특한 향미로 무장한' 소형 카페들이 서서히 나타나기 시작한 것은 최근이다. 상하이에서 2012년에 문을 열고 중국 스페셜티 커피의 리더로 등장한 시소커피(Seesaw coffee)가 대표적이다. 이후 규모보다는 맛을 중시하는 SOE, Metal Hands, Voyage Coffee, Cuiqu Coffee, Alpha

Coffee, Café Finca, Be:Bridge 등이 등장하였다. 스타벅스 리저브 매장의 성공도 이런 흐름을 반영한다. 외국 유학을 다녀온 젊은층이 커피맛을 선별하는 경향도 이런 흐름을 돕고 있다. 새로운 산업도시 쑤저우蘇州의 35th Story도 주목할만하다. 상하이나 쑤저우 지역 카페들이 지닌 혁신적 움직임과는 대조적으로 베이징이나 청두 등은 커피 소비에서도 전통에 대한 집착이 강하다.

잘 알려져 있지는 않지만 중국은 커피소비국인 동시에 커피생산국이다. 중국의 커피체리 생산은 19세기 후반에 윈난성에서 시작하여 조금씩 성장해왔다. 중급 정도의 아라비카종 커피가 주로 생산되며, 대부분 독일 등 유럽으로 수출된다. 현재 세계 커피 생산시장에서 차지하는 비중이 높지는 않지만 생산량 증가 속도는 매우 빠르다.

중국의 커피 문화에는 지역별 특징이 크지만 몇 가지 공통점도 보인다. 여전히 가정에서 마시는 인스턴트커피 비중이 높은데, 중국 커피 소비시장의 70% 이상을 차지하고 있다. 대형 커피브랜드의 메뉴에는 우유와 설탕 혹은 시럽이 가미된 제품들의 비중이 높다. 커피의 고유한 맛보다는 중국 식문화를 반영한 다양한 디저트나 음식 비중이 높은 것도 중국 카페 문화의 특징이다. 상하이의 멜로우어(Mellower) 카페에서 판매하는 솜사탕이 덮인 커피의 인기가 이런 특징을 잘 보여준다. 이런 특징들로 인해 이른바 스페셜티 커피 시장은 아직 매우 작다.

중국 커피 문화에서 지역별 차이보다 큰 차이는 시기별 차이일 것이다. 오늘 중국의 커피 문화가 내일 어떻게 변화할지 예측하기 어렵다. 변화의 속도, 성장의 속도가 우리의 짐작을 넘어서고 있는 것이 중국 커피 문화의 가장 큰 특징이다.

깃사텐 향이 나는 나라, 일본의 커피 문화

커피는 19세기 후반 서세동점 시기에 외래문화로 동아시아에 등장하였다. 아라비아반도에서 시작된 커피 문화가 지중해를 건너 유럽에 전파되었고, 네덜란드를 통해 일본에 알려졌다. 비슷한 시기에 중국과 조선에도 전해졌다. 이런 과정으로 인해 커피는 이슬람음료가 아니라 서양음료로 받아들여졌다.

일본에 커피를 전한 것은 1638년부터 나가사키 데지마에 자리잡고 유럽과 일본과의 무역을 독점하였던 네덜란드 동인도회사였다. 이들과의 무역에 관여하였던 일본인들 몇 명이 커피를 마셔보았다는 기록을 남겼지만 대부분 마시기가 매우 역겨웠다는 기록뿐이다. 부드러운 차 문화에 익숙한 일본인들에게 초기의 커피는 매력적인 음료가 아니었다.

그래서였을까 일본에 커피하우스를 최초로 개설한 이는 일본 사람이 아니라 대만 사람이었다. 반청복명反淸復明, 즉 청나라에 반대하고 명나라로의 회귀를 주장한 정성공鄭成功의 후손들이 일본으로 이주하였고, 주로 나가사키에서 통역관과 외교관으로 일을 했다. 일본 역사에 보면 그 후손들은 일본에서 중국어 교육에 적극 참여하였다. 그중 데이 에이케이 (鄭永慶, 영어 표기는 Tei Eikei)라는 인물은 미국에서 유학한 후 런던과 파리에서 생활하며 현지 문화에 빠져들었다. 특히 그가 관심을 갖고 배운 것이 유럽의 카페 문화였다. 당시 유럽의 카페는 커피를 마시며 자유로운 대화를 나누는 곳이었다.

데이 에이케이는 1888년에 도쿄 긴자銀座의 우에노上野에 일본 최초의 커피하우스(깃사텐喫茶店) '가히사칸可否茶館'을 열었다. 가히사칸을 통해 일본에서 유럽식 카페의 재현을 시도하였지만 결과는 실패였다. 4년여 만에 문을 닫았다. 자금난 때문이라고 알려졌지만, 사실은 부드러운 차 문화에 익숙한 일본인들에게 여전히 낯설었던 커피 맛이 더 큰 문제였다. 커피를 한자 '可否茶'로 표기한 것이 말해주듯이, 당시 일본인들에게 커피 맛은 괜찮은지(可) 아닌지(否) 뭔지 모를 애매한 차茶였다. 커피 수입은 시작되었지만 1912년까지 연 수입량이 100톤을 넘지 못했다. 커피 소비 증가가 어려웠던 것은 높은 가격도 원인으로 지적된다. 1877년의 커피 1kg 가격은 0.326엔이었는데 이것은 쌀 75kg에 해당하는 엄청난 가격이었다.

일본에서 커피가 유행한 것은 가히사칸 이후 거의 20년쯤 지난 시점이었다. 브라질 커피의 대량 유입이 계기가 되었다. 20세기 초에 브라질 커피 생산이 폭발적으로 증가했고 이로 인해 가격은 폭락했다. 계속되는 가격 하락을 막기 위해 브라질 정부가 커피 수매 제도를 도입하였지만 속수무책이었다. 이때 나타난 사람이 일본 커피 산업의 개척자 미즈노 류水野龍였다. 그는 브라질 정부에 일본으로의 커피 수출과 일본인의 브라질 커피농장 이민을 제안하였다. 그리고 이 제안이 실현되면서 일본에 엄청난 양의 브라질 커피가 유입되기 시작하였다. 브라질 정부는 미즈노 류에게 1909년부터 3년간 500톤가량의 커피를 무료로 제공하였다. 이는 일본의 커피 대중화를 가져왔고 조선에도 영향을 미쳤다.

이때 시작된 커피의 유행과 깃사텐의 증가는 제1차 세계대전까지 지속되었다. 일본 최초의 카페가 등장한 것이 1911년 무렵이었다. 미즈노 류의 카페 파울리스타(カフェーパウリスタ)가 도쿄 긴자에 개업을 하였고, 브라질로부터 안정적으로 생두가 유입되자 몇 개 도시에 분점을 열기까지

하였다. 상하이 일본 조계지租界地에도 열었다. 일본인들이 세계 최초의 프랜차이즈 카페라고 자랑하는 역사다.

1911년에는 여급을 둔 일본식 카페, 카페라이온이 도쿄에 등장하였다. 다이쇼 데모크라시 시대(1912~1926)의 낭만적 분위기를 타고 일본의 커피 수입 규모는 크게 늘었다. 일본 커피 산업의 씨앗을 뿌린 키(Key)커피가 등장한 것이 이즈음인 1920년이었다. 1933년에는 일본 커피의 아버지라 불리는 우에시마 타다오上島忠雄가 고베神戸에 우에시마커피 회사(UCC)를 열었다.

그러나 20세기 초반의 커피 바람은 관동대지진, 경제대공황 그리고 중일전쟁과 제2차 세계대전 앞에서 멈춰버렸다. 반영운동의 영향으로 영어 단어를 상호나 제품 이름으로 사용하는 것이 금지되었고, 커피 수입은 막혔다. 전쟁 후에 커피 수입은 재개되었지만 커피는 상류계급 사이에서 소비되는 사치품이었을 뿐 일반인들의 소비품이 되기는 어려웠다. 1950년대 말까지 이런 분위기는 지속되었다. 1세대 정도의 커피 붐에 이은 1세대 정도의 커피 침체였다.

일본의 커피 소비 확대를 가져온 결정적 계기는 1969년 UCC의 캔커피 출품이었다. UCC에 이어 선토리의 보스(Boss), 코카콜라의 조지아(Georgia), 네슬레의 네스카페, 일본 담배의 루츠(Roots)가 등장하여 커피 붐을 조성하였다. 일본인들의 커피 소비가 녹차 소비를 추월한 것은 1975년이고, 음식 없이 커피만을 취급하는 전문 카페도 이즈음 나타났다. 1980년에 출범한 일본 카페 프랜차이즈 도토루(Doutor)는 일본 사회에 테이크아웃 커피 문화가 확산되는 데 기여하였다. 도토루 카페의 등장과 함께 로스트, 드립, 아메리카노, 라떼 등 서구적 커피 용어들이 일본

일본의 커피 문화를 바꾼 도토루
1980년에 개장한 도토루 커피는 일본에 서구식 테이크아웃 문화를 유행시켰다. 사진은 도토루 커피 오사카大阪 본점이다.

소비자들에게 알려지게 되었다. 1996년 스타벅스 해외 1호점이 도쿄에 문을 열었다.

커피 도구의 개발에도 일본인들은 적지 않은 기여를 해왔다. 특히 종이 여과지를 이용한 드립 커피 도구의 발전에서 뚜렷한 성과를 남겼다. 1908년 독일의 멜리타 벤츠가 처음 개발한 멜리타 드립퍼는 바닥에 작은 배출 구멍이 하나였다. 일본 기업 칼리타(Kalita)가 1959년에 설립되어 구멍이 세 개인 드립퍼를 개발하였고, 1973년에 고노 아키라(Akira Kono)는 큰 배출구 하나와 12개의 짧은 리브(rib, 물 빠짐을 도와주는 돌기)를 장착한 고노(Kono) 드립퍼로 발전시켰다. 2004년에 내열유리회사 하리오

(Hario)는 배출구가 고노 드립퍼보다 조금 더 크고 길어진 회오리형 리브를 장착한 하리오 V60를 출시하여 세계적으로 선풍적인 인기를 끌었다. 2010년에 칼리타는 위에서 아래로 큼지막한 주름을 넣은 이른바 칼리타 웨이브 여과지를 출시하여 커피 추출 방식에 새로운 흐름을 만들었다. 이처럼 커피의 맛을 완벽하게 만들기 위한 끊임 없는 시도들이 이어져오고 있다.

여러 가지 면에서 일본의 커피 역사와 문화는 우리나라보다 깊은 것이 사실이다. 무엇보다도 눈에 띄는 것은 일본 커피인들의 세계 무대에서의 활약상이다. 제2의 물결 속에서도 일본인 커피 전문가들은 커피의 맛과 커피 생산자들의 권익을 보호하기 위한 세계적인 흐름에 능동적이고 적극적으로 참여해왔다. 대표적인 인물로는 하야시 커피(Hayashi Coffee Company)의 하야시 히데타카(Hidetaka Hayashi)와 마루야마 커피(Maruyama Coffee)의 마루야마 켄타로(Kentaro Maruyama)를 꼽을 수 있다. 하야시는 최고급 커피를 생산하려는 농민들을 지원하기 위한 취지로 1999년에 탄생한 COE(Cup of Excellence)를 기획하고, 심사 기준을 만든 원년 멤버 6명 중의 한 명이었다. 나머지 다섯 명은 브라질 스페셜티 커피협회 창설자인 마르셀로 비에이라(Marcelo Vieira), COE의 심사위원장 실비오 레이트(Silvio Leite), Alliance for Coffee Excellence(ACE)의 사무총장 수지 스핀들러(Susie Spindler), George Howell Coffee의 설립자 George Howell, 그리고 SCAA 위원 돈 홀리(Don Holly) 등이었다. 마루야마는 ACE의 회장을 지냈다.

비영리단체 ACE가 후원하는 COE 대회가 1999년 첫 대회 이후 지금까지 세계 커피 생산 농가를 지원하고, 세계의 커피 발전에 기여한 것은 커피 역사에 남을 대단한 업적이다. 이런 비영리 단체와 국제적 행사를 만들고 운영하는 데 일본의 대표적인 커피 전문가들이 참여하였다는 것 역시 존경심을 불러일으키는 일이다. 이들의 노력으로 일본 특유의 깃사텐 문화와 결합한 일본다운 제3의 물결을 개척하고 있다. 도쿄의 Shozo, Onibus, Café Kitsuné, Sidewalk Stand, The Roastery by Nozy, 가마쿠라의 Dandelion Chocolate, 오사카의 Mel Coffee Roasters, 히로시마의 Obscura Coffee Roasters, 교토의 Kurasu, Kaikato, Weekenders, %, Arabica, Clamp Coffee Sarasa 등 헤아릴 수 없이 많은 카페와 로스터들이 자신들만의 맛과 문화를 만들고 있다. 일본 도쿄에는 2015년에 미국의 제3의 물결 리더 중 하나인 블루보틀이 진출한 데 이어, 최근에는 교토에 스텀프타운이 진출하였다.

지금의 일본 커피 문화는 사실 쉽게 규정하기 어려울 정도로 다양하고 역동적이다. 일본 사회가 최근 20~30년 동안 겪고 있는 경기 침체의 답답함이 적어도 커피 분야에는 스며들지 않은 듯하다. 일본 커피 문화의 특징은 여러 가지를 꼽을 수 있다.

첫째, 일본의 커피 시장은 매우 크고 복잡하다. 커피 소비 세계 3위 국가인 일본은 개별 카페들이 지닌 특징이 일본 전체의 특징보다 강하다. 이는 일본 커피 문화의 발전 배경이 되었다.

둘째, 일본의 커피 전문점에서 제공하는 커피 수준은 세계 최고라고 할 만하다. Cup of Excellence나 Best of Panama 등 세계적인 원두 경쟁 행사에서 최고상을 받은 생두를 거침없이 구입하는 일본의 커피로스터들이기에 가능한 일이다. 이렇게 구입한 커피원두가 지닌 특성을 고스란히 한 잔의 커피에 담기 위해 노력하는 개별 카페들의 열정을 보면 커피 제3의 물결은 미국에서 시작된 것이 아니라 일본에서 시작된 것이 아닐까 하는 생각을 하게 만든다. 미국 제3의 물결 커피의 선두주자 블루보틀의 창업자 제임스 프리먼(James Freeman)이 일본 깃사텐에서 영향을 받았다고 고백하였다는 얘기는 유명하다.

셋째, 드립커피를 제공하는 전통적 깃사텐과 에스프레소 중심의 현대적인 커피전문점이 공존하는 곳이 일본이다. 즉, 전통적 커피 제조방식을 고집하는 답답한 업소와 변화하는 소비자들의 취향을 적극적으로 따라가려는 발 빠른 업소들이 균형을 잃지 않고 있는 것이 일본이다. 7년 이상 숙성시킨 생두를 이용하여 커피를 내려주는 람브르카페가 있는 반면, 얼음 위에 뜨거운 드립커피를 부어 만드는 일본식 아이스커피를 제공하는 현대식 카페들도 있다.

넷째, 청년층은 편리함이나 낮은 가격 때문에 캔커피나 인스턴트커피를 선호하는 반면에, 중장년층이나 전문직 종사자들은 고급 커피나 브루잉커피를 선호하는 편이다. 일종의 소비 양극화 혹은 취향 양극화 현상이 벌어지고 있는 곳이 일본이다.

다섯째, 일본의 많은 커피 전문점에서는 음식 위주이고 커피는 부수적으로 판매하는 깃사텐 문화를 유지하고 있다. 아침에 간단한 음식과 커피를 세트로 제공하는 나고야식 '모닝구(モーニング, morning)' 메뉴가 대표적이다. 스페셜티 커피를 제공하는 '커피 온리(Coffee Only)' 카페가 많지만 일본의 전통은 음식이 먼저인 깃사텐 문화이고 이런 문화는 여전히 강하다.

여섯째, 코로나 팬데믹 이후 홈카페의 성장, 그리고 직접 로스팅한 원두를 사용하는 로스터리 카페의 증가도 새로운 문화가 되고 있다. 우리나라와 꽤 비슷한 방향으로 나아가고 있다.

우리나라 카페는 커피를 마시면서 뉴스 보고 공부하는 곳인 반면, 일본의 카페는 먹고 마시는 곳이라는 차이는 있지만, 크게 보면 두 나라 커피 문화는 유사한 측면이 많다. 로스터리 카페의 증가, 홈카페 문화의 성장, 드립커피와 에스프레소의 공존, 그리고 열정적 바리스타들이 운영하는 개별 카페들의 창의적 메뉴 개발 등이다. 아마도 우리가 일본에게 배웠을 것이다. 유능한 사람은 끊임없이 배우는 사람이다. 그렇기에 우리나라의 커피 수준이 일본을 따라잡는 것은 매우 가까운 미래에 경험할 일, 아니면 이미 경험하고 있는 일일 수도 있다.

'커피공화국' 한국의 커피 문화

마지막으로 살펴볼 나라는 아시아의 동쪽 끝에 위치한 한국이다. 식후에 마시는 음료로는 숭늉 정도가 있었고, 명절 음료로 식혜나 수정과가 있지만 일상의 음료는 아니었다. 이런 한국에 커피가 들어온 지 160년이 넘었고, 첫 카페가 생긴 지는 120년이 지났다. 서세동점의 물결에 실려 커피도 근대를 상징하는 신상의 하나로 조선 땅에 밀려왔다.

식민지 시대의 다방 열풍, 해방 이후의 인스턴트커피 열풍도 가볍지는 않았다. 20세기 후반 경제위기를 극복하며 본격화된 경제성장이 가져온 소비력 증가는 커피 소비의 급증과 독특한 커피 문화를 형성했다. 커피 제1의 물결 시대에는 세계 커피 산업의 변방에 머물렀던 대한민국이 세기말에 시작된 커피 제2의 물결 시대에는 그 중심에 접근하였다. 그리고 최근 시작된 커피 제3의 물결 시대에는 세계인들이 주목하는 커피공화국이 되었다.

2023년 현재 전국에 10만 개 가까운 카페가 영업 중이고, 커피 수입국가 중에서는 소비량이 EU, 미국, 일본, 러시아, 캐나다에 이어 6위다. 커피 생산 국가 중에서도 대한민국보다 소비가 많은 나라는 브라질, 인도네시아, 에티오피아, 필리핀 등 인구가 한국보다 훨씬 많은 몇 나라뿐이다.

한국의 커피 열풍을 몰고 오는 데 기여한 것은 의심할 여지 없이 스타벅스의 등장이었다. 1999년에 국내 1호점이자 아시아 세 번째 점포가 이화여자대학교 앞에 생겼다. 커피 제2의 물결을 상징하는 카페 스타벅스는 등장과 함께 한국의 음료 문화에 혁명을 일으켰다. 스타벅스 점포 수에서 현재 한국은 미국, 중국, 캐나다에 이어 세계 4위를 차지하고 있다, 아프리카는 물론 라틴아메리카 대륙 전체에 있는 스타벅스 매장보다 한국에 있는 스타벅스 매장 수가 더 많다. 수도 서울은 OECD 국가의 도시 중에서 가장 많은 스타벅스 매장을 가지고 있다. 스타벅스의 커피 가격을 기준으로 비교해보면 한국 특히 서울은 세계에서 가장 커피값이 비싼 곳에 속한다. 높은 가격에도 불구하고 한국인의 커피 소비량은 매우 많다. 한국인들은 1인당 연 2.3kg의 커피를 소비하며 주당 12.3잔의 커피를 마신다. 하루 평균 2잔 가까이 마신다는 얘기다. 물론 이런 순위나 통계가 자랑거리는 아니다.

지난 1세대 동안 커피 소비가 지속적으로 증가해왔고, 세계 커피 시장에서 차지하는 위상이 높아져왔음에도 불구하고 한국의 커피 문화는 오랫동안 세계인들의 관심 대상이 아니었다. 그러나 최근 SNS 등의 영향으로 한국의 독특한 커피 문화를 향한 외국인들의 관심이 폭발적으로 증가하고 있다. 1990년대부터 불기 시작한 커피 열풍은 비록 짧은 시간이지만 한국 사회의 특성이나 한국 문화의 고유성과 결합하며 독특한 문화를 만들어냈다.

커피와 함께 카페와 함께 일상을 살아가는 시민들 스스로 '커피공화국'이라고 부르는 나라, 한국의 고유한 커피 문화로는 어떤 것이 있을까?

첫째, 한국의 커피 문화는 지속적으로 변화하고 있으며, 질적으로나 양적으로나 성장하고 있다. 다른 서구의 커피소비국들과 비교해보면 한국은 상대적으로 커피 소비의 역사가 짧다. 아랍은 500년, 유럽은 400년, 미국은 300년의 역사를 지닌 것에 비해 한국은 150년 정도의 역사를 지녔을 뿐이다. 한국이 세계 수준의 커피소비국으로 등장하기 시작한 것은 1990년대 후반이다. OECD 회원국이 되고, 경제적으로 선진국의 대열에 오른 시기이기도 하다. 소비력이 상승하고 이에 따라 커피 소비량도 급증하면서 짧은 기간에 수많은 카페가 들어섰다. 이들 카페가 경쟁에서 살아남는 방법은 둘 중 하나였다. 기존 카페에 없는 독특한 문화를 창출하거나 다른 카페보다 우수한 커피를 제공하는 것이었다. 이런 분위기가 새로운 커피 문화의 지속적 탄생, 그리고 질적으로 우수한 커피를 제공하기 위한 경쟁을 가져왔다. 수백 년 동안 형성된 안정된 커피 문화를 가진 나라들과는 다른 특징이다.

둘째, 한국에서 가장 인기 있는 커피는 단연 아메리카노와 인스턴트커피다. 스타벅스의 등장과 함께 인기를 끌게 된 미국식 커피 아메리카노는 젊은 세대들이 가장 선호하는 말 그대로 원픽(one pick) 커피다. 카페를 찾는 고객의 70% 이상이 아메리카노를 주문하고, 테이크아웃 커피는 대부분이 아메리카노라고 보면 된다. 아이스아메리카노를 즐기는 여름철에는 특히 아메리카노 주문량이 급격하게 는다. 아메리카노와 함께 한국의 커피 소비를 양분하고 있는 것은 인스턴트커피다. 1976년 한국의 동서식품에서 최초로 개발하여 판매하기 시작한 '커피가루＋설탕＋분말크림'을 넣어 1회용으로 포장한 이른바 '믹스커피'는 한국을 인스턴트커피의 선두주자로 만들었다. 요즘엔 성분과 포장 방식이 다양한 여러 종류의 RTD(Ready To Drink) 커피가 등장하여 유행하고 있다.

셋째, 한국의 카페는 편안함으로 무장하여 인기를 누리고 있다. 한국에서 '카페'라는 단어는 단순히 커피를 파는 곳이 아니라, 사교의 장이며 쉼터를 의미한다. 커피 한 잔을 마시면서 긴 시간 동안 친구와 대화하고, 여유 있게 책을 읽고, 노트북이나 태블릿으로 작업을 하는 등 자신이 원하는 바를 누릴 수 있는 공간이 카페다. 젊은 세대가 많이 이용하는 대학 주변의 카페는 이런 특성이 가장 잘 드러난다. 물론 세계적인 기준에서 보면 한국의 커피값은 비싼 편이다. 커피값에는 음료비와 함께 장소 이용료가 포함되기 때문이다. 커피값에는 보이지 않는 입장료가 스며들어 있다.

이런 카페 문화가 조성된 배경은 무엇일까? 하나는 한국의 오래된 다방 문화다. 일제강점기 중반에 등장한 다방은 해방 이후 거의 한 세대 이상 전성기를 누렸다. 커피 한 잔을 시키면 혼자든 누구와 함께든 긴 시간 머물 수 있는 사교 공간의 역할을 했던 다방 문화가 카페에 자연스럽게 접목되었다. 다른 하나는 아파트 중심의 한국 주거환경이다. 작은 주거 공간인 아파트가 보편화되면서 친구를 집으로 초대하는 일이 점차 어려워졌다. 특히 결혼 전까지 부모와 함께 거주하는 젊은 세대의 경우 동성 친구를 만나거나 이성 친구와 데이트하는 장소로 집은 불편할 수밖에 없다. 집 밖에서 경제적 부담 없이 편하게 친구를 만날 수 있는 장소가 필요한 사람에게 카페만 한 곳이 없다. 수백 년 전 아랍 세계에 커피하우스가 처음으로 등장하여 인기를 끌었던 이유도 이와 같다. 한편 유럽의 많은 나라 카페에서는 좀도둑이 심심찮게 나타나고 음식 냄새와 담배 냄새가 심한 편이지만, 한국의 카페에서는 이런 모습을 거의 찾아볼 수 없다. 한국의 카페는 치안이 최상이고, 모바일 기기 충전 시설이나 깨끗한 화장실 등 긴 시간 체류를 돕는 편의 시설이 풍부하다.

넷째, 한국에는 로스터리 카페나 드립커피 전문 카페가 많다. 직접 생두를 구입하여 로스팅을 하고, 이렇게 로스팅한 원두로 커피를 만드는 로스터리 카페가 한국에는 유난히 많다. 커피를 만드는 여러 공정 중에서 가장 어려운 것이 로스팅이기에 해외에서는 로스터리 카페를 만나는 것이 쉽지 않다. 대부분의 커피소비국에서는 유명한 로스팅 업체에서 제공하는 표준화된 원두를 구입한 후, 표준화된 에스프레소 기계를 이용하여 커피를 제공하는 것이 일반적이다. 한국에도 이런 방식으로 커피를 제공하는 카페가 적지 않지만, 의외로 많은 카페에서는 직접 구입한 생두를 주인장만의 방식으로 로스팅한 후 주인장이 선호하는 방식으로 커피를 내린다. 골목 몇 군데만 기웃거리면 어렵지 않게 찾을 수 있는 것이 로스터리 카페일 정도로 꽤 많다. 이런 유형의 카페에서 선호하는 방식은 드립이다. 종이필터를 사용하는 경우가 대부분이지만, 전통적인 융드립을 고집하는 카페나 기계식 자동 드립 방식을 이용하는 카페도 적지 않다. 이웃 일본에도 비슷한 종류의 '커피 온리' 카페를 만날 수는 있지만 한국처럼 많지는 않다. 물론 유럽이나 미국에서는 찾기 쉽지 않은 것이 로스터리 카페나 드립 커피를 제공하는 카페다.

다섯째, 로스터리 카페의 증가에 따라 수준 높은 커피 소비자들이 늘어나고 있는 것도 한국의 새로운 커피 문화다. 자신이 선호하는 커피를 제공하는 카페를 찾아다니는 소비자가 많아졌는데, 이를 반영하는 현상 중 하나가 예약 카페의 증가와 커피 오마카세(お任せ: 주문할 메뉴를 주인장에게 전적으로 맡긴다는 의미) 문화의 등장이다. 로스터리 카페에서는 예약한 고객이 오면 카페 주인장만의 방식으로 로스팅하여 내린 커피를 제공한다. 예약 카페에서는 고객이 커피를 마실뿐 아니라 바리스타와 커피에 관해 대화하며 느낌을 공유하는 것도 중요하다. 요리사가 만들어 내놓는 음식을 순서대로 즐기는 일본식 음식 문화인 오마카세 문화와 한국의 커피 세계가 접목하여 만들어진 것이 최근에 등장한 한국식 커피 오마카세 문화이다. 사전에 입장료를 낸 손님들이 모여서 바리스타가 제공하는 몇 종류의 커피를 순서대로 마시고 함께 즐기는 문화다. 예약 카페와 커피 오마카세 문화는 우리나라에서 커피의 맛과 향을 즐기는 소비자들이 증가하고 있다는 방증이라 할 수 있다.

여섯째, 한국은 테마 카페의 천국이다. 카페는 흔히 프랜차이즈 카페, 독립 카페, 테마 카페(Theme cafe) 등 세 종류로 분류하는데, 이 중 가장 한국적인 특성이 드러나는 곳은 테마 카페다. 주제가 독특한 카페들로 인해 이색 카페라고 부르기도 한다. 대부분 한국의 독특한 사회현상이나 전통을 반영한다는 것이 공통점이다. 유행에 따라 변화가 심한 것이 테마 카페다.

육아를 잠시 내려놓고 휴식을 취하거나 모임을 가지려는 신세대 부모의 요구가 반영된 키즈 카페, 공무원 시험 등 각종 시험을 준비하는 수험생들을 대상으로 한 스터디 카페, 보드게임의 유행을 따라 등장한 보드

게임 카페, 애완동물에 대한 관심이 커지면서 등장한 고양이 카페, 강아지 카페, 미어캣 카페, 라쿤 카페, 양 카페, 토끼 카페, 파충류 카페, 조류 카페 등 동물 카페, 한국의 첨단 기술을 경험할 수 있도록 설계된 VR체험 카페 등은 한국 사회의 특수성과 커피 문화가 결합하여 탄생시킨 대표적 테마 카페들이다. 세계 어느 나라에서도 보기 어려운 이색 카페가 한국에는 흔하다. 유행과 커피가 쉽게 결합함으로써 한국의 다양한 카페 문화를 만들어냈다. 물론 외국에서도 볼 수 있는 플라워 카페나 식물 카페도 적지 않다.

이 외에도 커피와 함께 음식을 제공하는 24시간 만화 카페, 웨딩드레스를 입고 커피를 즐기는 웨딩 카페, 족욕을 즐기며 커피를 마시는 족욕 카페, 커피와 안마가 결합된 안마 카페도 있다. 암흑 카페는 말 그대로 암흑 체험을 하며 커피를 즐기는 곳인데 시각장애인에 대한 이해 증진이라는 교육적 의미까지 더해졌다.

이색 카페 중에서 가장 보편적인 것은 건물 외관이나 실내장식의 특이함을 강조하는 카페라고 할 수 있다. 자판기 모양의 출입문을 자랑하는 카페, 우주선 모양을 한 카페, 전통가옥 체험을 겸한 한옥 카페, 사진기 모양을 앞세운 카페 등 그 종류는 헤아릴 수 없이 많다. 방직공장, 인쇄소, 방앗간 그대로의 모습을 살린 카페도 있다.

한국의 전통문화와 결합한 이색 카페도 있다. 사주를 보는 문화와 커피가 결합한 사주 카페가 등장한 것은 2000년경이다. 경제위기 이후 미래에 대한 불안감을 달래고자 했던 젊은이들 사이에 일종의 운명 컨설팅을 해주는 카페가 인기를 끌면서 생긴 현상이었다. 압구정동에 '무속 밸리'가 조성되고 이곳에 사주 카페가 하나둘 생겼다. 이후에 대학로와 신촌 등 대학가를 중심으로 사주 카페가 늘어갔다. 현재는 일본인과 중국인 관광객들을 비롯한 외국인들도 사주 카페를 많이 찾을 정도로 핫플레이스의 하나가 되었다. 타로 카페도 같은 유형이다.

일곱째, 한국의 커피 문화를 이야기할 때 빼놓을 수 없는 현상은 바리스타 자격증 소지자의 증가이다. 한국에는 어림잡아 50만 명 이상의 사람들이 바리스타 자격증을 소지하고 있으며 그 숫자는 지속적으로 증가하고 있다. 한국의 바리스타 자격증 소지자 숫자는 전 세계 모든 스타벅스 매장에서 일하는 바리스타 수의 두 배 이상이다. 국제적으로 공신력이 높은 CQI(Coffee Quality Institute)에서 발급하는 자격증인 Q-grader를 소지한 사람이 전 세계적으로 7,000여 명인데 그중 1,000명 이상이 한국인이다. 공부하는 문화 혹은 시험 문화에 익숙한 한국인들에게 바리스타 자격증 취득을 위한 필기시험과 실기시험은 도전해볼 만한 가치가 있는 매우 자연스러운 경험으로 여겨진다.

이 외에도 한국 커피 문화의 다양성을 보여주는 많은 움직임들이 나타나고 있다. 코로나19 팬데믹은 한국에도 홈카페 문화의 급속한 확산을 가져왔다. 대부분의 가정에는 커피머신 혹은 드립 기구들이 한자리를 차지하고 있으며, 라디오방송에서 제공하는 시청자 선물은 거의 커피 쿠폰으로 통일되었다. 커피 생산 가능 지역인 커피벨트(북위 25도에서 남위 25도 사이)에서 먼 온대 지방임에도 커피농장이 전국에 수십 개에 이르고, 세계의 커피박물관 절반이 한국에 있다.

이렇듯 다양하고 변화무쌍한 커피공화국 한국의 커피와 카페 문화에 대한 외국인들의 관심도 최근 들어 급속히 증가하고 있다. 이런 관심에는 한류의 확산도 한몫했다. 한국식 인스턴트커피였던 믹스커피의 세계적 유행, 드라마 〈오징어게임〉이 유행시킨 달고나커피의 붐, 영화와 드라마에 등장한 한국의 유명 카페를 찾아다니는 패키지 투어의 유행 등이 대표적인 사례다. K-coffee가 한류의 한 부분이 되었다.

이제 한국에서 커피는 단순한 음료를 넘어 모두가 즐기는 친숙한 문화가 되었다. 한국의 커피 문화가 어떻게, 어디까지 발전할지 궁금하다.

참고문헌

1. 국내 문헌

강인규, 『나는 스타벅스에서 불온한 상상을 한다』, 인물과사상사, 2008.

김다영, 「Coffee by Women, 커피에서 여성 평등을 꿈꾸며」, 『젠더리뷰』 56호, 2020, 65~73쪽.

김대기, 『김대기의 바리스타교본』, MJ미디어, 2009.

김동수, 「발자크의 '시골의사'에 나타난 나폴레옹의 이미지」, 『용봉인문논총』 39, 2011, 5~25쪽.

김명섭, 『커피연가』 1·2, 영민, 2020/2021.

김세리·조미라, 『차의 시간을 걷다』, 열린세상, 2020.

김승기, 『커피, 태양, 전설의 땅 에티오피아』, 킹포레스트, 2019.

김용범, 『커피, 치명적인 검은 유혹』, 채륜서, 2012.

김현섭, 『커피가 커피지 뭐』, 연필과 머그, 2020.

도현신, 『세계 역사와 지도를 바꾼 가루전쟁』, 이다, 2020.

박영순, 『커피인문학』, 인물과사상사, 2017.

박종만, 『커피기행』, 효형출판, 2007.

비오, 『커피오리진』, 매거진 B, 2019.

서필훈, 『커피를 좋아하면 생기는 일』, 문학동네, 2020.

서현섭, 『한중일의 갈림길, 나가사키』, 보고사, 2020.

손관승, 『리더를 위한 하멜 오디세이아』, 황소자리, 2021.

심재범, 『교토커피』, 디자인이음, 2019.

심재범, 『동경커피』, 디자인이음, 2017.

육영수, 『지식의 세계사』, 휴머니스트, 2019.

윤아미니, 『커피농장의 하루』, 채륜서, 2017.

윤오순, 『커피와 인류의 요람, 에티오피아의 초대』, 도서출판 눌민, 2016.

이길상, 『커피세계사 + 한국가배사』, 푸른역사, 2021.

이길상, 「최초의 커피 논문 'De Saluberrima Potione Cahue seu Cafe Nuncupata Discursus'(1671) 속의 커피 기원 전설」, 『한국커피문화연구』 7(2), 2021, 27~54쪽.

이영림·주경철·최갑수, 『근대 유럽의 형성: 16~18세기』, 까치, 2011.

이윤선, 『테라로사 커피 로드』, 북하우스엔, 2011.

이윤섭, 『커피, 설탕, 차의 세계사』, 필맥, 2013.

이택광, 『마녀 프레임』(개정판), 자음과모음, 2023.

이희철, 『오스만 제국 600년사, 1299~1922』, 푸른역사, 2022.

장상인, 『커피 한 잔으로 떠나는 세계 여행』, 이른아침, 2020.

전용갑 외, 『라틴아메리카 역사산책』, Huebooks, 2018.

정보람, 『커피가 세상에서 사라지기 전에』, 열린세상, 2021.

정영구, 「청말민초 중국의 음식문화의 변화와 설탕소비 경향」, 『중국사연구』 124, 2020, 151~185쪽.

조혜선, 『커피, 어디까지 가봤니?』, 황소자리, 2011.

조희창, 『베토벤의 커피』, 살림, 2018.

주명철, 『오늘 만나는 프랑스 혁명』, 소나무, 2013.

최낙언, 『과학으로 풀어본 커피향의 비밀』(증보판), 서울꼬뮨, 2019.

최우성, 『알고 보면 재미있는 커피인문학』, 퀀텀북스, 2017.

최재영, 『세계 커피기행 1권』, 북스타(Bookstar), 2013.

2. 외국 문헌

Allen, Stewart Lee, *The Devil's Cup: A History of the World According to Coffee*, New York: Soho Press, 1999.

Antico Sole Italy, "Understanding Italian coffee culture", 2022.(https://anticosoleitaly. com/understanding-italian-coffee-culture 2023년 7월 7일 검색)

Antol, Marie Nadine, *Confessions of a Coffee Bean: the Complete Guide to Coffee Cuisine*, NY: Square One Publisher, 2002.

Arneson, P. A., "Coffee rust. The Plant Health Instructor", DOI: 10.1094/PHI-I-2000-0718-02, 2000.

Brook, Ethan, "Korea's Unique Coffee Culture", Seoul Inspired, 2021.(https://www. seoulinspired.com/korea-coffee-culture 2023년 7월 9일 검색)

Chen, Dexin, *A History of Chinese Coffee*, Beijing: Science Press, 2017.

Charles, R., "By the King, A Proclamation for the Suppression of Coffee-Houses", 1675. (https://quod.lib.umich.edu/e/eebo2/B19975.0001.001/1:1?rgn=div1;view=fulltext 2023년 7월 7일 검색).

Costello, Charles, "How is South Korean specialty coffee culture evolving?", *Perfect Daily*

Grind, July 5, 2023. (https://perfectdailygrind.com/2023/07/south-korea-specialty-coffee 2023년 7월 14일 검색)

Cross, Mary, *A Century of American Icons: 100 Products and Slogans from the 20th-Century Consumer Culture,* N. Y.: Bloomsbury Publishing, 2002.

Dwyer, Philip, *Napoleon: Passion, Death, and Resurrection 1815~1840*, London: Bloomsbury, Encyclopedia Britannica, 2018.

Ferreira, Jennifer, "Turkish Coffee Culture: An Intangible Cultural Heritage. Coffee Business Intelligence", September 10, 2018. (https://coffeebi.com/2018/09/10/coffee-culture-in-turkey/ 2023년 7월 6일 검색)

Foster, Matt, "World War I Centennial: How the War Moved Coffee Around the Globe", *Barista Magazine* online, 2018. 12. 8. (https://www.baristamagazine.com/world-war-i-coffee/ 2023년 7월 7일 검색)

Galland, Antoine, "De L'Origine et Du Progrès du Café," La Bibliothèque, coll. *L'écrivain voyageur*, 1699.

Gleadow, Rupert, *The Origin of the Zodiac*, N.Y.: Dover Publications, 2001.

Goodwin, Lindsey, "Ethiopian Coffee Culture: Ethiopia's Coffee Sayings, Coffee Origin Myth, Coffee History and More", 2020. (https://www.thespruceeats.com/ethiopian-coffee-culture-765829 2020년 8월 18일 검색)

Grinspan, Jon, "How Coffee Fueled the Civil War", *The Opinionator*, July 9, 2014. New York Times.

He Qi, "Embracing the coffee culture", *China Daily*, 2021. (https://www.chinadailyhk.com/article/163474 2022년 11월 3일 검색)

Hoffmann, James, *The World Atlas of Coffee*, 2nd edition, London, UK: Mitchell Beazley, 2018.

Jardin, Edelestan, *Le Caféier et le Café*, Paris: Ernest Leroux, 1895.

Jeﬂbeck, "Cafe Culture in South Korea: 7 Fascinating Revelations", *Ling*, May 24, 2023. (https://ling-app.com/ko/cafe-culture-in-south-korea/2023년 7월 14일 검색)

Koehler, Jeff, *Where the Wild Coffee Grows: The untold story of coffee from the cloud forests of Ethiopia to your cup*, New York: Bloomsbury, 2017.

Koehler, Jeff, "How COVID-19 Is Rippling Through the Coffee World", 2020. (https://imbibemagazine.com/covid-19s-affect-on-coffee/ 2023년 7월 7일 검색)

Lashermes, P., Combes, M.C., Robert, J. et al., "Molecular characterisation and origin of the Coffea arabica L. genome", *Mol Gen Genet* 261, 1999, pp. 259~266.

Lécolier, Aurélie · Pascale Besse · André Charrier · Thierry-Nicolas Tchakaloff · Michel Noirot, *Unraveling the origin of coffea arabica 'Bourbon pointu' from La Réunion: a historical and scientific perspective, Euphytica* 168(1): pp. 1~10, July 2009.

McCabe, Ina Baghdiantz, *Orientalism in Early Modern France: Eurasian Trade, Exoticism, and the Ancien Régime*, Oxford [etc.]; Berg, 2008.

McInulty, Christina, "Your guide to Chinese coffee culture", Bean Poet, 2021.(https://www.beanpoet.com/chinese-coffee-culture/ 2022년 11월 3일 검색)

Morris, Jonathan, *Coffee: A Global History*, London: Reaktion Books, 2019.

Naironi, Fousti, *De Saluberrima Potione Cahve seu Cafe Nuncupata Discursus*, Rome, 1671.

Naironus, Antonius Faustus, *A Discourse on Coffee: Its Description and Vertues*, London: Geo. James, 1710.

Oksnevad, Dan, "The Differences Between 1st, 2nd, and 3rd Wave Coffee", *Driven Coffee*, May 17, 2019.(www.drivencoffee.com/blog/coffee-waves-explained/ 2023년 3월 3일 검색)

Pendergrast, Mark, *Uncommon Grounds: The History of Coffee and How it Transformed our World*, New York: Basic Books, 2010.

Pereira, Marcelo, "Why was the world's coffee destroyed?", *The Coffee Blog*, April 4, 2020.(https://thecoffee.blog/all/history-all/worlds-coffee-destroyed/ 2022년 4월 19일 검색.

Perfect Daily Grind, "Why did coffee producers use their own currency in the 19th century?", *Perfect Daily Grind*, February 8, 2022.

Pospisil, Ales, "Meet 6 European Baristas Going After the World Barista Champion Title", 2016.(https://europeancoffeetrip.com/urnex-ambassadors-2016/ 2022년 8월 22일 검색)

Robins, Nick, *The Corporation That Changed the World: How the East India Company Shaped the Modern Multinational*, London: Pluto Press, 2006.

Rocha, José Luis, "The Chronicle of Coffee: History, Responsibility and Questions", *Envio*, No. 241, August, 2001.

Trish R. Skeie, *Norway and Coffee. The Flamekeeper: Newsletter of the Roasters Guild*, SCAA, Spring

2003.

Ukers, William H., *All About Coffee*, New York: Coffee and Tea Trade Journal, 1922.

Valle, Barquin & 이재우, "Coffee Demand Analysis in Greater China, Korea, and Japan: The Effect of Income, Prices, and Habit Formation", *Journal of China Studies*, 23(1), 111-133, 2020.

Weinberg, Bennett Alan & Bonnie K. Bealer, *The World of Caffeine: The Science and Culture of the World's Most Popular Drug*, London: Routledge, 2001.

Weissman, Michaele, *God in a Cup: The Obsessive Quest for the Perfect Coffee*, New Jersey: John Wiley & Sons, 2008.

Wienhold, Karl, "Why did coffee producers use their own currency in the 19th century?" *Perfect Daily Grind*, February 8, 2022.(https://perfectdailygrind.com/2022/02/why-did-coffee-producers-use-their-own-currency-in-the-19th-century/ 2023년 7월 7일 검색)

Wild, Antony, *Coffee: A Dark History*, New York: W. W. Norton & Company, 2004.

Williams, Brian, *The Philosophy of Coffee*, London: The British Library, 2018.

Yang Wenjii, "Minghang is a coffee-lover's paradise: so many cafés, so many choices", *Shine*, 2021.(https://www.shine.cn/news/metro/2104288110/. 2022년 11월 1일 검색)

Zinn, Howard, *You Can't Be Neutral on a Moving Train*, Boston, MA: Beacon Press, 1994.

奥山儀八郎, 日本の珈琲. 東京. 講談社, 2022.

星田宏司, 日本珈琲店史. 東京. いなほ書房, 2003.

陳祖恩, 上海咖啡. 上海. 上海人民出版社, 2017.

韓懷宗, 世界咖啡學. 台灣: 中信出版社, 2016.

3. 번역서

다나카 마사타케 지음(1975), 신영범 옮김, 『재배식물의 기원』(개정 1쇄), 전파과학사, 2020.

데이브 에거스 지음(2018), 강동혁 옮김, 『전쟁 말고 커피』, 문학동네, 2019.

마크 펜더그라스트 지음(2010), 정미나 옮김, 『매혹과 잔혹의 커피사』, 을유문화사, 2013.

서지 레미 지음(2014), 맥널티 옮김, 『커피의 비밀』, 지식과감성, 2016.

스콧 F. 파커, 마이클 W. 오스틴 외 지음(2011), 김병순 옮김, 『커피, 만인을 위한 철학』, 따비, 2015.

시오노 나나미 지음(1983), 최은석 옮김, 『콘스탄티노플 함락』, 한길사, 1998.

아부 자이드 하산, 가브리엘 페랑 지음(1922), 정남모 옮김, 『술라이만의 항해기』, 도서출판선인, 2020.

아사히야출판 편집부 편저(2017), 정영진 옮김, 『일본과 한국의 커피 장인들을 만나다』, 광문각, 2022.

오가사와라 히로유키 지음(2018), 노경아 옮김, 『오스만제국, 찬란한 600년의 기록』, 까치, 2020.

우스이 류이치로 지음(1992), 김수경 옮김, 『커피가 돌고 세계사가 돌고』, 북북서, 2008.

우스이 류이치로 지음(1992), 김수경 옮김, 『세계사를 바꾼 커피 이야기』, 사람과나무사이, 2022.

윌리엄 우커스 지음(1935), 박보경 옮김, 『올 어바웃 커피』, 세상의아침, 2012.

자오타오, 류후이 지음(2019), 박찬철 옮김, 『세계사를 바꾼 15번의 무역전쟁』, 위즈덤하우스, 2020.

제러미 블랙 외 지음(2003), 이재황 옮김, 『지중해 세계사』, 책과함께, 2022.

조 지무쇼 편저(2019), 최미숙 옮김, 『30개 도시로 읽는 세계사』, 다산초당, 2020.

조너선 데일리 지음(2015), 현재열 옮김, 『역사대논쟁: 서구의 흥기』, 도서출판선인, 2020.

케네스 포메란츠, 스티븐 토픽 지음(2000), 박광식 옮김, 『설탕, 커피 그리고 폭력』, 심산, 2003.

탄베 유키히로 지음(2016), 윤선해 옮김, 『커피과학』, 황소자리, 2017.

탄베 유키히로 지음(2017), 윤선해 옮김, 『커피세계사』, 황소자리, 2018.

톰 필립스 지음(2018), 홍한결 옮김, 『인간의 흑역사』, 윌북, 2019,

페르낭 브로델 지음(2008), 김홍식 옮김, 『물질문명과 자본주의 읽기』, 갈라파고스, 2012.

하워드 진 지음(1994), 유강은 옮김, 『달리는 기차 위에 중립은 없다』(개정 4쇄), 이후, 2021.

하이리이 에두라르트 야콥 지음(1934), 남덕현 옮김, 『커피의 역사』, 자연과생태, 2013.

헨드릭 하멜 지음(1668), 유동익 옮김, 『하멜표류기』, 더스토리, 2020.

후찬완 지음(2015), 박지민 옮김, 『일본, 엄청나게 가깝지만 의외로 낯선』, 애플북스, 2016.

4. 잡지

Colombia, 『drip』 17, 2021.

El Salvador, 『drip』 22, 2022.

Ethiopia, 『drip』 12, 2019.

Honduras, 『drip』 25, 2023.

India, 『drip』 13, 2020.

Tanzania, 『drip』 18, 2021.

Yemen, 『drip』 19, 2021.

5. 인터넷 사이트

https://www.bbc.co.uk/programmes/b07tq8cd.

https://www.nestle.com/aboutus/history

http://www.bohemian.coffee/default/brand/about.php

http://www.terarosa.com/

https://counterculturecoffee.com/

https://www.intelligentsia.com/

http://www.santorinicoffee.co.kr/doc/about.php

https://europeancoffeetrip.com/italian-third-wave-coffee-scene/

http://www.coffeelibre.kr/bbs/content.php?co_id=company

https://www.360kuai.com/pc/9344cfaf98fb99471?cota=3&kuai_so=1&sign=360_57
    c3bbd1&refer_scene=so_1

Wikipedia: Coffee. Mocha, Yemen.

Encyclopedia Britannica: Kuprili, Khair bey.

커피리뷰 홈페이지 https://www.coffeereview.com/

국제커피기구 홈페이지 http://www.ico.org/

스페셜티커피협회 홈페이지 https://sca.coffee/